特高と國體の下で

離散、特高警察、そして内戦

孫栄健

言視舎

目次

序　章

はじまりは一枚の写真から

一九八九年、昭和天皇の大喪の年の二月の、雪の日であったが、ぼくは兵庫県尼崎市にある朴庸徳氏のもつ画廊へいった。朴氏は、すでに七十歳をすぎていて幾つかのビルのオーナーのかたわら、趣味の韓国絵画のコレクションをしている人である。あたらしい絵を買いあげるそうで、ぼくのところへ電話をよこしてくれたのだ。

いってみると、韓国の画商が来ており、さらに何枚かの絵を見せようとしていたが、ぼくの眼にも格別の作品は無いようにおもえた。朴氏もそう考えたようである。画商はかえり、画廊の朴氏の部屋の皮張りの椅子にすわると、事務の女性が温かいコーヒーをだしてくれる。

朴氏も、年齢からすればひき締まった中背の身体を皮張りの椅子に深々とおろし、きれいな白髪の顔に微笑をうかべながら、ぼくにコーヒーをすすめた。そして最近の韓国の画家のなかにある絵の理解がまだ類型をぬけきっていないと批評し、部屋の壁の韓国民画をゆびさした。

「とにかく、昔の絵描きは金に縁がなかった。この絵なんかも、絵の具が買えないから、草木の汁や、鉱石をくだいて描いたもんだ。そうやが、もう百年も経っているのに、孫君、この色を見てみろ。まだ今さっき描いたばかりみたいに鮮やかだろう」

そういって氏は、顔だけはぼくにむけて微笑した。

この朴氏は、幾つかの会社のオーナーでもあるが、兵庫県における慶尚南道々民会の会長。そして民団、つまり在日社会における韓国系同胞団体である居留民団の古参幹部でもある。ぼく自身は、民団という団体にあまり想い入れなどないのだが、この時期のぼくは、共著者といっしょに約千年以上も前の日本国と渤海国の交渉史の本（一九九〇年、六興出版『日本渤海交渉史』）を書き進めていた。また同時に、東洋美術史の原稿の整理もしていた。

そこで、韓国民画のコレクターでもある朴氏に、知人をつうじてわたりをつけ、朴氏が韓国の画商などからあたらしい絵を買いあげるときは、よんでもらうところまで懇意になっていたのである。

朴氏のコレクションは、一部をのぞけばほとんどが近人の作である。また画廊も絵を販売するのではなく、私設美術館のようなかんじのものだ。あくまでも、氏個人の感覚と趣味としてのものなのである。

温かいコーヒーを飲みながら、かるく世間話をしたが、先日は新宿御苑の葬場殿で昭和天皇の大葬がおこなわれたばかりである。朴氏は、大正天皇の病気と大葬のことを話し、ぼくは今回の葬列は小雨のなかを粛々として進み、それはそれで、なかなかよい景色であったなどと話した。

そして氏は、前のテーブルにあったコーヒー・カップをとりあげた。湯気のたつコーヒーをひとくちすすってカップをおくと、じいっと父親のような微笑を眼鏡の奥に浮かべてぼくをみた。

「君は、どうなんだ。最近は食っていけとるのかね」

もちろん、ぼくは笑い返すしかないのだが、ちなみにぼくは今流行の分類法では、在日三世ということになるそうである。祖父母は慶尚南道の産だったそうだ。どうやら兵庫県の道民会の会長である朴氏には、まぎれもない中年男であるぼくも、同郷の、三十も歳下のまだまだ若い男ということになるようだ。

「わたしも、この歳だ。もうほとんど九割り以上は済んだわけだ。そんなに先は……、もう残っていない。身体の調子もわるいし……」

そういってぼくの顔をじっとみた。どうやら、今日はあらかじめ何か用事があって待っていたにちがいないのだ。

それまでの訪問や世間話などで、朴氏のそれまでの生き方と経歴のだいたいの背景は、なんとなく聞いていた。実は朴氏は、戦前、戦中の特高警察の弾圧に耐え、また何年かの獄中生活の体験をもつ、なかなかの闘士だった。こうして画廊の奥の部屋にすわっていると、波瀾に富んだ闘争をたたかいぬいてきたはずなのに、端正で紳士的である。ときおり、つよい語気で時代への不満をもらすことをのぞけば、獄中の拷問体験者の血気を日常のどこにもみせなかった。

だが最近は心臓の具合がわるいのだと言う。そうなると昔の友達が、なぜか、やたら懐かしいのだと言うのである。

「どうだろうか、君。もし君に時間の余裕があれば、すこし頼まれて、調べものをしてくれないかね」

おそらく庇護のきもちから、ぼくに仕事をあたえようとするのだ。そして古いかどの擦れきれた一枚の写真をみせてくれた。もはやセピアに色褪せた印画紙のなかには、坊主頭のきかぬ気のつよそうな十七、八歳の学生服の少年、三人がこちらをにらんでいる。朴氏は、その中央の少年を「これが、わたしや」といってゆびさす。なるほど、そういわれれば、そうも見える。ずっと昔に、大阪府下の堺市の写真館で撮ったものだそうだ。

朴氏の依頼

印画紙のむこうには、五十数年もまえの少年達のするどい眼が、こちらをにらんでいるのである。坊主頭だが、細おもての今とおなじするどい眼をしている。

そのときぼくは、なにやら驚きをかんじながらおもった。今、見ているのは、半世紀以上も前の時代をにらんでいるその眼なのだ、と。三人の少年が、昂然と胸をはって写真館のカメラのレンズをにらんでいる。そして結果として、一九八九年のぼくをもにらんでいるのである。

この写真は、五十数年前の堺市での瞬間のイメージが印画紙のうえに凍結されたものである。イメージの連続といった点からみれば、過去と現在のあいだには、その連続を断つなんの挟雑物もないのだ。つまり、この少年の眼は、今テーブルのむこうの椅子にすわっている朴氏の眼鏡の奥の眼に時間を飛び越えてつながる眼のはずなのだ。

朴氏は、しばらくぼくの顔をみつめてだまっていたが、スプーンでコーヒー・カップをかきまわしながら、よく言葉をえらんで静かにいった。

十代の頃に堺市で夜間の工業学校にかよったこと。昼はガラス工場ではたらいたこと。学校の先輩の「李ようせん君」にさそわれて「尹奉冠先生」の秘密夜学会に入った。それは当時の堺の労働組合がオルグしていた若い朝鮮青年達の抗日組織だったのだ。それを「抗日青年団」とよんだ。その年に阪神沖で昭和天皇が来阪して大観艦式があり、府下の一斉検束があった。その余波で発覚。そして二・二六事件の年の夏に東京の警視庁特高課に逮捕、大阪のほとんどの留置場をタライまわしされたこと。何年かしてやっと出られたが、釈放後は特高の監視がきびしくて、かつての仲間達とはほとんど連絡がとれず、ちりぢりになったこと。最近は、わたしも健康に自信がなくなっている。君は歴史の本も書いているようだから、このような調査はたやすいだろう。もし君に時間の余裕があるのなら、わたしも今のうちに調べ直してみたい。君のひまなときをみつけて何か手掛かりをさがしてほしい、そう朴氏はいうのだ。

「つまり、ひとくちにいえば昔のあの頃が懐かしいわけだ。わたしも元気のかたまりのようなものだったし、ほら、この男も大変な意地っ張りだった」

朴氏の静かな言葉には、なにか感傷のひびきがあった。ぼくもテーブルにおかれたコーヒーをゆっくりかきまぜ、ひとくち飲むとこたえた。

「しかし、あの頃の治安関係の記録は、戦争に負けたときに、ほとんど焼かれて、まともなものは残ってませんよ。印刷されたものも警察側からみて書いた一方的なものしかないですし……」

「それは、わかっている」

朴氏はうなずいてコーヒー・カップをとりあげた。そしてぼくの顔をながめるように見ながらつぶやいた。

「特高関係は、証拠隠滅のために、あれはみんな焼いてしまっている。それに堺や大阪は空襲をうけているから、なにも無いはずだ。しかし、まだ人間は生きている者もいるやろうから、今となっては遅いのかもしれんのやが、さがしてみたい」そして「君さえよかったら」というのである。

どうやら朴氏は、零細な書き手にみえるらしいぼくのために、同郷の年長の庇護者のたちばをそんな形であらわそうとしているらしかった。

だが、ぼくはこの話にすこし興味を抱いた。このあたりの在日朝鮮人運動史の部分は、ぼくの知識のまったくの欠落部分でもある。通りいっぺんていどのことしか知らないわけであって、図式的な知識のほかは、人間達の生きてきた生活の細部といったことを、まったくといっていいほど知らなかった。そんな予感もあって、これはこれで、よい勉強の機会かもしれないとおもったのだ。

外に出ると、雪はみぞれにかわっていた。冬の夕暮れの空は、くらくておもい。白くつめたいものが降ってくるのだから、おもさも尚更である。靴を濡らしながら駅まで歩いているとき、ともかく、半年は飯の種ができたわけだとおもった。

史料の発見

といっても、その日から熱心に調べはじめたというようなことでは無かった。何とはなく、ついついそのままにしていた。

仕事にかかったのは、その夏からだった。それまでかかっていた本の最終稿を出版社におくり、共著者とすこし言い合いもし、また何本かのつまらない原稿も仕上げ、また秋に出版される本（批評社『塩の柱』）のゲラ校正もおわった頃から、やっと、のそのそと動きはじめたのである。

なにしろ五十数年も前の、それも非合法活動での出来事のことである。ぼくの予想としては、どの記録にもたいしたことは記されていないだろう。また、どうせ取り締まりの治安関係者サイドの記録の断片をそのまま収録したものしか無いだろうとおもった。それらから一個人の人生を抽きだすなどはできない相談だ。

しかし、どちらにせよ、実際に足をつかって調べるとしてもまず全体の枠組みを知っておく必要がある。そこで何冊かの関係書を買いもとめた。そして暑い夏の日々、この夏は海水浴にもいかなかったのだが、蝉のなきごえをききながら、種々の記録を読みつづけた。だが、ぼくはこのような本には、全体の説明はあっても、朴氏の場合のような具体的な出来事についての資料は皆無にちかいのだとおもいこんでいたのだ。

ところが意外だった。当初はこれはたやすく手がつけられないなと考えていたのだが、それは予想に反してあんがいに簡単に目の前にあらわれてきた。

ある日、在日朝鮮人運動史のもっともすぐれた概説書とされる朴慶植氏著の『8・15解放前、在日朝鮮人運動史』（三一書房）を読んでいて、その第四章の一九三〇年代の民族運動をのべた部分のなかに次のような記述を見つけ、すこし驚いた。

大阪では丁岩又、洪文杓らが中心となって全協関西地方協議会再建準備委員会をつくり組織再建をめざしてそれまでの極左的偏向を克服すべく金属、土建、化学の各労組、泉州一般労働組合の中に入り、その指導権を握って組合的意識を民族意識、共産主義思想と結びつけて思想性を高めることにつとめた。また李感得らは大阪繊維労働組合泉南、泉北各支部を組織するとともに岸和田失業救済同盟、泉州一般労働組合の労働争議を指導した。また泉州一般労働組合では李容先らの指導で労働学院出身者を中心に愛国青年会を結成し（一九三六・二）、運動を民族運動の一環としてすすめた。

ああ、これだとおもった。なんという簡単な発見だろう！　この会の名前が違うことなどは意に介さないで（事実、当時の地下運動では団体に正式な名称をつけることは逆に避けたのである）、年代をみれば一九三六年である。これは二・二六事件の年だ。堺市の労働組合というのもあっているし、労働学院というのも朴氏のいう「尹奉冠先生」の秘密夜学会とかかわりがありそうだ。そしてこの記述の「李容先」とは、おそらく朴氏の夜間工業学校の先輩だった「李ようせん君」にちがいないのである。

とすれば、朴氏のいう堺の労働組合とは全協、つまり日本労働組合全国協議会系の朝鮮人労働組合である泉州一般労働（労働者）組合のことなのか。その記してあるあらすじは、朴氏の話とほとんど一致しているのである。

そこでこの記述を頼りにして、もういちど集めた著述や論文を読み直して検索していると、アメリカ人研究者リチャード・H・ミッチェル氏著の『在日朝鮮人の歴史』（彩流社、金容権氏訳）をしらべているうちに、やはり同事実への記述が運よくでてきた。その第五章の「共産主義者と民族主義者の運動」には、こう記してある。

日本の官憲は、もっとも危険な民族主義者の運動グループとして、一九三六年二月に創られた愛国青年会に注目していた。この会は、たった五人の会員しかいない秘密組織であったが、彼らは戦争（日中戦争）は独立への第一歩であり、朝鮮人は今やその新しい革命を準備しなければならず、そのために五人が指導力を養わなければならないと確信していた。さらに五人は、一九三〇年一〇月一日に設立された泉州一般労働組合という組織労働組合を指導した。この組織は大阪では主流をなす民族主義者の組合として、日本の官憲には知られていた。この「組合」はもともと全協傘下にあったが、官憲の圧力で全協に対する致命的打撃を回避するため、その関係を断っていた。五人のうち二人は、一九三二年二月、組合の堺支部事務所に非合法の学校を設けた。四〇名にのぼる多数の労働者が、一時はこの学校に入学し、朝鮮やインドの独立運動を学んだ。しかし、ひと月もたたないうちに特高が動き出し、その組織は完全に破壊されてしまった。

あとで調べ直してみると、この本の記述にはずいぶんと誤りがあるようだ。だがアメリカの研究者の著書に、なんと朴氏のかかわっていた会の記述があったのには、しょうじき驚いた。

ともかく、とっかかりは付いたのである。この泉州一般労働（労働者）組合と、戦前の関西での在日朝鮮人の夜学会運動あたりから掘り起こしていこうとぼくは考えた。この仕事をはじめた動機はどうであれ、こうなってくると、まず好奇心が優先してくるものだ。あちこちの著述のページをくりながら、なにかぼくは今まで伏せられていた秘密の匂いのする鉱脈に突きあたったような気がしてきた。手頃なアルバイトが、これは面白いことになったという、おぼろな個人的な期待にかわりだしてきたのである。

タイム・カプセル

夏のおわりの頃は、汗をかきながら、そんなことを、事件の経緯を組み立てることのできる手掛かりを捜していた。

ぼくは、このテーマが気に入った。気に入る、ということは楽しいということとは別のことだ。楽しいとは、作業に知的な感情的なよろこびを感じることだが、この場合の気に入るとは、故意に身を避けて黙殺するか、扼殺してきたことに熱い旋律と新鮮な力を発見したときの、だが不安なゆらめきのような感情のようだ。だから、おもいがけずテーマに深入りした。

そして、あちこちの図書館や文庫で調べているうちに、ぼくはとうとう次のような衝撃的な記録にぶつかった。その捜し求めていたものは、大阪府立の中之島図書館の、かつての内務省警保局が『特高外事月報』などをまとめて編纂した昭和十一年度分の治安関係者用内部資料の、部外秘の特高警察通牒『社会運動の状況』の復刻本（三一書房）のなかにあった。

この本は、戦前、戦中の内務省や憲兵隊、治安警察の幹部用として、各年度ごとに配布された当時の内部資料であって、なにぶん反体制勢力が徹底的に弾圧された時代のことであるから、相手側の記録はほとんど残らず、結果としてこの官憲側資料が、現代史の基礎資料になってしまっている。そして前にみた二冊の本も、どうやら、この記録がそれぞれの記述の原資料だったようである。

これは活版全十四冊の警保局刊行の思想状況報告であって、当時の日本国内の各種の運動団体の調査と分析がのべられている。そこには右翼運動、宗教団体、労働運動、社会主義運動などの報告とともに、「在留朝鮮人運動」の調査報告の部があるのだが、第一章「概況」、第二章「在留朝鮮人の一般状況」、第三章「朝鮮人団体の一般状況」、第四章「内地渡航状況」、第五章「極左運動」、第六章「無政府主義者の運動」、第七章「民族主義者の運動」、第八章「特殊記念日運動状況」、第九章「政治進出の状況」、第十章「内鮮協和運動の状況」、第十一章「要視察人状況」、第十二章「紛争議状況」、第十三章「印刷物の発行状況」と、各章目にわけた網羅的な状況報告として、思想犯取り締まりの総括的な通報資料の形をとっている。そして、その昭和十一年分が問題の朴氏にかかわるところである。

まず第七章の一節に「概説」として、この年の時代背景と、在日朝鮮人運動における民族主義者の状況をのべている。

内地、朝鮮両地に於ける民族主義運動は、満州事変後頓に好転せり。即ち帝国が国際的難局に処して其の所信を内外に宣明し、東洋永遠の平和確保の大理想に向つて邁進せる態度は朝鮮民族をして国家に対する信頼の念を深からしめ、民心大に安定せり。為に民族主義運動は萎微して振はざるの状況にありたり。然るに帝都叛乱事件の勃発は、新附の同胞中一部をして我が國體に対する国民の確信に動揺を来しつゝあるが如き謬想を抱かしめ、帝国信頼の念に些の亀裂を生ぜしめたるにあらざるやの感あり。更に第十一回オリンピック大会に於ける孫基禎、南昇龍両選手の優勝は、一般朝鮮人に多大の衝撃を与へたり。之等各種の事情は相錯綜して民族主義運動の再擡頭に拍車を加へたるものゝ如く、各地に於ける民族主義系分子の策動俄然活発となれり。

即ち京都に於ては民族主義系分子に因つて朝鮮人問題協議会が結成せられ、兵庫県下に於ては同系分子の策動に依り朝鮮人団体の統一運動進展せり。又最近消極的活動に跼蹐しつゝありたる朝鮮留学生同窓会の活動も頓に積極化し、其他共産主義系諺文新聞の民族主義の煽動宣伝あり、更に各地に於て民族意識を刺戟する処ある問題発生せり。之等は同系分子に依て好個の宣伝材料として利用せられ、此の間秘かに民族独立運動の指導體を結成せむとするの傾向ありたり。大阪府下に於ける泉州一般労働者組合尖鋭分子による「愛国青年会」の結成の如きは其の最も顕著なる事例なり。

ここでちょっと当時の在日朝鮮人運動の情勢をみておくと、おおきくは左派の社会主義者系と右派の民族主義者系のながれがあったのだが、その主流は左派であって、当時非合法化されて地下にもぐっていた日本共産党と連携しながら生活擁護、教育、労働運動の形をとっていた。だが右派は、やがて日本政府の同化政策に屈従するようになり、すくなくともこの昭和十一年の時点では沈滞してみるべき勢力はなかったようだ。

ところが内務省警保局の係官は、なぜか全協、つまり共産党系労働組合らしい泉州一般労働者組合の系列らしい、つまり朴氏等の「愛国青年会」を、民族主義系として見ているらしいのだ。

そして、この節の第二項には、「泉州一般労働者組合を中心とする朝鮮独立運動」と表題してつぎのように記している。

昭和五年十月一日元新幹会堺支会の中心分子金達桓、皇甫潤、宗雄甲、李雲金等は堺市在住朝鮮人を糾合し泉州一般労働者組合を結成せり。金達桓等の中心分子に於ては、本組合の真の目的とする所は全民族の希望する朝鮮の独立にありて、労働組合を標榜するは単に表面を擬装する手段にすぎずとの認識の下に之が目的達成の手段として、当面在堺朝鮮人の民族意識の誘発昂揚と、其の組織化を図らむとし執拗なる策動を継続せり。

而して当時の客観的情勢に順応し当初は全協支持を標榜しつゝありたるが、其後全協支持団体に対する当局の取締厳重を加ふるや、之が回避策として日本労働組合総評議会（昭和六年四月結成）支持を宣言し、或は組合活動を抛棄して基督教団体に改組せむとし、更に昭和九年十一月日本労働組合全国評議会結成さるゝや、之が傘下に趨る等、変転する客観情勢に照応して表面、闘争形態の転換を図り、以て官憲の取締を免れ巧に新幹部堺支会以来の革命的意図を保持し其の拡大強化を図り来れり。

此の間尹鳳官、金仁善、姜尚根等に於ては、昭和七年二月一日堺市耳原町所在耳原支部内に半非合法的に労働学院を設置し、組合会員、子弟（盛時約四〇名）を之に収容し、民族主義的立場より極めて平易なる方法を以て「朝鮮歴史」「印度独立運動史」其他を解説し、純真なる青少年に対し民族意識の扶殖に努めつゝありたる処、同年九月末所轄堺警察署の厳重なる取締を受くるや表面之が解散を装ひつゝ秘かに続講するのみならず、更に八年五月には同市向陽町所在本部事務所内にも労働学院を設置し、執拗なる民族的教養訓練を継続せり。

その後昭和十年二月初旬に至り、尹鳳官、金仁善は、労働学院に於て教養訓練せる青少年を中心に組合青年部の結成を企図し尖鋭分子李容先をして之が組織に当らしめたり。

然るに李容先に於ては、労働学校出身の吉村コト朴庸徳（当十九年）山本コト許英（当二十年）金田コト金仁方（当二十一年）長田コト丁岩又（当二十一年）の外、土田コト張相俊（当十九年）の五名を獲得し、遂に本年二月初旬相謀りて朝鮮独立運動の前衛隊「愛国青年会」を結成するに至れり。即ち李容先外四名は二月初旬極秘裡に会合し

(1)現在世界の情勢は第二次大戦の前夜にあり、従つて民族独立の機運遠からず到来の可能性あり。

(2)朝鮮民族厥起の時機は日本が世界大戦の渦中に投じ、経済恐慌に襲れたる時を狙ふこと。

(3)之が為には朝鮮民族の革命力量を集中せざるべからず、其の準備として全国主要都市に連絡員を派遣し、同志の獲得と其の地方に於ける鮮人差別圧迫状態を調査すること。

(4)我々五名で以て活動の指導体を構成すること。

等を協議決定し、引続き本年七月下旬に至る間前後六回に亙り之が具体的方針に関し協議せり。右協議に基き同年七月末許英、朴庸徳の二名を上京せしめ、次で九月中旬金仁萬、丁岩又の二名も名古屋に派遣せり。其後労働学院出身の安田コト安商載（当二十一年）山下コト韓炯愚（当十八年）吉田コト趙誠煌（当二十年）の三名を獲得し、其の組織徐々に進展しつゝありたり。

大阪府当局に於ては、十月初旬関係者を一斉に検挙し不逞策動を剪除せり、尚本件は内地に於ける民族主義運動に対し治安維持法を適用せる最初の事件として注目に値す。（中心人物、李容先、尹鳳官は昭和十二年三月二十九日起訴、猶予処分に附せらる）

これは半世紀も前に埋められたタイム・カプセルだ！　この内務省警保局の資料の表現のそっけなさは、なにやら感嘆に価する。

まったく官公庁の文章というものは、こういうふうに湿度を排して、無味乾燥でなくてはならない。だからこそ逆に、読み手のイマジネーションが刺激される。そしてリアルな感情移入ができるようになるのだ。

そして思想史などを考える場合には、取り締まり側の資料だけでは、けっしてその運動の実際のすがたは顕われてはこないのだが、それでも朴氏のケースでは、この警保局資料がおそらく最もその実体をまっすぐに指している文書のようにおもわれる。そのほかにも閲覧できるかぎりの関係文書に目を通しつづけたが、当時の全体状況を示す資料は多いが、しかし他にはこの件にかんしての具体的な記事は出て来ない。

だが、その調査の過程で、かつての堺市などの大阪府下での全協系労働運動家の幾人かが存命であることも知った。また警保局資料に中心人物の起訴の日付が書いてあるので、その判決文を管轄検察庁で閲覧（焼却隠滅や空襲での焼失がなければ）させてもらうような、ほかの線からたどる道もそのうちあるだろうと考えた。

どちらにせよ、これだけ道具立てが揃えば、とおい五十数年前の堺市の出来事ではあるが、遊覧船の船底のガラス窓から海底の風景をながめるように、その時間のむこうの風景にじっと眼をこらして覗きこむことができるような気がする。なによりもつよいのは、じっさいに朴氏という極めて記憶力のすぐれた人物の、その証言が得られることだ。

ここで仕事を止めてしまうのは、勿体ない話だ。そして、その調査の過程で図書館などを歩きまわりながら、ぼくは数年前になくなった父親のことをおもいつづけた。これは、あの人達が生きた時代でもあるのだ。この内務省警保局資料の発見、というより存在に触発されてぼくは、この時代の歴史の濁流のなかで生きた人間存在を、つまり在日朝鮮人運動史の過去と現在とを把握できるような仕組みの本を書きたいと望んだ。

過去を探る

つまりぼくは、むいしきに自分のルーツを探ってみようとおもったのだろうか。そうかもしれない。手頃なアルバイトに必要以上にのめりこんだのも、そこから出て来た何か衝動のようなもののせいかも知れない。そして朴氏の体験がぼくの内部につよい興味を喚起するのは、その若い日のほとんどを活動家として苦労し、まるで報われることなく数年前になくなったぼくの父親への、ぼくの贖罪のきもちのせいかも知れない。ぼくは、はやくから家を飛び出した不肖の息子だったし、父の若い日の奔走を、父も語らなかったがぼくも聞こうとはしなかった。

じっさいぼくはこのところ、父の世代からのやり切れないしがらみを断ち切ろうとして断ち切れぬ宙ぶらりんの、わが見ぐるしい生の有様ということをしきりに考えつづけている。その思考をたどるよすがとしても、父の世代の生存の歴史を掘り起こす作業は、ぼくにとってもすこぶる貴重だ。そしてぼくは朴氏とかかわる資料を整理しながら、父の過去と生き方をおもいつづけていた。

が、ともかく朴氏のかかわった事件を中心として書くとすれば、まず、警保局資料に昭和十一年の「十月初旬関係者を一斉に検挙」あるいは「所轄堺警察署」「大阪府当局」との記述があり、また治安維持法にひっかかる労働組合の大量検挙であるから、おそらく当時の大阪の新聞に書かれたにちがいない。そこで一歩進めて、その年の十月初旬以降の堺市方面の新聞記事も調べておかねばならない。

そこでJR大阪環状線から南海電車をのりついで堺市の、市立図書館にいった。初秋の公園のなかの、よい図書館だった。

司書カウンターで、昭和十一年分の新聞縮刷版を、まず『大阪朝日新聞』市内版をかりうけた。朴氏は、その年の秋に昭和天皇が来阪して大阪湾上で海軍の大観艦式があって、そのとばっちりで阪神一帯の主義者の予防検束と朝鮮人地区のしらみつぶしの家宅捜査があり、それで会の存在が発覚してしまったといっていた。

なるほど十月初旬の新聞の報道は、朴氏のことば通りにその海軍大観艦式の記事が紙面を埋めている。

「輝く阪神の海、帝国艦隊入港す」とか、

「御召艦比叡を迎へて、皇礼砲の轟き港頭を圧す」

だとかいった見出しが派手に躍っていた。そして肝心の目的の記事は、昭和十一年十一月十八日の市内版社会面にちゃんとあった。まず見出しには、「半島人急進分子、不穏計画を企つ、一味二十一名を検挙」とあり、つぎのように記してある。

去月上旬半島少年が所持してゐた怪文書からはしなくも堺市を中心に大阪府下に居住する半島人の急進分子によつて強力な組織が結成され着々計画が進められてゐることを探知し堺署では大阪府特高課と協力首謀者以下一味二十一名を検挙、内務省に報告するとゝもに厳重取調べを行つてゐる

事件の端緒は去月上旬堺署小林巡査部長が堺市耳原町の半島人密集地帯の一斉検束を行つたところ利世仙（十九年）＝仮名＝が所持してゐたノートに不穏なことを認めてあるのを発見し同人を留置取調べる一方内偵を進めた結果、利を会長として「愛国青年会」なるものが組織されその背後に泉州一般労働組合といふ半島人労働者のみをもつて組織した組合があり、同組合内に非合法に設けられてゐる労働学院の教師尹鳳官（二十五年）を中心に不穏計画を樹て全国的に魔手を伸ばし同志獲得に暗躍してゐる事実が発覚したものである

これが記事の全文なのである。けれどもそこには検挙状況についての記述はあるが、その「不穏計画」と「暗躍」や「魔手」についての報道はない。どうやらまだ完全な報道解禁になっていないのかとおもったが、それ以後二年分の新聞記事を追跡検索してみても後続する関連記事は見つからなかった。

だが堺市は、『堺市史』というすぐれた市史を編纂刊行しており、もちろんこの市史には泉州一般労働者組合などへの詳細な報告はのってはいないのだが、すこし関連する記述が残っていた。

それならば、大阪社会労働運動史研究の線や在日朝鮮人労働運動史研究の線はどうか。ぼくは一九三〇年代の堺市での朝鮮人労働組合の内容が知りたくて、知人の研究者のS・K氏に手紙を書いた。返信は、そこは研究史の空洞のぶぶんであって関連資料も見つからないという内容のものであった。

だが一応は、これでいいだろう。ぼくはそれでもかなりの文献的資料をあつめていた。これからさきへの進展のためには、まず朴氏と定期的なインタビューの時間をセットして、その記憶の底ざらいに待たなければならない。

それとともに、尋問調書までは無理でも、関係者の判決文や治安維持法違反者関係の資料をあつめていけば、あるていどの全体像が浮かびあがってくるだろう。

報告と提案

九月もおわりの秋も深まりゆく頃に、ぼくはこれらの資料を整理して兵庫県尼崎市の朴庸徳氏の画廊にいった。そしてそれを朴氏に見せたところ、氏は一読して

「知らなかった。仲間といっしょにメーデーにもいったが、全協ではなくて総同盟の傘下だとばかり思っていた……」

といったので、ぼくはすこし説明した。昭和三年の三月十五日に田中政友会内閣が共産党の大検挙

をおこなったいわゆる三・一五事件のあとは、全協の運動家は地下にもぐり、現在の日本社会党の前身である総同盟にはいってひそかに分派（フラクション）をつくってましたから、全協の名前はおもてに出さなかったのでしょう。ぼくは聞きかじりの労働運動史を勝手に拝借して、その当時の事情をしゃべったのだが、どうやら朴氏は内務省の資料にのこるかつての先生や仲間の名前をながめて、なにか感慨をもよおしているような印象だった。

「ゆんほんかん先生の本名は、この字だったのか。としの頃は三十歳前だと思っていたが、ずいぶん若かったのやなあ……」

画廊のガラス窓のむこうは、もう一面の秋の陽ざしの風景であったが、朴氏は革張り椅子にしずみこむように背をかがめ、じっと資料を見つめてだまりこんでいた。

ぼくは水底の世界のようなガラス窓のむこうの秋の街路の風景をながめつづけ、コーヒーが冷めるまで待っていた。朴氏は顔をあげ何か聞きたそうにしている。そこでぼくは計画と自分の立場をつつまずのべた。

このケースは戦前の民族主義運動のなかでもきわめて興味深いこと。とくに夜学会形式をとった当時の民族教育運動のなかでも、労働組合が地下運動的に設けた特異な活動内容であること。その具体的成果はみのりがすくなかったとしても、その精神の在り方はまことに見るべきものがあること。とくに泉州一般労働者組合の活動は苦闘と自己犠牲のくりかえしであり、だれかが骨を拾ってやるべきこと。それは残った者のおそらく義務であろうこと。ぼくも自分自身の感情移入のようなものがあり掘り起こしの希望を持つこと。これは個人の記録としてだけではなく、時代と民族的集団の歴史を書くことにもつながること。予定日数、テープおこしの手順、関連調査の段取り、そして必要経費。ぼくはできるだけくわしくそれを説明し、あなた一個人の体験をとおして、その背後の何か大きな流れを射程に入れることができるかも知れませんとのべた。

そして結論として半年くらいのスケジュールを組み、あなたはできるだけ体験を原稿用紙に書き、またテープでおもいだすままにフリーに録音する。ぼくは実地の裏付けと背景の調査をするから、それをおたがいに組み合わせて失われた人々の足跡をのこそうではないですかと提案したのだ。

朴氏は、窓から流れこむ秋の斜光線のなかで革張り椅子の背にもたれ、足をくんで考えていたが、やがてうなずいた。ぼくは商店街に出ると沖縄産の特上の焼酎を買った。クースの十二年物だ。酔っぱらってしまうには、これにかぎる。ともかく当分のあいだはやることがあり、それができるというわけだ。

現代から「わたし」の時代へ

こうして準備はなった。しかしまず問題が一つあって、それは誰をあるいは何を表面上の主人公として本を書くかということである。

泉州一般労働者組合を中心に書くとしても、今のところは資料がすくなすぎる。それになんといっても朴氏の証言が叙述の柱となる。そこで朴氏の個人的体験を書きながら、たえずその背後の時代状況や時代心性も同時に読み取れるような、つまり個人の経緯と時代や状況の経緯が重なりあって展開するような構成にするしかないなとおもった。

じっさいに在日一世である朴氏の世代は、生まれ故郷からの離散と追放や日本渡航などの深刻な体験を持ち、戦前から戦中、また太平洋戦争後からふたたび生じた朝鮮戦争の動乱期のすべての時期にまたがって生きてきた波瀾の多い世代なのだ。その年輪の軌跡と時代のながれが一致していて、そのため個人を語ることがすなわち時代を語ることにもなるという特異な世代なのである。

そこで朴氏に、まず自分史のメモを書くことをすすめた。かつて朴氏は有島武郎を愛読した文学少年だったそうだ。いまも随筆などを趣味としているようである。そこでぼくは、そのできあがった自分史のメモを下敷きにする。さらにテープ録音分や聞き取り分をくわえ再構成と再解釈をして、ぼくの調べたものをあれこれ組み合わせようとたくらんだ。そしてぼくは、その再構成の作業を知的タイム・トンネルとして、その意識の底ふかくもぐって……そのむこうの半世紀以上も遥かな時のかなたの、労働組合員たちの地下活動の秘密の情景や、戦時下の生活風景のなかに……時間の穴をくぐりぬけて浮上し、覗きこみ、その生存の実際をかんじてみたいとおもったのだ……。

そのためには、朴氏のものがたる自分史と記憶のながれが、ぼくが調査した資料のむこうの歴史時間のなかに、しずかにとけこんでもらわねばならない。そしてあるいは、個人の体験をより客観的な歴史時間のなかにとかす努力のためには、文章表現上の演出も必要だ。加工も要るだろう。

つまり、朴氏を文章上の主人公として一人称の「わたし」が語るという構成で、自伝的な体裁をとりながら、その背景となる時代の流れのようなものを書いてみようと、そうおもったのだ。

もちろんぼくは、このようなやり方に多くの危険がふくまれていることを知っている。いくらふせごうとしても文章にぼく自身が侵入してしまうからだ。だがぼく自身がすでに無私で冷静な第三者ではない。この作業の過程でぼくの意識を追いだすことはできない相談だ。そして決して白紙の心になれないのなら、逆に文章のわきのほうでぼくの意識を運動させてやるしかないだろう。また朴氏の言葉は短く直截的である。そのままでは文章にならないし、情緒や時代の気分をこめるのはむつかしい。ぼくはかつてトルーマン・カポーティの『冷血』を読み返したことがある。すると、朴氏の話を粗いシナリオとして、それをおおきく拡げて、ひとつの時代を文章の上に出現させることができないものか。ぼくが朴氏にかわって、舞台の俳優のように演じるのも方法論であろう。したがって、主人公は朴氏である。また実はぼくである。それはぼくの父親の旅路でもあり、ぼくの心の旅路でもある。

が、すくなくとも時間の内部を旅行する仕事でたいせつなことは、そこでぼくの意識の視力がどれだけ朴氏の体験の内部をとおして持続されるかということだ。のみならず、それが象徴し開示する人々の生存の体験を、どれだけぼく自身の体内で再現させることができるかということだ……。それを文章にしてみよう。

第1章　記憶よ語れ

わたしの生い立ち

韓国の地図をひらくと、北は鴨緑江を境として、東、南、西方は海。つまり半島の地形は、ちょうど兎のようなかたちをしている。そして兎の尻の部分、つまり半島の最南部の地方が慶尚南道である。

歴史をさかのぼれば、三世紀頃の朝鮮半島には北に高句麗があり、南は馬韓、辰韓、弁韓に三分されていた。

このうちの弁韓地方こそが、現在の慶尚南道にあたる。また、伽耶ともよばれた。これは太古の昔から、洛東江とその支流の南江の流域に栄えた部族国家の連合であり、六伽耶ともよばれ、金海伽耶（金海地方）、大伽耶（高霊地方）、古寧伽耶（咸昌地方）、小伽耶（固城地方）、星山伽耶（星州地方）そしてわたしの生まれ故郷である阿羅伽耶（咸安地方）がそれであった。

洛東江は、その源を太白山脈と小白山脈からはっして、慶尚北道を弓状に南下。その豊かな水流は、悠々と緩慢にながれながら、流域の肥沃な穀倉地帯をうるおして、東アジアでも早い時期に、絢爛と華ひらいた伽耶文化を産みだしたのであった。

この洛東江と支流の南江は、わたしの故郷である咸安地方で合流して、一本の河となる。そして釜山を河口として海峡にそそぐ。この咸安地方、つまりかつての阿羅伽耶は、安羅、阿良、阿那と地名はうつりかわったが、六世紀頃に新羅王国に吸収され、高麗時代の十道制の設置で慶尚道に編入される。

しかし、洛東江のめぐみによる豊かな農産と、かつての伽耶文化圏の残した風俗や習慣などは、その美しい自然とともに、わたしの生まれるちょっと以前までは、脈々と伝えられていたという。

この咸安地方、かつての伽耶文化の故地は、したがって史蹟や文化財の宝庫である。また新羅時代、高麗時代、李朝時代の古城や古刹も数おおくある。すこし土を掘れば、古代の土器や、王朝時代の青瓦などがすぐ出てくる土地柄なのだ。

そのゆるやかにひろがる洛東江流域の平野には、緑の山並がめぐっている。いかにも朝鮮らしい静かで、のどかな田園が、北は南江を遠くこえて宜寧地方にまでのび、その彼方には、かつて日本人達が伽耶富士とまでよんだ秀麗な北の山脈が、天にまでつながる。また南は、余航連山の麓まで、ゆるやかな起伏をもつ田園風景が淡々としてひろがる。

この古い阿羅伽耶の地方の南に屏風のようにそびえる余航山は、標高が七四四メートルもある。それは、朝鮮特有の透きとおった青い空と、周辺のやわらかな曲線の山々や丘のなかに屹立した、この地方の最高峰なのである。

余航という山名のように、その山頂に立てば、海峡のむこうの対馬島すらも望見することができる。

余航山は、険しく、そして深い山なのだ。その山域は、奇岩と老松が山をおおい、まずは深山幽谷といってよいだろう。

わたしは、一九一八年二月二十二日、大正七年に、その余航山の南麓にあるちいさな山村である咸安郡余航面で生まれた。

韓国人にとって、先祖の家系話というものは、なかなか小うるさいものだが、どの朴氏の家系伝説でも、その家祖を、太古の新羅国の始祖王である朴赫居世としている。しかし、しょうじきなところ数千年も前の家系話など眉唾なのだが、これはこれでロマンなのだろう。家系伝説は、人様に威張るためのものではなく、身内で楽しむためのものだから、わたしも、あえて詮索しないことにしている。だが、もともとの本貫が、慶尚北道の慶州であったとは祖母等からも聞いた。わが家の家系図である『族譜』でも、そうなっている。遥か昔の慶州は古い新羅王国の都だ。わが家も、新羅六村の流れを汲むと伝えられている。

約三百年前。これはいわゆる壬辰倭乱、豊臣秀吉の朝鮮侵攻の時期のことなのだろう。戦乱を避けて、この山村に辿り着いたとか。ちなみに、西の晋州城は、倭乱初期の両軍の激戦地である。また南の麗水は、日本水軍を全滅させた李舜臣の率いた朝鮮水軍の根拠地でもあった。わが家の先祖達は、このような歴史の流れのなかで、華やかで、豊かな慶州から、このとても豊かとはいえない余航山系のなかの、ことばどおりの山の村に移り住んだのであろう。……そうしてみると、わたしは新羅系伽耶人であり、そして在日韓国人ということになる。

わたしの生まれた家は、そのような険峻な余航山の懐にいだかれた静かで、ちいさな山の村だった。山並の頂上にまで、細かな松が山肌に生え、低い丘には牛が放牧されていた。麓一帯は田畠だった。藁ぶきや瓦ぶきの民家が並ぶ。さして広くない段々畠では、白い民族服の農民がゆったりと鍬をふるう。子供たちが笑い、鶏が鳴き犬が走る。

そんな、空気の中にコトリと音も出さずに沈殿しているような、静かで牧歌的な、古い朝鮮の農村だった。

その朝鮮の空は、冷たく透きとおって、懐かしいほど美しい。大気が乾燥しているせいか、空の色はあくまで青く、日本の空よりも、ずっと澄みきっているのだ。あの遠い記憶の昔の古い農村の風景は、日本時代の変化、一九五〇年代の戦争による北鮮軍とアメリカ軍の砲爆撃による荒廃、そののちの開発などでずいぶんと変わってしまった。

だが、空の抜けるような青さだけは、今も同じだ。この七十数年あいだ、すべてが移ろっていったが、あの青さは、見知らぬ旅人ですら一目で郷愁を感じるあの青さだけは、いつまでも変わることはない、わたしの心に刻まれた原風景のようなものだ。

もともと今は亡い祖母や父の話によると、密陽朴氏の嫡流の家柄であり、李朝時代は両班階級という社会的特権階級の家でもあったらしい。といっても、中央の貴族的な両班とはまったくちがい、一家総出で農業や林業で汗して働くような、地方の小地主、自作農くらいのことであったらしいのだが。

ただ祖父の代までは、田舎とはいえ密陽朴氏分派嫡流の体面をたもつ程度くらいの農地と、すこしの資産もあり、田畠の一部は小作にも出していたらしい。

だが不運なことに、晋陽姜氏から祖母が祖父のもとに嫁いで来た年に、わが家からの出火で家屋敷は全焼。また村の民家にも相当の損害をかけたようである。また当時の習慣として、現金の資産は、いくつかの大きな瓶に入れ、倉に蓄えて置いてあったそうだが、猛火の熱のため銅銭が溶けてしまった。鎮火後に見てみると、すべてが銅の塊りになっていたそうだ。銅塊では、もう財産価値はない。一夜にして貧窮化したわけだ。

悪いことは重なる。それでも、ぼちぼちと傾いた家運を建直しはじめた頃に、一九一〇年の「韓日併合条約」にぶつかってしまった。この一九〇〇年代初期に、わが民族の国家と社会が、日本勢力の侵出のうちに崩壊していく流れのなかで、わが家も多くの例にもれず、その尖兵である拓殖会社によって、土地は収奪され、ついに家産は蕩尽した。

そして、やがて故郷を捨てて、離散することになった。わが家の禍のすべては、ここが原因だった。

李氏朝鮮の崩壊、日本の収奪

それについて、ずっと後になって知った話は、つぎのような内容だった。

約五百年つづいた李氏朝鮮は、上級官僚は文官は東班、武官は西班の、いわゆる両班たちで占められた。この両班たちは、科挙と呼ばれる上級官僚登用試験に合格した知識階級であり、兵役、賦役を免ぜられ、領地を私有できる階級でもあった。しかし時代がたつとともに、その分家は両班の名前はもってはいても、実情は地方の小地主、自作農なのだった。わが家も、そのような地方の一軒だったらしい。

この李氏朝鮮は、農業を社会と経済の中心とした、儒学的な古い国家体制であった。また国民にはむかしから事大思想のつよい面があり、知識階級には、いつか、商工業を軽蔑する傾向が生じていた。ところが、十九世紀となり、イギリスと清帝国とのあいだのアヘン戦争に代表されるように、ヨーロッパ列強のアジア侵出が本格化する。このようなヨーロッパ文明の衝撃(ウェスタン・インパクト)に、李氏朝鮮のような古く錆びついた体制が対処できるはずはなかった。

これは李氏朝鮮だけではなく、中国の清帝国、日本の徳川幕府もおなじであって、東アジアの旧体制国家はすべて崩潰した。国家が生き残るためには、抜本的な革新が必要だったのだ。そんな時代の流れのなかで、李氏朝鮮や清帝国のような一応完備した中央集権国家ではなく、地方分権で内部に強力な反体制派をもっていた日本だけが、唯一、政権交替に成功した。

ところが李氏朝鮮や清帝国では、千数百年をこえる中央集権体制の結果、国のすみずみまでが、まるで鋳物のように固められていた。この重大な時期に、政権交替の、つまり社会革新の組織的な受け皿がなかったのだ。そのため、李氏朝鮮や清帝国は、なかば自滅の道を辿ることになる。

それは、ひたすらヨーロッパを模倣して、とくに兵器と軍隊を革新し、島国の地の利を生かした日本の侵略という形で起こった。倫理や道義が問題となる時代でもなく、国家的な斬り取り強盗は、よい商売だと日本人はおもっていたようだ。ヨーロッパ人教師の指導で組織された新式軍隊とヨーロッパ式歩兵銃にたいして、李氏朝鮮の形だけのわずかな旧式軍と骨董品のような鳥銃は、まるで歯が立たなかった。また李氏朝鮮の指導層には、ながい鎖国政策のために意識がガチガチの者ばかりがおおく、古い旧体制の思考の殻に閉じ篭もろうとばかりし、近代的な民族国家観や、公明な世界観などまるでなかった。そこで、わが朝鮮を滅ぼしたのは、この両班たちだとされるわけだ。

ところが、この時代の日本もじつに貧しい国だった。明治の日本は維新の激動がおわると、一握りの富豪と多数の貧困層にふるい分けられていた。後進国の特徴である貧富の極端な二極分化構造であり、それは当時の韓末社会も同様だったのだが、そして、いわゆる日清・日露戦争でボロもうけした戦争成金が財閥として富を独占しだしていた。だが一般民衆の生活は劣悪であり、貧しいものだった。じゅうぶんな産業も技術もなく、明治初期から昭和初期にかけての日本の外貨稼ぎ高の約六割以上を、生糸とその加工品の輸出が占めるという、わずかな軽工業をもった後進の農業国でしかなかった。日本国内における食糧不足、工業製品への国内市場の狭さなどから、経済的に自立できない日本としては、租税・農業産品収奪、商品市場としての植民地を必要としていた。

その貧乏国日本は、さらに同様以上に貧しい朝鮮の限られた富を奪うことによって、利益をあげ、国を維持しようとした。つまり植民地依存経済である。貧乏人が、より貧乏人からむさぼろうとしたのだ。それは豊かなヨーロッパの植民地主義者のキリスト教文明的なゆとりなどとは全然ちがった、それこそ、カマドの灰までかきまわすような、あざとく辛辣、貪欲なものだった。

まず一九一〇年の「会社令」の強行によって、会社設立の許可、行政認可のすべての権限を朝鮮総督府がにぎり、民族資本の発展をさまたげ、日本資本侵出の環境をつくった。当時の日本の工業発展段階はまだまだ初歩的な軽工業の段階にとどまっており、朝鮮において日本の工業と競争するような産業資本を潰す必要があったのだ。つまり、許可制とは不許可制のことであり、韓末にある程度の成長があった民族資本は、一九三〇年代には、わずかな形すらなくなり、日本人の植民地成金の草刈場となっていた。

翌、一九一一年には「教育令」という形で、教育への介入と統制がくわえられた。それは自由な私立大学教育を禁止して、韓末に新文明への反省から盛んになっていた私立学校設立、維持に規制をくわえ、日本国家に「忠良ナル国民」への教科課程のみを認め、理工系教育をかぎらせる愚民化政策であった。そのため一九一〇年には認可私立学校のみでも二二五〇校あったものが、一九一八年には七七八校まで減少し、さらにその数を減じつづけて、李氏朝鮮以来の教育重視の伝統はくずれていった。

さらに決定的であったのは、一九一〇年三月から一八年十一月までの八年八カ月にわたって行なわれた「土地調査事業」、すなわち「土地収奪」であった。

これは土地の所有権を確定し、税金収入を吸収しようと狙ったものだが、もともと伝統朝鮮においては、当然ながら土地の所有関係はあったが、地籍図のような形ではなく慣習法的な所有であった。日本の役人は、このアナに目をつけた。所有権を認めてもらうには土地に対する縁故関係を「申告」しなければならなかった。ところがおおくの農民は、じゅうぶんなPRもなく、その結果の法的無知と、侵略者統治への反発、また意図的な「申告すれば税金をとられる」との流言のため申告しなかった。

そして彼らは、期限までに申告しなかった農民の土地を、容赦なく強引に取り上げた。おおくの農民たちは、一夜にして先祖伝来の土地を奪われたのだ。この詐取的方法によって、田畠や山林計千二百万町歩を日本の国有地に取り込み、また利権とむすびついた日本人に「払い下げ」して、総督府経営の財源とした。

その頃の日本の国庫はカラ同然であって、その収奪ぶりは、なりふり構わぬ徹底したものであった。国策会社である東洋拓殖株式会社は、一九三〇年には一社で十一万四千ヘクタールもの農地を不法取得していた。土地を奪われ、日本人寄生地主に吸われつづけ、商業資本に締めあげられ、朝鮮農村は崩壊した。村は飢餓線上をさまよい、土地をうしなった無数の農民は流民化し、一部の農民は山地に入り、移動しながらの焼き畠農業をおこなう火田民にまで化していったのだった。

また土地を奪われた農民や破産に追込まれた商工業者たちは、家族の生活のため出稼ぎ労働者に落ちぶれた。そして北部地方のものは満州へ、南部地方のものは日本へと流れることになった。

この日本人による土地収奪が、おおくの人々の流浪生活の発端だったのだ。やがてわが家も、わたしの父もそうなったのだ。

もちろん、これはわたしが生まれる前の出来事である。したがって身内でも、もう生きている人はおらず、わが家のこまかな詳しい経過はわからない。

だが、朝鮮総督府の「土地調査事業」という露骨な土地収奪政策に、結局、引っかかってしまい、土地の所有を申告しなかったらしい。すると見たことも、聞いたこともない日本人合法地主なる者が突然出現して来たらしい。そしてなんと、小作料を取り立てだしたという、お決まりのパターンだったようである。このような、お決まりのパターンで村は崩壊。農地を失った村の人々は飢え、そして流民化して村を離れていった。これはわたしの父が、まだ少年の頃のことらしい。

それとは逆に、この山村にも、拓殖会社によって送り込まれた日本の移民たちの、下駄の音が響くようになる。だが当時の日本の貧乏ぶりも、深刻なものであった。当時の人々は、日本中のこじきを集めて、朝鮮に送り込んできたとおもったそうだ。裸同然の貧民だった彼らは、無法な土地取得のお陰で、すぐに白い米が食べられるようになる。もともとなら白い米どころか、雑穀を食べ、息子を口べらしのため年期奉公にだし、娘を売らねば生きていけなかった日本の小作人や下層民たちだ。さぞ朝鮮は天国だとおもえただろう。

そのほかにも、日本政府の利権と結託して、「払い下げ」なるものを受けた日本人の植民地寄生地主たちが突然出現し、それでなくとも貧しい朝鮮農村の富を吸いつづけた。

無法なことだった。だが、当時の日本の民度や文化水準からして、そのような押しかけ強盗の無法への反省など、とても彼らにあるはずはなかった。

追いつめられた民衆の怒りは、一九一九年三月一日の「万歳事件」となるのだが、それは民族独立運動として全土にひろがったが、植民地朝鮮を自国経済維持の生命線と考えてどのような手段でもとる覚悟の日本に対するにしては、非武装の民衆運動は、あまりにもロマンチックであり過ぎた。

インドにおけるイギリス人と朝鮮における日本人とは、まったく人種がちがうのであって、銃を持たない蜂起は、歩兵銃の斉射の前に総崩れとなった。イギリス人はインドに豊かで異質な文明植民者として、その上に超然と棲み分けていたが、日本人たちは朝鮮のせまい路地の横に入り込んで座り込み、その貧しい食事を奪って自らの空腹を満たそうとしたのだ。後進なアジアでの、貧乏人同士の共食いであるから、どこにも救いはみいだせない。

……そのような時代のなかで、祖父は、祖母と二男二女を残して、三十五、六歳で死去したらしい。だからわたしには、祖父の記憶はない。だが祖母等のかつての思い出話から想像してみても、旧家の嫡流として生まれながら、家を破り、国家の滅亡を嚙みしめながらの祖父の死は、さぞ苦渋にみちたものだったろうとおもう。

祖父に死なれ、また、農業のほかは特別な産業もない時代に、先祖伝来の貴重な農地を日本人たちに収奪されたわけである。たちまち一家は、生活に窮した。

父が日本へ渡る

この時代状況のために、わたしの父は、家柄にふさわしい教育をうけることができず、わずかな期間、村の書堂（私設村校）にかよっただけである。父の文字に関する知識も、当時の朝鮮での父の世代のおおくの人々と同じく、ごく限られたものでしかなかった。だが、今となっては、祖母がどのような苦労をし、また父と母がどのようにして結婚し、どのような所帯を営んでいたかは、もはやわからない。

その後の家長となった若い父は、まことに困惑したのだろう。多数の家族を養うには、のこされた家産はあまりにもすくない。わずかにのこった田畠では、どうすることもできない。しかし農業以外には、これといった収入もない田舎であり時代である。

このような時代状況と、家庭の有様のなかで、わたしは、ちいさな山村の新婚夫婦の長男として生まれたのだ。

その、わたしの生まれた一九一八年は、日本の年号なら大正七年にあたるのだが、すこし歴史を調べてみれば、我が国が事実上主権をうしなったのが一九〇五年の日本との「乙巳保護条約」であり、伊藤博文が安重根にハルピン駅で射殺されたのが、一九〇九年。「韓日併合条約」で古い李朝国家が完全に崩壊、朝鮮（大韓帝国）が日本によって植民地化されたのが、一九一〇年八月二十二日である。わたしの生まれる十年前だ。また、わたしの誕生年の一九一八年はヨーロッパで第一次世界大戦が終わった年でもあった。

しかし、今、思い出してみても、わたしの父は、高い背丈と強い気力の人だった。壮年時代の八尺もある筋肉質の躰躯は、遠くからでもひときわ目立った。幼い頃のわたしは、そんな姿のいい父を、誇りにおもったものだ。嫡流の長男として、少年のときから、潰れる寸前の家を支えるため働かねばならず、やがて青年となって、そして所帯を持ち父親となって、家運の挽回をこころみたのだろう。また、よほどおもいあまったのだろう。

ちょうどわたしが生まれて十日ほど経った日、父は一族宗家の家長の立場にあるのを利用して、宗家資産の一部である共有の山林の一画を、無断で抵当に入れ、いくらかの金を都合。あたらしい生活の道をさがして、活路を外の世界にもとめたのだろう。停滞した山村を去って、日本へ出稼ぎに行ったのだ。おそらく、田畠を奪われた農村の青年にとって、それは、家族を養う唯一の道だったのだろうとおもう。これは、当時の離農せざるをえなかった窮乏農民のお決まりのコースなのである。

じっさい、おおくの若い農民が出稼ぎ労働者として、北部地方の人間は満州へ、南部地方の人間は日本へと流れて行ったのだ。また、当時の後進軽工業国である日本も、安く低賃金で使える植民地労働力を必要としていたのだ。

その頃に「満州帰りの七日こじき」とか「日本帰りの三日こじき」とのたとえがあって、収入の良い満州出稼ぎ組でも帰郷して七日で一銭もなくなり、収入の悪い日本出稼ぎ組は三日で一銭もなくなるとされ、どちらにせよ出稼ぎも焼け石に水でしかなかった。が、ともかく父は、距離的に近い日本行きをえらんだのだ。

そのため祖母と、まだ若い母と幼いわたしの三人は、故郷の山村に残されることになった。しかし里に残された者は、たまったものではない。頼みの綱の男手が突然消えた後の、女子供の所帯である。父が、年一、二回送ってくる生活費だけで、たよりなく細々と暮らしていたようだ。その仕送りが唯一のたよりだが、当時の朝鮮の山村にとって、日本は遥かな遥かな遠い外国だった。

ついには、その日の生活にも困る状態となったらしい。仕方なく涙をのんで、懐かしい先祖代々の土地を去ることになった。祖母の故郷である、洛東江の北、宜寧郡に移ることになったのだ。わたしは、まだ赤ん坊であったが、わたし達女子供の一家は、トボトボと高い峠を越えて、泣く泣く余航山を北にくだり、洛東江を渡し船で渡ったそうである。……それが、わたしが憶えているはずもない、わたしの神話時代の出来事らしい。

万歳事件

この祖母の実家のあった宜寧郡は、洛東江の支流、南江の北岸の田園地帯であったが、祖母が祖父に嫁ぐ頃は、どちらもちいさいながらも、旧家同士の婚姻であったので、祖母の実家もすこしくらいのゆとりはあったのだろう。

そして母が、その村のあちこちで手仕事をしながら、その日その日が精一杯のような生活であったらしい。朝鮮特有の同族愛と大家族制に助けられて、かろうじて日々を過ごせたような有様だったらしい。

やがて一九一九年の二月に、私は満一歳になるわけだが、その十日後の翌月。つまり三月一日。この日、咸安郡、宜寧郡地方でも、一大民衆運動が発生した。いわゆる三・一独立運動……「万歳事件」である。

朝鮮総督府の「土地調査事業」とは、まぎれもない土地収奪策であり、沖縄支配の経験にもとづくとされるが、期限までに土地の所有権を総督府あてに申告しなかった農民の土地を強引に取り上げ、それを拓殖会社などが移民させた日本人農民に一方的に「払い下げ」て、それを財源とするとともに、植民地支配を確実化しようとするものであった。

その暴力装置的な裏付けとして、朝鮮全土に、憲兵と警察の網をめぐらして、武力制圧と拷問を常套手段としていた。

その結果、土地を奪われ、生活を破壊され、追い詰められた民衆の怒りが、一九一九年の三月一日の「万歳事件」となったのだ。

この三・一独立運動は、第一次大戦直後のヨーロッパなどの厭戦思潮や中国、インドの民族運動の影響をうけて、朝鮮全土二百十八郡のうち二百十一郡の民衆が参加した平和的な運動であったが、相手が悪すぎた。日本人の国民性は、強者にはひたすら迎合するが、弱者には一転して態度をかえて暴力的になるのだ。そして日本軍、憲兵、警察が総動員されて、武器を持たない民衆にたいして、徹底的な暴力弾圧がおこなわれた。

朝鮮全土で、参加者は約二百万人。そのうち虐殺された者七千五百九人、負傷者一万五千九百六十一人、検挙・投獄された者四万六千九百四十八人であった。

そして勿論、まだ一歳のわたしにわかるはずはなかったのだが、この咸安郡地方、宜寧郡地方でも大騒動があって、数えきれない犠牲者をだしたそうである。

その日は、ちょうど咸安郡では、郡北で市が開かれる日だったそうだ。おおくの人々や買い物客があつまっていると、そこへ日本人の警官や軍隊が、無差別に歩兵銃弾を撃ちこみ、また機関銃で掃射したのだという。……その追悼記念碑が、今も咸安の公園にたっている。

もともと民族の文化伝統が、長い文治主義の伝統をもつために、「武」より「文」を重視。数百年にもわたって、意図的な禁武政策がとられてきた。これは民衆統治のためにはよいが、対外的には、国防上からみて危険なことでもあったのだろう。つまり、その結果が亡国であり、郡北の市の日の広場への歩兵銃の乱射だったのだ。

今日の南北の二つの政権が、過剰な軍備をもち、どちらも軍事政権的な側面をもっているのも、このような悲劇の歴史をみれば、どうにも仕方のないことだ。友人はえらぶことができても、隣人はえらべないということなのだろう。

慶尚南道での日々

ともかく、それから二年ほどたった春の頃に、つまりわたしが三歳の時に、それまでほとんど音沙汰がなかった父が、ひょっこり帰ってきた。

もちろん、わたしは記憶していないのだが、あとで聞いた話によると、出稼ぎでつくった金を多少は持ち帰ったそうだ。だが異郷での重労働のため、体調を悪くしたのだという。そうなると里心がつく。家族や故郷恋しさから玄界灘を越えもどり、日本からわたし達のもとへ帰って来たそうだ。

故郷に帰り、家族にも会い、身体のほうもよくなった。しかし仕事がない。東洋拓殖会社などの日本資本の農村収奪は、さらに激しくなっていた。この頃の朝鮮農村の崩壊は、一層拍車がかかっていた時期だったのだ。祖母の実家のあった宜寧郡でも、さらに多くの自作農が土地をうしない、小作農となるか、出稼ぎ労働者となるか、あるいは山に入って火田民のような流民となるかの瀬戸際の時代だったのだ。

また商業者も朝鮮総督府の「会社令」によって、また政策的抑圧によって、営業を圧迫されつづけて、おおくの商店が破産に追いこまれ、日本人商人がそれに取ってかわっていた頃だったのだ。

父がいくら探しまわっても、土地をうしなった農民に職などはない。そのため、父はやむなく、その年の暮れに、ふたたび出稼ぎ労働者として日本に渡った。家族を養うためには仕方のないことだったのである。

その時は母も、なにか意を決するところがあったのだろう。その父の後を追うようにして、祖母や幼いわたしをのこしたまま、日本の父のもとに渡ったのだ。

わたしが泣いたかどうかの記憶は、あるはずもない。ともかく、わたしは祖母に育てられることになる。わたし達は父と母が、おそらく母が年数回送ってくれる仕送りの生活費だけで、やはり、たよりなく細々と暮らしていたようである。

だが、あの幼年時代、たった一人の子供であった幼いわたしは、祖母から文字通り溺愛された。祖母はすらりとした物腰の、大きな眼が柔らかく相手をつつむような、いかにも旧家の出身らしい奇麗な顔だちの人だった。その人に両腕で抱きくるまれるように育ったのだ。

やがて物心がつくようになって、村の子供達と遊ぶようになった。わたし達幼い子供達にとって、村の外の世界のことなど、まったく無縁だったはずだ。親の苦労や、村のおかれていた状況など知るはずもなかった。

しかし記憶には、とくに極めて幼少の記憶には限界がある。わたしも、七十年近くも前の、あの故郷での幼年時代のことをほとんど憶えていない。だが「記憶の糸」という言葉もあって、こうして遥か昔の記憶を辿っていると、永い歳月眠りつづけていた記憶のあれこれが、つぎからつぎへと、糸車を手操るように心に浮かび上がってくることもすこしはある。といっても、それは幾枚かの幻燈の絵のような、断片的な場面の記憶である。

たとえば、春の山で大人達と一緒に山菜摘みにはげみ、祖母が乾して丸くたばねた蕨を家の軒からつるした記憶とか、村の渓流で年長の子供達と一緒に魚を追ったとか、秋の収穫では村中のおとなが総出で稲刈りにかりだされたとか、紅葉の頃には誰かが大きな壷に漬物を仕込んだ姿の記憶とか、戸外が真っ白くなる冬にはオンドルの部屋で祖母から昔話を聞いた記憶とか、だいたいそんな程度のものばかりである。

朝に裏の小山に、わが家の牛を放して草を食ませ、夜に牛舎に連れ帰るのだが、時おりはわたしが言いつけられた。だが、巨きな牛がそんな子供のいいなりに動くはずもない。べそをかいた記憶もある。

その小山の峠のむこうには、一本の道が、青い山並の彼方までつづいていた。峠に行くたびに、このずっと遠い先に母さんがいるとおもったものだ。夕方、空の一方が落日で赤く染まる頃に遊び疲れて家に帰るのだが、夕暮れの蒼い光がたゆたっている村の畠道を帰る時の風景は、今憶い出してみても、こよなく麗しかったような気がする。家に着いた時には、いつも村の並木のポプラは闇に暗く溶けて見えなくなって、わが家の室内の灯の輝きがわたしを迎えてくれたものだ。

日本へ

こうして、やがて三年ほどたった頃、今度は、当時としては田畠の何反かは買えるほどの金をもって、父母が帰ってきたのだ。母は偉大なり、である。それどころか、まだ生まれて間もない赤ん坊の妹を母が抱いていたのだから、わたしはすっかり驚いたようだ。

父母の帰郷で、つかの間の楽しい一時期があったようだ。新生活も、はじまりかけた。父母の気持ちとしては、夫婦で身を粉にして稼いだ金で、なんとかわが家を昔のような生活に建直したかったのだろう。ところが、その金ですこしでも農地を買いもどせばよかったのだが、誰かの甘言に乗せられて、素人金融業のような事をはじめたらしい。だが出稼ぎ労働者の才覚でできる商売ではない。それはたちまち失敗に帰したようだ。

ふたたび元の木阿弥。無一文である。父が、かなり強い気力の持ち主であり、簡単にへこたれる男ではなかったことが、せめてもの救いであったようだ。

だが、それは後になって聞いた話であって、当時は子供であったわたしに理解できるはずもない親達の事情であった。それは大人達の世界のことだったのだ。しかし、わたしの記憶を辿ってみても、あの六十数年前の農村での夜の時間、顔を寄せ合って、不安な面持ちで所帯の相談をしている祖母と母の、うす暗いランプに照らされた影絵芝居のような姿を、何度も見たような気はする。

ともかく、そのような遠い日の、古い韓国の農村の情景にくるまれて、わたしは六歳を過ぎた。

後年、わたしは、これらの日々が涙が滲むほど懐かしく楽しいものとしてわたしの裡に記憶されていることに気づき、祖母と母に守られて幸福な幼年時代を過ごしたことを知った。しかし、それはわたしが繭のなかの蚕のように、祖母と母にくるまれていた幼い子供だったからだ。一方で、わが家や村の生活は、時代の波に洗われて、ずるずると崩れつつあったことも後になって知った。

どうにも仕方のない状況となった。朝鮮の町や村々も、日本人の商人や合法的地主なる人種がわがもの顔で歩きまわり、どうにも八方ふさがりの時代だったのだ。

しかし身を捨ててこそ浮かぶ瀬もあり、である。父は仕方なく、今度は祖母と赤ん坊の妹をのこし、母とわたしをともなって日本に渡ることにしたのである。ユダヤ人のような故郷を失った亡国の民をディアスポラの民と呼ぶらしいが、故郷の土地という根をうしない、つまりは、わが家も一家をあげて、そのような流浪生活に入ったというわけだ。こうして間もなく、わたしの幼年時代がおわり、つぎの少年時代が、つまり家と懐かしい故郷から追放されての根無し草の生活、日本での生活がはじまることになる。

いつ、わたしが幼年時代をおくった祖母の実家のある宜寧郡を離れたのか。その時の記憶はわたしにはない。だが、咸安の駅から釜山行きの鉄道列車に、おそらく祖母の泣き声を後にして乗ったのだろうとおもう。

韓国人は感情表現が豊かである。おそらく祖母は、去る列車をむなしく眺めながら駅頭で地を叩き、慟哭したのであろうとおもう。苦労ばかりの人生だったかも知れないが、とても優しく、愛情の深い祖母だったのだ。

釜山に着き、そして関釜連絡船に乗ることになる。もう六十年も前のことだから、ひと昔が十年として、六昔以上も前のことだ。あまりよく憶えてはいない。

釜山港のにぎやかな港町の情景などは、田舎の子供であるわたしには、肝がつぶれるほど珍しいものだったとおもう。おそらく、大型汽船もはじめて見たにちがいない。そして港の桟橋には、山のように見える関釜連絡船の巨体が、わたし達の乗船を待っていたのである。子供のわたしとしては、ただビックリするだけだ。なにがなにか、わかるはずもない故郷からの別離であった。

「涙の連絡船」などではなく、デッキの上で、海峡の鷗でも眺めながらポカーンと口でもあけていたのだろう。それは一九二五年、大正十四年。わたしの七歳の時のことである。遠い記憶の彼方の日の、まったく幻想のように遥かな出来事である。

第2章　移動生活時代

飯場暮らし

記憶、とくに幼年時代の記憶には、おのずから憶い出せる限界というものがある。当時わたしは満七歳であったから、もうすこし日本渡航前後のことを憶えていてもよさそうなものだが、あまりの生活環境の急変のためなのだろう。この時期のことをわたしは大部分、わすれ去ってしまっている。

ともかくわたしは、気がついたら京都府北部の土木現場のバラックのような飯場のなかにいた。父がその頑丈な身体にものをいわせて土木労働者の兄貴株のようなことをやり、母がその数十人の労働者が寄宿する飯場の賄い婦のようなことをしていた。

朝鮮では貧しいとはいえ、親族や村のしきたりなどに抱かれて、それなりに平穏に暮らしていたのだ。だがこれは一転して、ずいぶんと荒っぽい生活となった。

父の土木労働者としての仕事は、河川改修や鉄道、道路補修などの公共の荒工事が主であった。一工事の工程は数カ月単位だ。数年にわたる長期の現場はなかった。そのためわたし達一家も、その受注工事につれて移動する飯場とともに、まるで渡り鳥のように、京都府下の舞鶴や福知山地方を転々としたのである。わたし達一家は、じっさい転がる石のようなものだった。

住むところといっても、まともな家の、まともな屋根の下に寝泊りしたことはない。慶尚南道の故郷では、ちいさな家とはいえ、何部屋かの間取りがあった。油紙をはったオンドルの部屋、菊花を植えたちいさな庭と家の周りに垣根があった家だったが、ここ日本では大違いだった。

日本に来てわたし達一家が住んだところは、普通に家と呼ぶようなしろものではない。それはつねに工事現場の近くの農家の納屋を借りて、内部を改造したものとか、バラックの仮小屋を建てて移動飯場にしたものとかであった。

つまりは渡り鳥のような転々とした飯場暮らしであった。わたしの憶えているだけでも、約五年ほどの間に二十箇所以上も移っている。それはいつも雨風をしのぐのがやっとの、夏はいやになるほど暑く、冬は飛び上がるほど寒いバラックの部屋ばかりだった。家らしい家に住んだことは一度も無かったというわけなのだ。

だからといって、わたしが辛いおもいをしたとか、苦しいおもいをしたとかいうのではない。逆に、楽しく遊んだ記憶ばかりのこっているから、われながら不思議である。

おそらくそれは、わたしがまだほんの子供であったため、子供特有の順応性で新しい生活に、すぐ馴染んでしまったからなのだろうとおもう。それどころか、日本では腹一杯に白い米の御飯が食べられた。当時の飯場では、一升飯が食べられなければ一人前の土工じゃないとされたが、とにかく御飯はふんだんにある。まして母が賄いをしているのだから、わたしが食べる物に困るはずがない。

食事は日本式に、白米の御飯と沢庵漬けだが、わたし達が故郷で食べていたのは、黒っぽい、雑穀混じりの麦飯とキムチだった。だが日本では、白い御飯が充分に食べられ、そして焼き魚もふんだんに出た。……だが、これについて、のちになって知ったところでは、つぎのようなことらしい。

朝鮮米の飢餓輸出

内務省統計によれば、もともと一九〇四年、明治三十七年当時の在日朝鮮人の数は二百二十九人でしかなく、それも東京で日本人の女中や下男をやとって暮らすような、富裕階級出身の親日政治家や留学生たちだけだった。韓日併合の前年の一九〇九年でも、わずか七百九十人でしかなく、その頃に日本から朝鮮へと日本人の一旗組や失業者が堰を切ったように流れこんだのと比較すれば、まことに微々たる数でしかなかった。

だが一九一〇年以後、総督府による土地調査事業という土地収奪によって無数の朝鮮農民が流民化した。さらに、総督府歳入の半分以上をまかなっていた地税、地税付加税を背負わされ、わずかに土地を守った自作農も没落。さらに、ついで農業近代化という名目で行なわれた産米増殖計画によって朝鮮農民の生活は、ほぼ完全に破壊された。

つまり、当時の日本も米の自給ができない後進農業国だった。その日本国内の食糧危機と低賃金政策の基礎である米の安定供給のため、日本政府は、その不足分を朝鮮米でおぎなおうとしたのだ。ところが朝鮮も米の自給ができないのは、日本と同じだった。そこで朝鮮総督府では、粗雑な机上プランでしかない産米増殖計画をたて、小規模な農地整備をおこなった。それは一九二〇年、大正九年から十五年計画で朝鮮米九百二十万石の増産を目標とし、それを日本国内に移出しようとしたものだった。

だが、この計画十二年目の計画短縮終了時でも実際の増産高は合計二百七十万石にしか達しなかった。ところが計画四年目の一九二四年、大正十三年の「内地への移出」すなわち朝鮮米移出高は、なんと一千万石を突破したのである。

この時点でも、差し引き九百数十万石以上の朝鮮米が、飢えた朝鮮農民の手から奪われ、やはり飢えた日本人の空っ腹のなかに消えたわけだ。それも余剰米ではなく、最低限度にも足りない必需米がである。毎年、朝鮮における米の年間生産高の半分以上が、日本に強制移出された。これでは、それでなくとも寒冷の地で、農業生産性に乏しくギリギリの生活であった朝鮮の農村が、生き延びていけるはずはなかった。「朝鮮米の飢餓輸出」と呼ばれる状況が、これだった。貧乏日本が貧乏朝鮮を食い物にして生き延びようとしたのだから、話はどこまでも暗い。

これについて『朝鮮総督府二十五年史』には「麦類および補食作物たる甘藷、馬鈴薯等の品種選定、栽培並びに貯蔵の方法を指導奨励して半島内における米の消費高を節減して、其の移出高の増進を図った」と書かれている。

つまり、米を取り上げて、餓死線上に追いこんだということである。その暴力的供出、九州あたりの人間を集めて暴力的に床の下まで捜すような徴発は、まぎれもなく日本の国民性の一面をしめしたものであり、そして生産者である朝鮮農民の半数以上が「絶糧農民」「春窮農民」と呼ばれるまでの収奪が繰りひろげられ、それからの朝鮮人の日本人にたいするイメージを決定づけた。

生きる土地と米を奪われて農村は崩壊し、おおくの農民の生活が破綻した。日本人の植民地寄生地主や植民地成金、高利貸し資本がさらに農地をかきあつめるのを横目に、毎年数十万人の農民が流浪民化し、生きていくためやむをえず故郷を離れていった。

そういえば、宜寧郡の祖母の実家でも、秋の頃だったとおもう。日本人の警官と朝鮮人の面事務所（町役場）の職員、前掛けをした日本人の米穀商人がやってきて、祖母の実家の床の下まで屋探しするような調子で、怒鳴り散らしながら、米の強制供出をさせていたような記憶がある。幼い日の記憶は、断片的で、不明瞭なものがおおい。そして時とともに、それが現実のことであったかどうかもわからなくなる。だがたしか、わたしが五、六歳の時の記憶だとおもう。

そのような米の収奪の結果、朝鮮の農民たちにのこされたのは、わずかな雑穀だけであって、わたしの記憶にのこったのも、あの故郷での幼い日の黒いポロポロの雑穀まじりの麦飯だったというわけなのだろう。

つぎの頁の表は、御茶ノ水書房から出版されたアメリカの研究者団体であるＡＦＳＣの研究者共著である『二つの朝鮮一つの未来』のなかの第三章で、イギリスの東アジア経済史家のジョン・ハリデイ氏が、当時の朝鮮における農業生産と、個人消費量の関係を図表化したものである。この表を見れば、いったいに日本は、当時の朝鮮でどういうことをしていたのか、その実際が一目瞭然なのだが、ジョン・ハリデイ氏も、その論文で「日本の植民地政策の核心は、可能な限りの搾取をともなう可能な限りの開発であった」と断言するのである。そのとおりである。

表　朝鮮米の生産と消費

	全生産高（単位：百万石）	日本への輸出	朝鮮国内での全消費量	1人あたりの消費量（単位：石）	
				朝鮮	日本
1912	11.6	0.5	11.1	0.78	1.07
1915	14.1	2.3	11.8	0.74	1.10
1918	13.7	2.2	11.6	0.68	1.14
1924	15.2	4.6	10.8	0.60	1.12
1930	13.7	5.4	8.6	0.45	1.08
1931	19.2	8.4	10.5	0.52	1.30
1932	15.9	7.6	8.4	0.41	1.01
1933	16.3	8.7	8.5	0.41	1.10

飯場の朝鮮人土工たち

もちろん当時のわたしには、そのような歴史的背景など知るはずもなかった。ともかく新しい工事現場からつぎの工事現場への、流れるままの移動飯場の日々である。やがて、そのうちわたしの父が、二、三十人の朝鮮人土工を使う飯場頭として、自分の組と自分の飯場をもつようになった。

前にのべたように、わたしの父は大柄で頑丈な、かなり強い気力をもつ男だった。この当時に自分の飯場をもち組頭、親方としておおくの労働者をひきいるのは、なまなかではできない。斬ったはったは日常茶飯事ではないが、いざとなれば日本刀のひとつもギラリと抜く必要がある。親会社とも交渉せねばならず、地元のヤクザと話をつける必要もある。そのために自然に仲間の労働者に立てられ、頭株となる。また面倒見がよければ、自然と人もあつまってくる、というようなことだったらしい。

父の飯場は、ほとんどが出稼ぎの朝鮮人土工の人達であった。そのなかではわたしは、食事をつくってくれる飯場のおカミさんの大事な長男というわけだった。出稼ぎの土工といっても、そのほとんどが土地を失った貧窮農民の青、壮年達であって、大部分がへんぴな山村から募集されてきた男達だった。一九二〇、三〇年代の朝鮮での農民の離村状況には深刻なものがあって、彼らも家族を故郷にのこして、泣く泣く日本に渡ってきたのであろうとおもう。

そのためか、まだ子供のわたしは、この人達から無茶苦茶に可愛がられた。わたしの年齢の子供を故郷にのこして、この異郷に出稼ぎに来ていた人がおおくいたにちがいない。わたしを抱いて泣く人もおり、子供のわたしは嫌でたまらず、ずいぶん気恥ずかしいおもいをしたものだ。

そのうちわたしも、日本語が話せるようになっていたらしい。飯場の周囲は、京都府や兵庫県北部の山や川。溢れるほどの自然があった。飯場は移動につぐ移動で、退屈する暇はない。われながら、よく遊んだものだ。

飯場の男衆はわたしに優しくしてくれるし、そのうちの一人に、中年の小柄でちいさな優しい眼をしたすこし学のある人がいた。その人は飯場のなかでも特別待遇で、現場労働には出ず、書記役として帳簿づけなどをしていた。

零落した良家の出身者だったらしい。昼の飯場は誰もいない。そんな時間、その人はよくわたしにあれこれと話してくれ、教えてくれた。もっともその内容は、まるで憶えていない。だがよく紙と墨を出して、「天地玄黄、宇宙……」の『千字文』の手習いをさせられた。その人は、「坊は、よく出来る」と褒めてくれたものだ。いつも遠くでも眺めているような変な人だった。

運動の芽

もとより物心もつかない子供のわたしに、飯場の労働者の事情など、わかるはずがない。そのいきさつや、何が何かも、まるで知らなかった。どうして故郷を離れたか、渡日の理由などの、社会史的な背景などわかるはずもなかった。

だが、最近調べ直してみると、たとえば一九二七年、昭和二年九月の労働団体レフト機関誌であり労働運動の指導的な理論雑誌であった『労働者』第九号には、崔雲挙署名で「在日本朝鮮労働運動の最近の発展」と題する文章があり、そこにはつぎのような大正末期、昭和初期の状況解説がある。

「在日本朝鮮労働運動は実に最近の事である。大正九年度以前には渡日朝鮮人中数千の学生及び数万の釜山、済州島沿岸の漁民、船夫を除いての労働者は極少数であった。九州地方の炭坑夫数千名が在日本朝鮮労働者の全般たるに過ぎなかった。然し大正九年度以後十四五年度に到っては所謂総督府の産業政策が朝鮮人の全産業界を急速に破滅させたために、渡日労働者数が非常に増大して来た。今年二三両月間渡船券を得て釜山を経由したる労働者のみを計算しても、もはや二万余名に達して居るといふ。此れに依っても日本帝国の労働市場に不断に集積される朝鮮労働者数が如何に多数たるを推測し得るであらう。現在一般の概測に依れば、在日本朝鮮労働者全数は三十余万人といふけれど、其の実、これ以上の多数を占めて居るのは確かである。渡日朝鮮労働者の大部分は、自国に於ては農民であった。では私はこゝに最近朝鮮の農民離散の状況を略述してみやう。総督府の調査に依れば、現在朝鮮に於ける貧農の数は十六万二千余戸、小作農でその生活難に呻吟している数が九十七万三千余戸であって、今春中に、農村を離散したる農民が十五万以上に達するといふ。この十五万といふ多数の農民は何処に向かったであらうか?これを細別すれば左の通りである。

雇傭人	六九、六四四人
渡日者	二五、三〇八人
小商人就職者	二三、七二五人
工業労働者及其他	一六、八三九人
国内流離丐乞者	六、八三五人
満州方面流浪者	一、〇九一人
其他	三、四九七人

以上の如くにしてその悲惨なる現状は実に言語に絶してゐる。農民としての渡日者数が数月間に二万五千余人に達したとすれば、其他の有職並びに無職者の渡日者も且つ又、相当な多数たるは多言を要しないであろう。

次に分布状態の概略を地域に依って表示せば、朝鮮労働者の集積は九州地方の炭坑及製鉄工夫が第一に多数を占め、その次は関西、関東、中部で、北海道に於いても尚ほ数千の労働者を見出すのである。その分布範囲が非常に広大なると同時に、集団の形態も亦複雑にして一律を以て語る事は出来ない。工業労働者は元来少数にして且つその就職についても日本人労働者に比べて比較的固定的ならざるが故に、産業別についての具体的調査も未だ出来て居ないが、朝鮮人労働者全数中、炭坑夫が約二割、工場労働者が約二割強、其他六割は土工、人夫等の自由労働者である」

「在日本朝鮮労働者は、その年齢が平均壮齢期なるが故に営養不足なるにも拘らず、彼らが多くは筋肉労働に走り冒険的にして且つ堅忍的である。抗主及び雇主は彼等をして開鑿及び運搬等の危険工事に駆使し、暗窟、石渠に或は工場、木堆にて惨死することがしばしばある。工場労働者も彼等は、元来農村出身なるが故に工業についての技術的素養は缺けて居るので、作業上非常な苦痛を感じ、且つ又、言語の不通、感情の相異は民族的差別を一層強烈に誘起すると同時に、雇主の虐使の下に於ける彼等の労働状態は想像の出来ない程非人間の頂点に達して居る。で、民族的賃金奴隷の二重桎梏が彼等の可憐な生命を時々刻々に威脅するのみである。彼等の労働条件は甚だ劣悪である。道路修繕及び土木工事に従事する絶対多数の自由労働者は毎日平均十時間以上の労働に強いられ、しかも収入は毎日平均一圓五十銭に過ぎないのである。雇主及び請負業者は各種の朝三暮四的手段を以て、或は飯場の米代にて、或は日用物品の法外高価にて僅少な給料の全額を除去し、尚ほ剰余労働力の補充を強要して止まない。之は最近神戸有馬電鉄工夫千三百余同胞総罷業の要求条件を見ても充分に実證されるのである。のみならず工場労働者於ても、その賃金は日本人労働者に比べて平均二三割低廉である。之は一万人近い工場労働者がいる大阪あたりを見ても容易に判る事である。」

わたしは今、あの飯場で働いていた人々のことを考えてみると、わたしが子供だった日々の、あの人達のドッとあげる笑い声のことが憶い出されて、ほのぼのとした懐かしい気持ちとともに、やはり同情を禁じえない。

この頃、すなわち一九三〇年代前後の時期は、朝鮮が日本の植民地に成り下がってから、もう二十年もたった頃である。

日本人による朝鮮への掠奪政策も、かなり進んだあとで、朝鮮農民の大部分は小作人か出稼ぎ労働者か流民に転落していた。それにかわって総督府や拓殖会社は、移民事業として日本人農民を払い下げ地主として朝鮮に移住させ、また商品流通や金融、米の買取なども日本人商人が一手に独占して、米価なども自由に操作していたのである。

そうして朝鮮から徹底収奪した農・水・鉱産物は、まだ世界市場ではまともに対抗出来なかった後進資本主義国である日本経済をふとらせた。自立できない日本の、植民地依存経済であった。さらに日本経済は、安く使える植民地労働力をも必要としていた。

当時の日本は第一次大戦の軍需景気による工業の発展や、関東大震災による災害復興のため、低賃金で使える多くの肉体労働者を必要としていたのだ。また産業界では、大正末、昭和初期の不況や労働争議が勃発しはじめた時期でもあって、ここでも劣悪な環境でも文句をいわずに働く低賃金労働者がもとめられていた。

そこで日本の産業界は、朝鮮の植民地労働力が、最悪の環境でも黙って従順に働き、しかも日本人労働者より二、三割安い賃金で使えることに目をつけた。日本に来ればよい収入になるとブローカーに宣伝させ、その時の労働状況にあわせて、渡航制限を厳しくしたりゆるめたりしながら、かなり積極的に受入をはじめたのである。関釜連絡船の片道切符は、前貸しという形でブローカーが持ってくれる。ところが、じっさいに日本に来てみると、最悪の職場で、苛酷な重労働である。また、前貸しだ食費だ服代だ金利だという口上で、いくら働いても、すこしでも給料がのこるどころか、借金までできてしまう有様だった。

故郷に帰るに帰れず、また高い旅費と関釜連絡船の船賃もつくれない。それどころか、帰ったところで、村は飢餓線上をさまよっている有様。望郷の念にかられながらも、やがて飯場から飯場へと渡り歩くようになり、いつしか都市で工場労働者等になって、だが家を買うこともできず、自然とスラムのようなところに寄りあつまって暮らすようになるのである。

やがて、そのような人々のなかから、労働運動や民族主義運動の芽が生まれ、そして育っていったのも自然なながれだったのだろう。

それについて、前に引用した『労働者』誌第九号の、崔氏署名の文章はつづける。

「最近朝鮮内地に於いて、ブルジョア民主々義獲得の主体たる全民族的単一党の結成運動の展開するにつれて、在日本朝鮮労働大衆は誰よりも先に、一斉に応声を挙げた。彼等の意識形態は或は漠然不確たるにも拘らず、民族党論に対しては無条件に賛成の意を表示した。今年二月に民族的単一党の使命を持った新幹会が京城で創立され、それが数ケ月に過ぎぬ中に東京及び京都に支会がもはや成立し、大阪、横浜等にも今支会発起準備中である。これらは各組合の絶対的支持、支援に依って出来たのである。又、最近に至っては大阪、東京、横浜各組合に朝鮮総督暴圧政治に対する不平及び反抗が増大して来た。異境の賃金奴隷的生活に少しの暇もないにも拘らず、故国より来る被圧迫情勢を知るたびに、熱と感情は髪の端までに上がる。而して近い中に在日本同胞を以て朝鮮総督暴圧政治反対同盟の組織される事を予想することが出来る。」

子供時代

このようなことは、今だからわかるのだが、しかしその頃の子供のわたしは、まあ元気なものだった。飯場の中はわたしの世界だし、一歩外に出れば、山があり川があり、遊ぶ場所にはこと欠かない。そのようなわたしの幼年時代から少年時代について憶い出してみれば、転がる石のような、放浪者的な飯場暮らしの日々である。生活は移動が激しくて、父母にとっては、おそらく容易ではなかったとおもわれる。

おそらく、両親にとっては大変なおもいをした時期だったのだろう。よく父と母が激しい口論を繰り返し、時にはかなりの夫婦喧嘩になったことも度々あった。その度にわたしは、なぜアボジとオモニはあんなに喧嘩をするのかと、しょんぼりしたものだ。

おそらく母は、このような異郷での最低線の暮らしに、不安と怒りと望郷の念にかられて将来を悲観。同じ苦労なら、懐かしい故郷で、懐かしい人達と一緒にとでもおもったのだろう。田圃の畦道で蛙と遊ぶ年齢のわたしにとってはともかく、母にとっての日本は、人並みの暮らしのできない生活地獄のようなものだったのだろう。

おそらく父は、一応は自分の飯場をもっている。今このまま帰ってもどうになるものでもなく、せめてもうひと頑張りしてとでもおもったのだろう。両親は、ともに苦しんだのだろう。

だとしても、まだ子供の世界の真只中にあったわたしにとっては、懐かしく憶い出されることの多い楽しい日々だった。いくら頭を巡らしてみても、不思議に楽しい心の和むようなことばかり憶い出される。なぜか、苦しく暗いようなことは想い浮かんで来ないのである。

飯場をちょっと出れば、田畠があり、池があり山があった。どっさり実がなる柿の木や、山には栗の木もあり、川の魚には夢中になったものだ……。つまりは、わたしは、まだ子供だったのだ。

第3章　少年の時の時

小学校の思い出

やがて、いつしかわたしも満九歳となったが、これは尋常小学校の学齢期を一年すぎてしまっている。そこで誰かに連れられて、京都北部の山間部の小学校に入学したようである。

当時の小学生の一般的なスタイルは、頭に学帽。着物。そして肩から斜めにたすきに白い布鞄をかけていたものだが、わたしは御機嫌なものだったようだ。

その小学生活はといえば、意外なことにとても楽しかった。よくわたしの韓国人の友人達の小学校体験を聞くことがあるが、彼らの大部分は、さんざん嫌なおもいをして、日本人がとことん嫌いになったという。が、わたしの場合は全然ちがっていた。

とにかく楽しく、学校に通うのが嬉しかった。なにしろ生活が生活である。飯場が移動するたびに転校しなければならない。まるで旅役者一座の子供のようなものだが、行く先々の小学校で、よく先生から可愛がられたような気がする。

これは、わたしの韓国人の友人達の学校体験とはまるでちがっている。なぜかと考えてみると、おそらくわたしが、それぞれの小学校で開校以来はじめてか、それに近いめずらしい朝鮮からの児童であったからだろう。……わたしの若い友人のことばによれば、それは柳田国男の民俗学でいう「マレビト」のような立場ではないかという。

そしてその田舎の子供達も、わたしのまわりに寄って来て「ふーん、朝鮮人も眼の色は黒いんだな」と感心されたり尊敬されたりしたものだ。子供のわたしも、子供の彼らも、まったく白紙の心だったのだ。やがて色々な色に染まり、偏見に満ちた中年男になり、いびつな老人になってしまうとしても、この時点では、どちらも子供だったのだ。

今、考えてみれば、わたしが小学校の頃に日本の町の中に住まず、いじこけた考えの染みついた日本の町の子に触れなかったのは、わたしの精神にとって、幸せなことであったとおもう。もっとも後になって、堺市や尼崎市に住むようになって、ずいぶんお粗末な人達とお相手する破目になるが、それはずっと後日のことである。

小学校での成績はといえば、実はずいぶんよくできたほうだった。もちろん同級の子よりわたしが年長なのだから、当然といえば当然なのだが、それでも先生達からは、今度来た朝鮮の子はよくできる子だということで、何かと目をかけてもらった。これは転校する先々の小学校でも、大体そうであって、わたしは六十年後の今でも、とてもありがたくおもっている。

子供時代の精神的な体験というものは、おそらく一生のこるのだろう。わたしが、知り合いの何人かの韓国人の友人達のように、日本人への極端な嫌悪感をもたず、今でも、何国人であろうと同じ人間同士だ話せばわかるとおもっているのも、この田舎の小学校での先生達の暖かい心づかいのおかげとおもっている。

だが生活は、ともかく、一つの工事現場がおわるとつぎの現場へと転居するパターンの繰り返しの生活である。

わたしは小学校だけでも、十二回も転校した。短くて数十日。ほぼ数カ月。最長は、例外的に一時期だけ二年つづいた。だが当時はどの小学校でも、統一的な国定教科書を使っていた。そのため旅役者の子のような移動生活でも、勉強するのにはあまり支障はなかった。授業にも、すぐついていけた。ただ一人の朝鮮出身者ということで、逆に先生達から大事にされたのは前にのべたとおりである。

やがて転校も場数をふむと、付き添いも連れず一人で新しい小学校の職員室に行き、自分一人でその先生と話しあって、転校手続きをしてしまうような、転校のベテランにわたしはなっていた。

そのうちどのような事情なのか、わたし達一家は兵庫県に移った。その山間の静かな土地で家を借りることになる。今は町村合併でその地名も無くなってしまったが、兵庫県氷上郡成松町である。それはわたしの十二歳の頃であった。

例によって、さっそく町立の成松尋常小学校に手続きして転校。その第一日目に全校生徒が校庭にあつめられ、わたしは正面の台に立たされ、校長からつぎのように紹介された。「このお友達は、遠い朝鮮から来た朴君です。今日からみなさんと一緒に勉強します。朝鮮からわざわざ来てくれたのです。みんなも朴君と仲よく友達になって、そして一緒に遊び、また頑張ってともに勉強してください」

少年というものは、ずいぶんささやかな思いやりでも意外に感激し、また後々まで憶えているものだ。わたしも感激癖があるらしく、今でもよい想い出として憶えている。

二年間の定住

成松町で、ささやかながら一家をかまえて、一応旅烏のような生活はおわったようである。この成松町では、約二年ばかり暮らすことになるが、一箇所に定住するのは、関釜連絡船を降りて以来、はじめての経験だった。そしてわたしも、少年とはいえ、すこしはものが考えられる年齢となっていた。ほぼこの頃に、朝鮮から祖母と妹そして叔父夫婦をやっとむかえて、一緒に暮らせるようになった。狭いながらも楽しいわが家といえばそうだが、内情は、もちろん火の車である。父母としては、祖母と妹を置き去りにしつづけていることに耐えられなかったのだろう。

この一九三〇年、昭和五年は、いわゆる昭和大不況と呼ばれる深刻な不景気の時代だった。前年のウォール街の株大暴落にはじまる世界恐慌は日本も直撃して、おびただしい企業の倒産と、街にあふれるほどの失業者をもたらした。その影響は、都市の中小企業や労働者にとどまらなかった。それは農村においては、より深刻であった。小作争議が激しくなり、娘の身売りや赤ん坊の間引きなどの悲惨な出来事が、毎日のように新聞をにぎわした。都市には失業者が充満し、農村では大量の娘の身売りがおこわれ、企業倒産と就職難は慢性化していたのだ。

日本内地がこのような窮状であったから、そのしわよせは、もろに朝鮮にいった。朝鮮に移住する日本人がさらにおおくなり、朝鮮農村から農民が追い立てられ、さらに貧困のどん底に陥されていった。地方での経済状態が、日ごとに悪化したため、職をもとめてソウルや満州に流れていく人口が増加していく一方であったらしい。そのため、祖母をとにかく引き取ろうということで、とにかく日本によんだらしい。

そのような状況のなかで、わたし達一家は成松町で肩を寄せ合って暮らすことになったが、この昭和恐慌と呼ばれた不況の嵐が、父の仕事のような公共土木工事に影響しないはずがない。まして何十人かの労働者を使っていたため、発注停止や親会社の倒産、支払いの遅れなどで、大変な目にあったようである。ずいぶん損害も出したらしい。何年も働きづめで築き蓄えたものが、すべてふっ飛んでしまったわけだ。

このような昭和初期の農村の窮状をいうとき、かならず「欠食児童」ということばが出てくるが、成松町でも、そのようなことがあったかとおもう。

とにかく当時の日本の小作人の子供達も、あわれなものだった。たとえ軍隊に行っても地主の子が将校で、自作農の子が下士官、そして小作人の子は兵隊とほぼ決まっていたのだ。女の子は下女働きか女工か、場合によっては女郎に売られるのである。その親達も、いわば牛馬のようなものであって、小作農民の悲惨さは、どうやら万国共通らしい。あの当時を知る者として、日本の農民はひたすらマッカーサーに感謝しつづけるべきだろうとおもうのだ。

そしてわたし達一家は、成松町の未解放地区の一軒を借りたのだが、とくにこの地区の人々はかわいそうなものだった。

氷上郡は、山間にあった。農業と林業のほかは産業もない土地である。山林主や地主は資産の蓄えがあるからよいが、一般の人々の生活は質素なものだった。学校教師の給与の未払いが社会問題になっていた頃でもあり、あとは推して知るべしであろう。どの市町村にも、土木工事の予算などが、あるはずはなかった。

が、成松町は、美しい山並に囲まれた小盆地のような風土である。町並みの横を、加古川の上流が、せせらぎの音をたてていた。

春の山桜に、秋の紅葉。そして刈り入れどきの平野一面の稲穂の黄金色。山の麓には渓流があり、その川床は石が透けて見える。川魚が、銀色のしずくをはね散らし、渓流の水は村にはいって農業用水として田畠に引きいれられていた。そして、いくすじもの小川となり、そこには鮒や泥鰌があきれるほどいた。小川の両側をせきとめて中の水をかい出すと、泥の中を小魚が飛びまわり、簡単にバケツ数杯の泥鰌が獲れたものだ。

また山には赤松が多く、早朝に山に入ると、大袋一杯の松茸がとれたものだ。泥鰌は成松の町に運び、そして松茸は石生駅から鉄道に乗って福知山にまでもってゆき、家計の足しにしたものである。

成松町は豊かとはいえない土地柄ではあったが、風光の美しい土地だった。小ぢんまりした家並みの外に出ると、そこには溢れるような緑の自然につつまれた田園の世界がひろがっていたのであった。

少年時代の終わり

わたしも、すこしは、ものを想う年齢になっていた。この頃からずいぶん読書癖のようなものも、あらわれだしていた。

一応、おそらく真面目で、勉強のできる生徒であり、また開校以来はじめての朝鮮人生徒ということで、成松小学校の先生達からは大事にされたようにおもう。昭和恐慌の大不景気のさなかであって、また特別な産業もない土地柄である。わが家だけが貧乏だということでもなかったようだ。全員が等しく貧しい時代には、かえって人の心は、あっけらかんと優しくなるようである。

学校で教えるのは「忠君愛国」の皇民化教育である。わたしも御真影という天皇の写真に、それこそ真剣にうやうやしく頭を下げたものだが、そのような自分に何の疑いももたなかった。

受け持ちの先生は、親切な先生で、よく勉強をするとわたしを褒めてくれたりした。わたしも嬉しくなって、先生の期待にこたえようと、努力もした。日本の小学校であり、当時のわたしは、朝鮮出身でも日本国籍なのだった。だから、あたり前といえばあたり前なのだが、教育の目的はよい日本人をつくることである。

先生は、立派な日本人として日本のために働くよう励ましてくれたし、わたしも、自分が朝鮮出身だからこそ、逆に、ふつうの日本人よりも頑張って、先生の言葉どおりにせねばならぬとさえ、心底からおもっていたのだ。少年の心は、白い真綿のようなものである。今おもえば、じつにわれながら可憐なものであった。

わたしは七歳になるまで、慶尚南道の農村からおそらく一歩も出たことがない。そのうえ日本に渡っても、飯場から飯場へと転々とした身の上だった。他の世界は知らない。小学生のわたしとしては、先生から体系的に教育されるままに、そのことばを無条件にわたしのなかに受け容れていたのであろう。もちろん、当時朝鮮に渡って、悪どく侵食収奪している日本人にたいする歴史的背景や、なぜわたしが立派な日本人になれと教えられなければならぬか、などへの公正な批判をおこなう能力もなかった。

どうやらわたしは、この小学校における最初の朝鮮人児童であり、そしてその教員団の朝鮮人生徒にたいする皇民化教育の成功例であったようだ。

そのため、わたしは無理も聞いてもらえた。わたしは学齢期を過ぎて入学したため、同級の子より年長である。これはかなわない。この年頃の年齢は一歳ちがえば、大ちがいなのだ。そこで、四年生をおえると担任の先生にねじこんだ。五年の授業などどみんなわかるから、飛び級でつぎは六年生にしてほしいといったのだ。

そのような前例はないとのことであったが、ここでもわたしが例外的な朝鮮人児童であることがものをいった。

県庁に問い合わされ、職員会議がひらかれた。そして結局、わたしは編入試験を受けさせられて、めでたく六年生になったのである。こういうことは、今の学校では無理であろうが、昔の学校は、話のわかるところは案外にわかったのである。

六年になっても、わたしは頑張り屋で、先生に可愛がられる生徒だったとおもう。家に帰れば、いろいろと手伝いもいそがしい。昔の子供は、その家の労働力でもあって、よく手伝ったものだ。また学校帰りには、同級生の家にも行き来したりして、それなりの子供の世界があったようである。

当時の学制では、義務教育である尋常小学校を了えた児童は、働くか、現在の中学校にあたる高等小学校に進むかである。現在の高等学校にあたる旧制の中学校が、隣の柏原の町にあったのだが、旧制中学校に進むのは、村で二人か三人のよほど余裕のある家の子弟だけだった。

わたしは、成松小学校の尋常科から高等科に進むのだが、高等科進級の前に、健康診断があった。ところが、校医の先生より、胸に影があるといわれてしまった。これは日本の、いや当時のアジアの国民病であって、なかなかおおかったものだ。わたしの場合は、単なる症候だったのだが、しかし、わたしのそれまでの劣悪な環境での移動暮らしのせいなのか、肋膜と腹膜に慢性的な炎症があり、とくに首筋の神経痛的な症状になやまされていた。そのために、わたしの母は、身の細るほど気をつかってくれたものである。そこへ、この診断だ。

わたしはピンとこなかったが、父母にとっては大事な長男の病気である。世間は大不況の真只中にある。わが家の生活状態は、やがてその日にも困るようになったらしい。それにくわえて、わたしの肺浸潤の診断である。おそらく、にっちもさっちも立ち行かなくなったのだろうとおもう。

父の仕事はといえば、不景気はますます深刻なものとなっていた。飯場は、とっくにたたんでいた。新しい土木工事を受注するなど、もはや夢物語となっていた。

成松町は農業と林業の、昔からの土着の人々がほそぼそと生きてきた町である。土木工事のために住みついたわたし達一家は、現場仕事がなくなった今となっては、まるで根無し草のようなものである。

景色と人情の美しい町ではあったが、もはやわたし達はこの町では生きてはゆけないのだ。そのためには、活力のあるボイラーのような大生産地、大消費地に移る必要があるのである。そのような大規模都市なら、つねに新しい労働力をもとめている。根無し草のようなわたし達一家をも、片隅で住ませて放ったらかしにしておく都市の余裕のようなものをもっている。

父母は、いろいろ画策。また諸方にもつてをたどって連絡したのだろう。大阪府の堺市に親族の一家がおり、また堺市は労働者の街でもある。中小企業も数おおく、また朝鮮人労働者もずいぶんおおいということをたよりに、ついにわたし達一家は成松町を去って、堺市に引っ越すことになったのである。

成松町を去る少し前の日に、小学校の先生がわたしの家に来た。そして父にいってくれた。「朴君は成績優秀だから、僕にあずけなさい。僕があずかって、ちゃんと教育を受けさせてあげる」

父はことわったが、わたしには、その先生のお名前が憶い出せない。あれほど親切に心配りしてもらったのに、その先生のお名前を憶い出せないとは、じつに申しわけないことだとおもう。

ともかく、これでわたしの田舎での、のどかな小学校生活もおわった。懐かしい想い出の残る成松町での日々もおわった。移転先の堺市は、生活のリズムにおいても、人間の顔、人情においても、この山間の田園の町とは、まったく異質なところであった。……大袈裟にいえば、わたしの少年時代も、この時点で突然におわったのだ。

わたしはまだ十五歳だったが、ここまでがわたしの少年時代ということになる。そしてわたしは、都市のなかに失墜することになる。

第4章　暗い春

堺市で知った現実

わたし達の一家が堺市の耳原町に引っ越したのは、一九三三年、昭和八年の六月のことである。俗に「類は友を呼ぶ」というが、朝鮮人労働者家族の場合も、みなおなじような境遇でもある。また、おたがいにあつまって暮らしたほうが、心も安まるし職をえて仕事をするにもプラスになる。また根無し草暮らしの独特の感覚があるのだろう。これから伸びる都市には大企業よりも早く不思議と朝鮮人居住区ができるようである。工場のおおい阪神間や大阪市内でもそのような都市労働者の居住区ができていたが、堺市の耳原地区もそのような低賃金労働者地区のひとつであった。

結局は工場地帯のゴミゴミした貧民街というようなものだが、土地家屋を買う金があるはずもなく、また朝鮮人労働者に家や部屋を貸す家主や不動産屋はすくなかったというよりも、ほとんどいなかった。このような生活環境のなかでも黙って住むしかなかった。また未解放地区と隣り合っている場合がおおく、どちらの地区も、衛生設備や公共設備はあってないようなものだった。

しかしわたしが驚いたのは、そんなわびしい貧民街でも、みんな陽気で、人間のエネルギーが縦横に入り乱れ、流れまじわっていることだった。

どこへいってもおおくの朝鮮同胞がいたし、わたしがほとんど忘れていた朝鮮語の笑い声や怒声が飛びかっていた。

この堺市に来るまでのわたしは、わたし達の家族と父の飯場で働く朝鮮人土工以外は、長いあいだ朝鮮同胞を見たことがなかった。ところが堺市の耳原町では、向こう三軒両隣、みな同胞家庭なのである。なぜか驚き、すこし気持ちが混乱したが、朝鮮人社会特有の心の暖かさや感情の濃さのようなものが伝わってくるようで、それはそれで悪いものではない。

祖母や母は、山奥の閉ざされた日本人社会の人間関係から解放されて、隣近所の同胞主婦と、ここぞとばかり話に花をさかせていたようである。仮面を脱ぎ捨てて、素顔でおしゃべりできるのが、とても嬉しかったようである。


が、何日かたつと、わたしは耳原町での同胞家庭の生活状態の大部分がきわめて苦しく、なかには悲惨きわまりない家庭も相当おおいことに気づき、かなり愕然とした。今までのわたし達一家の暮らしも貧しいものであったが、ここではそれどころではない。

都市労働者といっても、あまりの労働環境と条件の悪さに日本人労働者が寄りつかないゴムやガラスなどの職種に、あきれるほどの低賃金で酷使されて、その日を食べるのが精一杯。何の保証もなく、労災や職業病で働けなくなれば、医者や見舞い金どころかその日からお払い箱。まともな人間の仕事とか生活とかいえるものではなかったのだ。

当時の日本商品は「安かろう悪かろう」であったが、機械化以前の時代である。その安い商品を造るためには、関西の日本産業界も、安くて使い捨てのできる植民地労働力を多数必要としていたのだ。国策会社である東洋拓殖などの移民事業によって、日本人をどんどん朝鮮に移住させるかわりに、そのために零落した朝鮮農民を低賃金労働力として大量に吸収していたのである。

そしてわたし達一家が移り住んだ耳原町も、そのような朝鮮人労働者と失業者予備軍の町であった。

この町は、堺市の仁徳天皇陵のそばの旧い未解放地区で、住民はほとんどが借家住まいの賃金労働者である。狭い路地に小さな家が無数に軒をならべ、まがりくねったその路地には、排水が悪いため、すえた臭いがいつも篭っていた。雑然とした、人の出入りの多い、薄汚い、しかし奇妙に活気のある町だった。

だが、そのような最下層の町に住む低賃金労働者が、好況不況の波のしわよせをうけて日々の生活に苦しみながらも、戦前の日本の産業界と後進資本主義社会をささえたといっても、それは嘘ではない。貧富の差があるのは後進国の特徴であって、堺市には、そこそこの豪邸街もあったのだ。

ともかく、その実情を知れば知るほど、ひどいものだとおもった。耳原町を一歩でれば、普通の日本人家庭の家並みがあり、日本人労働者の社宅もあるのだが、それは今日の眼から見ればさほどのものではないが、当時としては、耳原町の家並みとは天と地ほどの差があった。また山間の成松町の静かで落ち着いた日本人社会とくらべて、この堺市の日本人達の野蛮な物言いや横暴さにびっくりした。

しかし何よりもまず、堺市での生活を確保するのが大事である。だが父の本業である土木工事は見つからなかった。父母は、日雇い労働や古物商のようなことをして、かろうじてその日の暮らしをたてていた。人一倍屈強な男である父が、やむなく背をかがめてリヤカーを引く姿は気の毒でならなかった。

わたしは長男である。上級学校進学の希望はつよくあったのだが、家には祖母がいる。ちいさな食べ盛りの妹や弟がいる。父母にだけ苦労をさせるわけにはいかない。まだ体調はじゅうぶんではなかったが、わたしも家計の手助けのため職場をもとめて歩くことにした。

一九三三年、昭和八年といえば、あの大不況がまだ完全には回復してはいない時期だった。だが堺市の産業界もそろそろ元にもどりかけていたようだ。とくに満州事変による軍需景気によって、一種のインフレ景気もおこっていた。堺市も大不況の行き詰まりをようやく脱した頃だったのだ。

ともかく、家の状態が状態である。わたしは相当に焦っていた。堺の街は大企業や中小企業の工場がおおく、その煙突からの媒煙で空はよごれ、あちこちの工場からエンジン音、モーター音が鳴り、河は廃液でどす黒くなっていたが、わたしは工場街の路地から路地を求職のため歩きまわった。

ところが職業紹介所の掲示板にも、電柱の求人広告や面接会場のはり紙にも「職工求む、ただし鮮人おことわり」と書いてあるのである。

田舎出のわたしとしては、このようなことは想像もしていなかった。ショックだった。それまでの成松町での尋常小学校や高等小学校においては、わけへだての無い先生がたの親切な教導のため、わたしは子供心にけなげにも、日本朝鮮に関係無く、社会に役立つ人間になろうと本気でおもっていたのだ。

このような現実への心の準備などなかったので、これは大きなショックだった。学校教育の成果は、いくらありがたいものであっても、これでは無理だ。このような現実の前には崩れさるしかない。

わたしはそれでも諦めず、毎日のように足を棒にして職場をさがして歩いたのだが、結局は、むなしかった。十五歳という年齢にしては少し早すぎるが、わたしは世界への絶望のようなものを全身に感じてしまったようだ。

それでも履歴書をもち、工場街の場末の割れ硝子と錆びたトタン屋根のような町工場にまで飛びこんでみたのだが、黙って突き返されるだけだった。父母の苦労を眺め、生活苦に追い立てながらも、遂に何の仕事も見つけることはできなかった。工場街からは、夕方ともなれば、服装も年齢もまちまちなおおくの労働者が吐き出されて押し合いへし合いしているのだが、わたしは、その情景をボーッと見つめるだけだった。

朝鮮人の仕事

現在の見通しもたたず、また将来の見通しもたたず、昼となく、夜となく、わたしは焦燥し煩悶した。どちらにせよ十五歳の年齢でどうなることでもなかった。

そのような何もすることもなく、できることもない日々が一年近くもつづいたのだから、わたしが学校教育のなかみとはまるで裏腹な現実におもい当たったとしても、それは自然だ。火の車の家計をせめてでも助けるために、臨時の仕事はしたのだが、その日、その日でいつもおわりだった。

わたしは一度の就職もしていないのに、すでに失業者だったのだ。やがてわたしが堺市の西の大浜の海岸で無意味な一日をつぶすようになったり、大浜公園にあった市立図書館にかよって終日読書にふけるようになったとしても、不思議ではないだろう。

図書館の椅子に座り、本をひらくとホッとしたものだ。すくなくとも読書の時間だけは、この苦い現実を忘れることができるからである。

わたしはまだ少年だったが、なぜか石川啄木の詩に自分の気持ちを見つけたようで、感動したことがあった。それは、つぎの歌だった。

「我のはたらく仕事あれ、それを仕遂げて死なんと思ふ」

もとより少年のわたしに、啄木の詩が、観念と生存との折り合いの不可能性とでもいうべき生活思想の深みから発せられていることなど、理解できるはずはなかったが、何とはなく、わたしにも共感できそうな詩がおおくあるように感じた。

ほかには、有島武郎の文章が好きだったとおもう。その人道主義的な、少年を啓蒙するような文章が、当時の少年のわたしの内なる飢えに素直に受け容れられたのだとおもう。

が、堺市に移った翌年の一九三四年、昭和九年は、堺市の産業界も長い長い不況から脱して、ようやく全面回復にむかっていた。すると今度は一転して求職難から求人難のようなものがおこる。

たとえば昭和七年までの労働争議のほとんどが、解雇反対・解雇手当ての要求などの血みどろの絶望的闘争であったのに、この頃には賃上げ要求の争議となっている。軍需産業のおおい堺市は、満州事変などの軍需景気でうるおい、インフレ景気によって産業状況が好転していたのだ。

すこし風向きがかわった。そうなると慢性的、構造的失業者予備軍である朝鮮人労働者にたいしても、とにかく日本人労働者より二、三割安の低賃金である。一転して求人が来るようになった。

この年の春すぎに、わたしは耳原町の誰かの紹介だったのだろう、堺市西部の海岸地帯の工場地区にあった「大浜ガラス製造所」という会社に、見習い職工として働くことになった。

熱い溶解炉でガラス原材を溶かす。その灼熱の融けたガラス塊を金属パイプの先端に巻きとり、他の端から息を吹き込んでガラス器に成形する。あるいは耐火粘土製の坩堝から流れ出るガラス流を粘土型のなかに流して成型、さらに表面をよく研磨して仕上げる仕事だった。とにかく熱い。頭がクラクラする。熱気のため胸がパンクしそうな気さえした。汗まみれの重労働が朝の六時から、夜の六時までつづく。高熱から身体を守るために消防士のような厚着をして働くのだが、すぐに作業着は汗で濡れ雑巾のように重くなった。そして最初の頃の賃金は一日四十五銭であったとおもう。

高いも安いもない。労働時間が長いも短いもなく、やけどは毎日のことだが、文句もいわない。わたしにとっては、やっと手に入れた職場だったのである。

そして仕事がおわって家に帰る頃には、わたしはもうへとへとだったが、それでも労働の充実感と、母に給料をもって帰れるという喜びはあった。仕事は一、二カ月ですぐおぼえた。わたしはわれながら一生懸命働いた。かなり綺麗な仕上げの仕事をした。

すこしたつと工場長が「君はまじめによく働く」と褒めてくれた。「しっかり頑張れ」といってくれ、わたし一人、特別に賃金を上げてくれた。

この工場はインドその他東南アジアの英国ポンド地域へ輸出をする腕環・イヤリング・首飾りなど

の女性装身具をつくっていた。堺市のガラス製造業界は、世界恐慌による輸出不振と満州事変の勃発による対中国輸出量の激減によって大打撃をうけていたが、この頃にようやく輸出がもち直し、工場も職工を補充して完全操業していたのである。

わたしのつとめたガラス工場は工員数は五十人あまりの中小工場であった。男子工員は十人ほど。あとはほとんどが女子工員、それも朝鮮から連れられて来た朝鮮人女工ばかりであった。

工場主としては、品質が良く、できるだけ安い輸出品をつくる必要がある。人の嫌がる熱いよごれ仕事だ。高い賃金は払えないし、払いたくもない。いそがしい時は人手が欲しいが、閑になればすぐクビにできるようにしたい。日本人労働者はいろいろ面倒だ。……こういう場合には、当時の日本の経営者達はすぐ朝鮮に行って安くてよく働く朝鮮人女工達を募集して、日本に連れて来ていたのである。

そしてわたし達男子工員が原材を溶解し、成形したものを、彼女等が研磨し、検査梱包したのであった。

わたし達がつくった腕環は、ガラスのリングのなかに色とりどりの細かな金属片が入っていた。それを陽にかざすと、日光にキラキラと、まるで子供の夢のように反射して、なかなか可愛いものだった。

堺市が生産するガラス製品のなかでも、この腕環が全生産高の約八、九割を占めて、これは堺港をつうじて大量に輸出され、外貨獲得に大きな役割をはたしたのだが、実際の仕事のほとんどは、わたし達朝鮮人職工と朝鮮人女工がしていたのであった。

新しい生活

わたしは精神的にも一息つけた。ひどい労働環境での重労働である。まったく安い賃金である。だが贅沢をいってもいられない。

すこし気持ちに余裕ができて、またわたしの自由になる金もすこし手にもつと、学校に行きたくなった。わたしは自分ながら向学心がつよい。読書好きのほうだったのだ。といっても、昼の学校は無理である。夜間の学校しかない。

堺市にはちょうど市立の実業補習学校があった。夜間制だ。市内の工場に働く若年職工を対象にして工業教育をほどこすものであり、これはおなじ耳原町の朝鮮人夜学生も何人もかよっていた。創立は明治三十八年、堺市教育委員会付属実業補習学校としてであり、同四十年に市立実業補習学校。わたしが在学中の昭和十年に堺市立商工青年学校と改称、また同十九年に堺市立工業学校と校名変更。そして現在は堺市立工業高等学校となっている。

わたしは昭和九年度に、実業補習学校工業科の機械製図科に入学した。夜間制であり、また学費も安かったので助かった。

そして正直にいえば、学帽をかぶり詰め襟の学生服が着られるのが、じつはうれしかったのだ。朝早くからの労働である。さらに夜間学校をおえて帰るともはや深夜である。あまり寝るひまもない。なかなかのハード・スケジュールだが、わたしはまだ若かった。ポケットにすこしの夢があれば、苦労も苦労ではないというわけだ。

さらにわたしの知識欲は、夜間学校の工業課程だけでは満足できなかった。休みの日は、大浜公園にあった市立図書館にもよくかよった。やがて法律にも興味をもつようになった。

当時、法政大学が通信大学講座として法科の課程をもうけていた。わたしもそれに申し込み受講。するると法政大学から進度にあわせたテキストと講義録をおくってくれる。わたしはその講義録をすこしのひまをみつけてはせっせと読み、独学にもはげんだ。

そのために、ひまな時間も小づかい銭もまったくなかった。だが、それなりに充実していた。つまりは無我夢中の少年であったのだ。


この昭和九年は、室戸台風によって関西地方に大災害が生じた年でもある。それは最大風速六十メートル、雨量三百ミリ以上の猛記録をのこした。

その九月二十一日の朝、台風が来ることは知っていたが、誰も別に注意もはらわず、わたしもいつものように出勤して、高熱の工場の中で働いていた。すると午前十時くらいから風勢がにわかにつのって、工場がゆれるような烈風となった。

やがて大阪湾の水位はしだいにあがり、わたしの工場は海岸近くにあったのだが、この一帯を高潮が襲った。

わたしは下級職工であるから、ともかく働いていた。溶解炉から吹きあがる火を浴びて、たえまなく流れ出る熱いガラスをヤットコではさんだ粘土型に入れ、成形し冷却するのである。作業着は火焦げでぼろぼろだ。するとやがて工場が騒然としてきた。

外を見ると海のほうから、高潮が白く泡だって押し寄せてくる。みんなびっくりした。古参の職工か職長かが、大声で怒鳴った。

「カマが爆発するぞ、みんな逃げろ」

わたしの工場はガラス原材を高熱炉で溶かして成型加工する。したがって溶解炉に、水分は絶対に禁物である。もしカマに大量の海水が入ったりしたら、猛烈な水蒸気爆発がおこることになる。

みんな蜘蛛の子を散らすように逃げた。嵐のなかを、泡だつ高潮に追われながら必死に逃げるのだから、まったく冗談事ではない。わたしも濡れ鼠になりながら、家まで逃げ帰ったのだ。

翌朝、工場に出たらカマは無事だった。だが海岸地帯の工場や民家は強風のために倒壊し、また津波のような高潮にやられて、地区一帯がさんざんな有様だった。

被害は大阪湾全域におよび、死者・行方不明三千人以上、全壊・流失家屋四万戸以上であったという。

すぐ近くの大浜の海岸に出てみると、何と死体だらけであった。砂の中からニョキニョキと人間の手や足が突き出ている。

ところが、その日が、じつにまた気持ちのよい秋日和のよい天気だった。海は平和に静かに凪いで、空は透きとおったように青かった。

白い鷗がゆっくり飛ぶ。浜辺の人達はゲラゲラ笑い、そして砂の中からはニョキニョキと人間の手や足が突き出ていた。おどろいた。なんともあきれはてた光景だった。

そのような日々がつづいた。早朝から工場にかよい、夜おそくまで実業補習学校で機械製図の演習をしていた。

　そして前にのべたように、わたしが同胞のおおい朝鮮人地区に住み、そしてこれほどおおくの同胞家庭を見たのは物心がついてからはじめてだったのだが、やがて友人ができた。そしてその友人と語り合い、悩みを打ち明け合うようになった。そのなかでも親友とよべるまでなったのはおなじ耳原町に住み、おなじ実業補習学校の朝鮮人生徒で一つ上級生であった李容先君が最初であった。

　わたしはまず李君に導かれて、おおくの仲間や先輩達に紹介され、ついには特高警察の拷問をたっぷり受けて、何年かの獄中生活をおくることになる。

第5章　堺市での秘密夜学会

同胞との交流

実業補習学校で、わたしの最初のそして一番の親友が李容先君であったことは前にのべたが、李君とわたしにはすぐにもう一人仲のよい許英君という友達ができて、わたし達三人は毎日のように行動をともにするようになった。夜学校にはほかにも同胞生徒がいたのだが、三人はずいぶん波長があったのだ。

李容先君は、こぶとりの苦労人で読書家だが、あまり話上手ではない。ちぢれ髪の柔和な顔で、いつもやさしく笑って人の話を聞いてやるような、一見温厚そのもののタイプだった。彼は慶尚南道の馬山市の生まれで、幼い頃に父母とともに渡日。父は町工場の熟練工である。彼も、四歳下の弟とともにべつの町工場で働きながら、夜間の実業補習学校にかよっていたのだ。

はじめて夜間学校に入ったわたしに、彼はなにかと細かいところまで面倒を見てくれ、また非常に親切にいろいろと教えてくれた。田舎から出て来て一人の友達もなく孤独であったわたしにとって、李君のようなよく気のつく心やさしい友人をえられたのは、うれしいことだった。

許英君は、毒舌家で、かなり気のつよい男だった。日本に来たのは、まだ物心がつく前の二、三歳の頃と聞いた。

彼は大柄な体格で、ほりの深い角ばった精悍な顔つきをしたふとい声の男だった。男気があり、心の暖かいやつだったが、家が土木業者であり、その父親の仕事の関係か、ことばが荒く、我を張るタイプであって、なにごとにも闘士をきどっていた。……ともあれ、わたし達三人は、お互いに物心がつく前に生まれ故郷を離れて、どういう星のめぐりあわせなのか、この堺市で親しい間柄になったわけだ。

すぐに李君、許君、わたしの三人は、すっかり仲好くなりトリオを形成した。夜間学校の帰りに寄り道したり、交番所のサーベルをつった巡査と喧嘩をしたり、おたがいの家に出入りしたりして、会えば話に夢中になった。生まれ故郷のこと、職場のこと、ヒットラーの成功の理由、同胞家庭の状況、日本社会の現実、映画の弁士と新しいトーキー映画のこと、小説のことと話題はいくらでもあった。

ちなみにいえば、今日のヒットラー観とはちがい、当時はヒットラーは第一次大戦の敗戦国のドイツを果断に復興させた英雄として、もっとも人気のあった政治家であり、その頃の若者には、あんがいに英雄視されていたのである。わたし達もヒットラーは、下層階級から出て祖国の再興に成功したヒーロー的政治家とおもっていたのだ。

ともかく、わたしは堺市では新参者である。彼らは、子供の頃からの住人である。が、同じ世代の同じ状況にわたし達はあったわけだ。

そしてわたしは彼らから、堺市内の同胞達の生活の悲惨さや、工場等における虐待。日本人の横暴さや、社会差別のひどさ。また彼らの生立ちの話を聞き、わたしがそれまで知らなかったが、だが堺市に来て以来漠然とおもいつづけてきたことが何か、はっきりと知ることができた。

わたしが彼らと出会えたのは、幸運というべきかも知れない。わたし達のあいだには、おたがいを刺激する大きな何かがあったのだ。それは時代かも知れない。状況かも知れない。国家、民族とは何かという問題かも知れない。

ともかく、わたしは彼らと知り合ったのが縁で、堺市のあちこちにも行ってみたし、またそこで働いている同胞労働者家庭の生活の有様についても、いつの間にか、詳しく知るようになっていた。

実際、おおくの工場が、労賃が安く、思い通りにこき使うことのできる朝鮮人労働者を、たくさん働かせていたものだ。低賃金での長時間重労働のため、みんな痩せて顔がむくみ、栄養失調と過労でよく倒れていた。搾取ということばがあるが、そのとおりだった。油と埃にまみれて、だが病気にでもなれば簡単に使い捨てられていた。まずは人間以下の処遇だったのだ。

わたしも、多感な年頃だった。わたし達はあきもせず語りあい、議論しあった。その内容は、どうどうめぐりだったが、あの遠くすぎ去った若い日の情熱こそ今のわたしには懐かしい。

在日社会の民族運動

そのような時に、あの尹奉冠（尹鳳官）先生にあった。それはわたしの人生を決定づける転機だったのかも知れない。

きっかけは、夜間の工業学校の帰り道で、学友の李容先君から誘われたことにはじまる。それは秋も晩い、十月頃の出来事だったとおもう。学校は夜の十時におわり、帰路は三十分の道のりだった。彼の家もおなじ町内にあった。二人ともおなじ年齢の、おなじ境遇である。昼は工都と称して、空を覆う煤煙を誇った堺市も、夜も深く更ければ、街は寝静まり、昭和初期の夜道はトボトボと寂しいものだ。わずかに街燈のまわりだけが、闇にぼんやりと浮かび、両側の黒ずんだ建物は、荒廖とした印象だった。

その時にわたし達が、一体なにを話していたかは、くわしくは憶えていないが、ともかく彼は、わたしの顔を覗きこみながら「こんど何人かが集まる勉強会がある、ちょっと附きあってや」というのだ。彼はさらに「いろんな人等が来るわけだ」とボソボソいう。その雰囲気から、彼がなにを伝えかけようとしているのかは、わたしにも漠然とさっしはついた。

この堺市は、大阪府下の中でも早くから朝鮮人社会が形成されており、そこには当然のように、この苛酷な時代と社会での民族差別と劣悪な生活状態から、人々の生活と精神を助け出そうとする、故国再興と民族救済を志す地下水脈のような流れが渦まいていた。わたし達一家は、まだ新来の住人だったが、泉州方面での労働争議の話は、身近の隣人たちも係わっていたことでもあり、断片的ながらも、その活動家たちの噂もわたしの耳に入っていたのだ。

勿論、まだ少年であったわたしに、その全体像や細部の出来事についてわかるはずもなかったが、それは一九一〇年の「韓日併合」による侵略への反発から、ごく自然な民族感情として胚胎したものらしい。これは日本においても、一九二〇年代のはじめ、学生を中心とした在日インテリ青年たちが、たとえば黒濤会、北星会、一月会、東京朝鮮無産青年会、三月会、新興科学研究会などの民族主義的、あるいは社会主義的、無政府主義的な数おおくの研究サークルや思想団体を組織したことからはじまる。

やがて朝鮮全土での、日本支配による社会の破壊と土地収奪の結果、生活の破綻した朝鮮農民たちは、安価な植民地労働力として日本に吸収され、大阪府下でも在日朝鮮人労働者層が生まれるとともに、ここで民族救済運動は、ふつうの人々の間にも根づくことになった。そのもっとも緊急で、切実なテーマは、生活の安定のための労働条件の改善であり、一九二二年には東京朝鮮労働同盟会、大阪朝鮮労働同盟会が結成される。

さらに一九二五年二月には、それら十一府県の労働団体の中央組織として在日本朝鮮労働総同盟が成立。これは翌一九二六年十月には、加盟団体二十五、盟員九千九百余名を擁する全国的な組織になっていた。この年の堺市の労総盟員は、約百六十人であったらしい。この在日朝鮮労総は一応合法団体であり、一九二九年末には、加盟組合員三万三千余人を数える大組織となった。

この在日本朝鮮労働総同盟は、悪条件の労働運動の継続のなかで、民族差別や待遇改善などの運動とともに、朝鮮総督府暴圧政治反対などの運動綱領をあげていたが、左傾化をつよめ、日本の左翼労働運動団体と連携をふかめて、やがて一九三〇年に日本労働組合全国協議会（全協）に解消、合流する。この全協は共産主義系組合の全国組織なのだが、この全協における加盟労働者の比率は、朝鮮人労働者が、その過半数を占めている。

そしてその頃に堺市には、朝鮮人労働者独自の組織として、泉州一般労働者組合という労働組合があったらしい。

このほかにも社会主義者、民族主義者のグループが相当にあったらしい。このような在日社会における民族運動には、大きくは社会主義系と民族主義系の二つの流れがあって、それは離合集散の複雑な軌跡をえがいていたのだが、その根底の感情は、日本人達から不当に強制された貧しい生活から家族を救い、失われた祖国を恢復するという点で、ふかく結ばれていた。たとえば、一九二七年四月の在日朝鮮労総第三回大会の「大会宣言」はつぎのように語っているが、これは先鋭的な活動家だけではなく、少年の職工から内職の老婆までの誰もが、ひとしく胸に抱いていた感情でもあったとおもう。

われわれの労働生活は日本の労働者に比べて全く特殊的な取扱いを受けている。民族的差別と虐待はわれわれの二重の桎梏である。

そしてわれわれの大多数は自由労働者であるので、その組合の形態は職業別、産業別の基準をもつことができなかった。それだけではない。われわれの大多数は言語の不通感情のくいちがい、習慣の相違、知識の不足その他いろいろの条件によって、日本労働組合に直接参加することが事実上不可能という過渡期にある。しかしわれわれの生活は決まりきっている最低賃金である。日本の地域はわれわれにとって極悪の一大工場である。したがってわれわれの身分は朝鮮民族という民族的賃金奴隷である。これによってわれわれの意識は速かに反省し、また深化する。換言すればわれわれの意識は経済的、組合的世界観で遅留的興味を感じることなく、常に政治的・権力的戦線で、闘争の目的を発見しようとしている。そしてその民族的、階級的心理は帝国主義に対する抗争を一層勇敢に主張する。またそうせざるを得ない。

そういうことなのだ。そうせざるをえないのだ。もとより、この時期のわたしが、時代状況へのはっきりとした認識や、民族独立運動についての具体的なことを知っていたわけではないのだが、わたし達夜間の苦学生にとっても、同胞の悲惨な生活と日本人による差別侮蔑に苦しみ怒るのは、それこそ毎日のことである。また生活や労働の条件で苦しむのも、切実なことである。

そのような気持ちを、まだ言葉で整理できる年齢ではなかったが、それはわたし達が常日頃から、胸の奥に澱のようによどませていた想いでもあった。

もともと口篭もりやすい李君の眼が、すこし不安げにわたしの返事をまっている。わたしが「ああ、じゃあ寄せてもらおうか」と答えると、彼の緊張ぎみな顔が、夜の闇のなかでホッとしたようにひらき、ほほ笑みかけてきた。それから李君が、夜道を歩きながら、わたしに何かを説明してくれていたとおもう。誰しも時代の子なのだ。その時代の流れのなかでしか生きられないし、また流れのなかで生きるべきなのだろう。つまりわたしも時代の海流に押し出されて、その飛沫をすこし浴びることになったわけである。

尹先生との出会い

つぎの週末の夜だったとおもう。耳原町の路地の奥の長屋の一軒に、わたしは李容先君に連れられて行った。

奥の一室に入ると、天井から吊った電球の燈りが狭い室内を照らしていた。そして真剣な顔つきの数人の若い男達が、畳の上に車座になって座っていた。

わたし達が入ると、みんなの顔がいっせいに振りむいた。李君の顔を見て笑いかけながら「おお、来たなあ」とかいった。彼らは顔なじみらしかった。

どうやらわたしが最年少者らしい。李君が、友情からなのだろう、わたしをすこし褒めぎみにみんなに紹介してくれた。みんなは白い歯を見せ、好意的な笑いを浮かべて、わたしに手をさし出してくれた。わたしも握りかえした。初対面ではあったが、すぐに感情がつうじて仲間意識がおこったのだ。「まあ、座れ」ということで、わたしも遠慮なく、その車座の一人となった。新入りのわたしにみんなは「お茶を飲め」とか「お菓子を食べろ」とかいってくれる。

その正面に一人の年長の人が座っていた。その人を見て、わたしは、じつはちょっと驚いた。もちろん見知らぬ人物であったが、きりっとした細面の二十七、八歳くらいの人だった。菜ッ葉服とよばれた工場作業服を着ていたが、その着こなしが、いかにもすずしげで清潔感に溢れており、この人が尹鳳官先生だった。

尹先生は、わたしを見つめて、にこやかに会釈をしてくれた。わたしはなぜか躊躇してから、丁寧に頭を下げた。気おくれしたのだ。わたしは誰の前に出ても、滅多に固くなったおぼえはない。だが、李君から尹先生を紹介された時だけは、なぜか自分でも気がついたほど固くなっていた。

どうやら、この人が、この若い一座のリーダー的な人らしい。そして、その夜の会がはじまったのだが、その時に尹先生が何を話していたかは明確な記憶がない。だが、柔らかい低音の声で、静かな独特の喋り方だった。時には激しく論じるような雄弁もあったが、その表現の正確さと、聴くものを微笑させる巧まざるユーモアもある、実に魅力的な話術の持ち主だった。

人柄は、いかにも思索型の真面目そうな人である。わたしはその人物に感心した。さしずめ大学の教壇で哲学でも講義をさせたら一番似合いそうだった。……これも後日知ったことだが、当時の日本の社会主義者や労働運動の理論家達ともむすびついていた在日知識人の活動家の一人だったらしい。そして理想主義の人でもあったのだろう。

わたしは感銘をうけた。今まで幾人もの同胞達をみてきたが、そのほとんどが教育をうける機会もなく、低賃金の重労働に苦しみ、心にゆとりがもてない人ばかりである。

ところが尹先生は、初対面でも、優れた知性と人柄の人であることが、まだ少年のわたしにもわかった。わたしは堺市に来て、まだ日があさい。当時の関西での労働運動や、朝鮮人民族主義者の活動などについては、なにも知らなかった。そのため、このような知的タイプの人は今までの同胞のなかでは見たことがなかったのだ。

労働学校とのつながり

その夜のあつまりから、わたしの新しい精神の世界がはじまった。李容先君が、積極的に根回しして段取りしたのだが、李君、許君、わたしの三人にそのつど数人のほぼ同年齢の夜間学生や若い職工があつまって、尹鳳官先生を中心として夜学会が開かれるようになったのだ。それも秘密裡に……つまり所轄の堺警察署と、大阪府警察部の特高課にたいして秘密の裡にである。

当時のわたしはよく知らなかったのだが、このような在日朝鮮人による秘密の夜学会は、日本の特高警察と各地の憲兵分隊の目からのがれながらも、東京でも大阪などでもよく開かれていたらしい。すこし説明をくわえれば、もともと民族の文化的伝統が、李朝の科挙試験以来、教育を重視する。さらにまた、関西における朝鮮人夜学会運動は、大阪において日本人の社会主義者達が開設した大阪労働学校と深いつながりをもっているようだ。

これは労働者にたいする社会教育と中核的労働知識人の養成をねらったものだが、もともとはイギリスの労働者大学にはじまる。それは十九世紀末にラスキン大学にもうけられた労働運動指導者を養成するための講座であり、やがて二十世紀初頭に純然たる労働者自身の力で運営されたロンドン労働大学ができる。

その頃の日本には、友愛会という社会主義団体があった。ヨーロッパの社会主義運動の影響をうけて設立されたのだが、これはのちに日本労働総同盟となり、現在の日本社会党にもつながっている。

この友愛会が、ヨーロッパでの開かれた労働者教育運動の例にならって、各地に常設労働講座を開講した。当時の日本の大正デモクラシーでの現象であり、日本各地に二十校があった。同時期の朝鮮においても、朝鮮人民族主義者による二十二校があった。また、朝鮮各地の農民組合などが、独自の夜学校をかなり運営している。

大阪労働学校は、そのイギリスの労働者学校にならった労働夜学校の一つであり、おそらく戦前の日本でもっとも成功した労働学院である。現在の府立夕陽ケ丘図書館のあたりにあった建物は、倉敷市の大原財閥や作家の有島武郎氏などの寄付をうけて運営。開放された労働者学校として社会主義理論や経済論、組合運動の実際などについての教育をしたのである。

生徒は労働者、学生、看護婦、公務員などであり、講師は高野岩三郎（東大教授・大原社研所長）、大内兵衛（法政大学総長）、櫛田民蔵（マルクス学者）、岩崎卯一（関西大学学長）、住谷悦治（同志社大学総長）、笠信太郎（朝日新聞論説主幹）、小岩井浄（愛知大学学長）、色川幸次郎（最高裁判事）、林要（法政大学学長）、清瀬一郎（衆議院議長）、山本宣治（労農党代議士）、河上丈太郎（日本社会党委員長）、阪本勝（兵庫県知事）、久留間鮫造（マルクス経済学者・法政大学教授）、田万清臣（弁護士）、木村毅（評論家）、細川嘉六（社会評論家）、尾崎秀実（ジャーナリスト）などの、当時の新進気鋭の若手学者達だった。

この労働学校には、多くの朝鮮人学生や労働者も入っていたようだ。その流れをうけて、昭和八年には堺市でも、のちの民社党委員長になった西村栄一氏が中心となって、堺労農学校が設立されている。

その設立委員会のメンバーは社会民衆党鈴木泰暢、全国大衆党岩田嘉重郎、油谷秀松、生山秀吉、渡辺清、全国水平社泉野利喜蔵、労農党解消派田辺納、そして朝鮮人労働組合（泉州一般労働者組合）の金達桓、李寿永の各氏であった。……そして、これも後日知ったのだが、この泉州一般労働者組合の幹部である金達桓氏等こそが、わたし達の夜学会の秘密の上級幹部であり、尹鳳官先生もそのオルグ、活動家であったらしいのである。これについての、くわしい資料は残念ながらすくない。

知らされなかった内情

今、手元にある旧内務省警保局資料によれば、泉州一般労働者組合とは堺、岸和田方面の朝鮮人労働組合として、金達桓、皇甫潤、宗雄甲、李雲金氏等、もと新幹会堺支会の指導者達が結成した組合だそうである。

新幹会とは、一九二七年二月に、朝鮮内のソウル中央基督教青年会館で、それまで分裂状態であった民族主義者と共産主義者が大同団結して、反日救国、総督府暴圧政治反対、民族救済などの一つの精神のもとに糾合、結成された民族統一戦線である。かつての日本侵出時代の抗日救国、民族独立運動はかなり熾烈なものがあって、中国の上海にあった臨時亡命政府。満州や中国各地での民族主義者や共産主義者の軍事組織による武力闘争。また中国国民党軍や八路軍のなかの朝鮮人義勇部隊。あるいは抗日テロリスト団体などのおおくの活動があった。

朝鮮内での独立運動でも、総督府憲兵政治の拷問処刑弾圧に抗しながら、民族主義者系のグループと共産主義者系のグループが複雑な離合集散の運動の軌跡をえがいていたのだが、このような総督府や日本人憲兵、警察の弾圧にたいして味方の戦線を統一するために、各セクトは一切の障害をのりこえて合同すべきだという気運が生じた。そして、この年に一応、新幹会として国内グループの統一戦線ができたのである。

同年五月には、ただちに東京の在日グループでも新幹会支会が、在東京民族主義者や共産主義者が合同して参集、結成。同六月に京都支会、同十二月に大阪支会。さらに翌年一月に名古屋支会が在日朝鮮労働総同盟などの多くの労働団体、学生団体の支持のもとに民族救済の共同戦線組織としてつくられたのである。

この組織は、民族主義者と共産主義者の合作という内部不調和をうちにふくみながらも、朝鮮総督府暴圧政治反対、拷問撤廃、東洋拓殖などの朝鮮への日本人移民事業反対、言論出版の自由、治安維持法・不当検束・増兵・増警察反対、「内鮮融和」の欺瞞政策反対、対支非干渉同盟支持、青年運動支持などの方針のもとに、一時はおおくの青年の希望をあつめた。


そして……後日知ったのだが……前にのべたような金達桓氏等の指導した泉州一般労働者組合も、この新幹会の堺支会として、このような民族統一戦線の流れをうけていたらしいのである。

わが尹鳳官先生は、そのメンバーの知識分子であって、夜学会組織をつうじての少・青年への教育啓蒙と次世代の民族運動への幹部要員の養成が、先生の役割りらしかった。

だが当時のわたし達は、そのような全体の背景など全然知らなかった。いや、まったく知らされなかったのだ。

それは、なぜか。つまり戦前の日本には、特高警察という思想犯専門のゲシュタポ組織があったのだ。悪名高い「トッコー」である。当時、特高の拷問取り締まりは「官憲のテロ」とよばれ、その弾圧拷問は、徹底した非人間的なものであった。日本の平和運動家、自由主義者、社会主義者達の数おおくも、彼らのため虐殺され、拷問、獄死している。朝鮮人運動家や知識人の犠牲者もおおい。

苛酷な政治弾圧の時代なのだった。満州事変、五・一五事件、血盟団事件、国際連盟脱退とつづき、作家の小林多喜二氏が警視庁で拷問、虐殺されるような時代状況のなかで、このような「官憲のテロ」を恐れておおくの日本人社会主義者が「転向」していった。つまり特高警察とは、思想犯弾圧法である治安維持法に裏づけられた思想警察なのであり、その常套手段が、スパイを導入した捜査と拷問取り調べだったのだ。

なにかの場合に、この特高の拷問に黙秘するのは、実際のところ、不可能に近い。そのために、尹先生やその上の上級幹部の方針として、若いわたし達に、その組織と運動の全体図を教えなかったのであろうとおもう。

つまりは、これが地下運動をするレジスタンス組織の鉄則なのだ。つまりわたし達の夜学会は、もと新幹会堺支会のメンバーと泉州一般労働者組合が背後で運営していた秘密夜学会。抗日地下運動の細胞組織であったらしい。まずフラクションをつくって、細胞をつくらせ、ひそかに運動組織を育てるのだ。

だが、このようなことは今だからわかることであって、当時のわたし達には、そのような事情までは知らなかったのだ。

反発者たち

この夜学会は、大阪府特高課と堺警察署特高係の目をのがれながら、月に数回以上、耳原町のおそらく元新幹会々員か泉州一般労働者組合員などのシンパの家だったのだろう、そのつど場所を転々としながら、民家の一室を借りて開かれた。……期日と場所を連絡してくれる連絡者、レポの役は李容先君がした。

やがてわたしはこの夜学会で、李容先君や許英君のほかに、金仁萬君や鄭岩又君と親交をふかめることになる。金君も鄭君も学校はわたし達とはべつで、おそらく耳原町近くにあった大阪府立職工学校、現在の府立堺工業高等学校の苦学生だったとおもう。

金君は、ひき締まった痩せ形の高めの背丈をもつ面長の坊主頭。大きな鋭い眼をした、冗談好きで陽気なお喋りだった。細身の身体ながら、全身が気力のかたまりのような攻撃的な性格だった。

何かあったら下駄を両手にもって大乱闘を演じるのだが、その喧嘩が、じつにまたつよかった。日本人の若い大男を見るとすぐに喧嘩をうって、わたし達は彼をとめるのに苦労したものだった。

鄭君は、わたしより二歳年長である。一見近寄り難いような風貌と重量感をもつ男だった。悠々とした態度であり、肩幅のガッチリした良い体格、広い額にオールバックの髪をしていた。かつて映画で若い頃の毛沢東のフィルムを見たが、それとじつに印象がよく似ているのである。

どこで学んだのか、大変な理論家であり、頭の鋭い、豊かな知識の持ち主だった。鋭さと老成のふたつの味を兼ね具えて、いかにも指導者的な感じを人にあたえた。当時はまだ二十歳過ぎくらいのはずだが、その動作も物言いもことばの内容にも、その若さにもかかわらず既にどこか百戦練磨の歴戦の活動家のような趣があったのである。

この夜学会には他にも張相俊君、安商載君、韓烱愚君、趙誠煌君等のほか何人かの常連メンバーがいたのだが、とくに李君、許君、金君、鄭君そしてわたしの五人が尹鳳官先生を中心としてあつまるような形になっていた。

毎週一度か二度、わたし達は職場や学校からの帰りに、あるいは休日にあつまって、議論し学習しあうのが、いつかおきまりの行動になった。しかしあくまでも秘密裡にである。戦前の日本の実態を知る者にはわかるだろうが、これは大変に危険な行動だった。

あの、もはや五十年も遥かの日々。よく五人で喫茶店で一杯のコーヒーでねばりながら色々な話をしたものだ。また一緒に堺市の西の大浜の海岸などを散歩すると、すぐ金仁萬君が悪い癖をだした。

彼は前を日本人の大男が歩いているのを見ると、むらむらと反発心が湧いてくるらしい。すぐ、「あいつをやっつけてやる」などといいだすのだ。そしてわたし達のとめるのも聞かず、下駄をはいた右足をふっと空に蹴り上げる。すると下駄はサッカーのボールのように放物線をえがいて、かなり前方を歩いていた人の後頭部か背中に百発百中で当たるのだ。かなりの衝撃らしく、その人は倒れてしまう。

わたし達はあわてて走り寄り、助け起こして、下駄が偶然当たった申しわけなかったと謝罪するのだが、わたし達が汗をかいてあやまっているのに、いつも金君はすずしい顔をしてスタスタと散歩をつづけていたものだ。

愚かな差別主義者達が、漠然と思いこんでしまっているように、人間と人間の関係は、けっして一方通行などではない。作用と反作用の力学の原理がはたらくのだ。それは、どのような形であれ、いつかは復讐をうける。目には目を、歯には歯をの心理も、やむをえない自然な感情なのだろう。金君も、そのような気持ちを押さえられなかったのだろうとおもう。

第6章　パンと労働の日々

秘密夜学会で受けた教え

その頃にわたしが住んでいた堺市の耳原町は、工場街のはずれの地区だった。東は民家がちょっとあっただけで、池や田畑や雑草の空き地だった。

西の海岸地帯には、工場の殺風景な塀がならび、煙突が何十本となく立ちならんで、どす黒い煤煙を吐いていたが、当時の日本の工業技術はまだ幼稚なものであって、その工場といっても、ほとんどが木造に錆びたトタン屋根の小さな町工場ばかりであった。狭い工場の薄暗い作業場で、単純なガタン、ガタンという騒音にあわせて、機械油や塵埃まみれになって、終日貧しい労働者が働かされていたものだ。

そのはずれの、マッチ箱のような家々が何列もならんでいる裏長屋街が、つまり耳原町である。それが未解放地区に隣り合った朝鮮人労働者の居住区なのだった。

狭い路地に、何百軒かをつらねた軒庇は、傾いているというよりは、むしろ大きく波打って歪んでいた。軒下や窓先には繕《つくろ》いだらけの作業着や足袋などの洗濯物が干されていた。地区の路地は迷路のようだった。だがこのような地区だからこそ、なかなか部外者は入りにくいものであって、所轄警察署の特高係も簡単には手入れできない。わたし達の夜学会は、このような路地奥の民家の一室を転々としながら開講されたのだ。

指示にしたがって教えられた家に行くと、その家の人は、何もいわずに奥の一室に通してくれた。おそらくシンパサイザーだったのだろう。その家の子供達を外に遊びにだし、お茶を入れてくれると、あとは部屋をわたし達の自由に使わせてくれた。


約二年あまりの期間だったから、何度かの路地裏の四季があった。わたしは、毎日早朝から起きて、ガラス工場に通い、実業補習学校にかよい、法政大学の講義録で独学し、わずかな小づかい銭をもって映画館にもかよった。この頃は、それまでの活動弁士がしゃべる活弁無声映画と、新しいトーキー映画の両方があった。

そして、そのような路地奥の狭い一室の吊り電球の下でのわたし達の夜学会にも、わたしは熱心にかよった。

尹鳳官先生は、当時二十七、八歳に見えたが、附き合うほど聡明な人物との印象をわたし達にあたえた。ことばはひくく柔らかく、だが表現は適切でつねにいつも物事の核心をついていた。また気品のある所作であり、若い無知識なわたし達を対等の人格としてあつかってくれた。小さな折りたたみの黒板を画家のキャンバスのように三脚でわたし達の前に立てて、静かに考えこむように黒板に書いていくのだが、その内容にわたしは眼を丸くすることもしばしばだった。

つまりわたしは堺市に来るまでは、ずっと日本の学校にかよってきた。また堺市立の実業補習学校でも、ようするに軍国日本のための下級技術者の養成がその教育目的である。そのために日本的偏向、それも当時のいびつな偏向した教育と、新聞、雑誌、世論などのために自分の頭が、すっかりでき上がってしまっていたのだ。正しい世界観や、民族観や歴史認識への批判をもつ機会、知る機会はついぞなかったのだ。

だが堺市に来て以来、その社会の現実をたっぷり見た。これはちがう、話とはまるでちがうとおもいつづけていた。……そこへ尹鳳官先生の、静かな解説をうけたのだ。

世界の後進国である日本が、同様に後進国であった朝鮮王朝にたいして行なった悪辣な侵略の実態、数おおくの残虐行為。より早くヨーロッパ式を取り入れた日本の貪欲さにたいして、鎖国主義であり、内部分裂のあった朝鮮国は社会と産業等のヨーロッパ式の導入に遅れて、その結果、国を失ったこと。だが元来は日本より朝鮮のほうがずっと古い文明国であったこと。

李朝末期の歴史。その流れのなかの人々。中国の状況やヨーロッパ諸国のこと。ヨーロッパ人の手先としてアジアに侵出した日本。それに抵抗した民族主義者の活動。言語に絶する弾圧。非人間性。とくにわたしに衝撃をあたえたのは李朝最後の皇后である閔妃への日本人による暗殺事件であり、初代朝鮮統監府総監であった伊藤博文にたいする安重根によるハルピン駅での暗殺事件の解説などの出来事であった。

そのような話を聴いて、わたしもまたショックをうけた。眼からウロコが落ちるおもいだった。それはわたしが常日頃、漠然と胸のうちでは考えながらも、知識も人生経験もなく、うまくことばで整理できなかった胸の中にシコリのように巣食っていた大きな疑問の感情に、明快に、ハッキリと答えてくれるものだった。それがつよくわたしの胸を打ったにちがいなかったのだとおもう。

その二年あまりの夜学会で、尹先生はさらに色々な知識や物の見方、生き方を教えてくれた。それは、学校教師のように教科書で覚え、また教科書で教えるだけの薄っぺらな絵空事の内容ではなく、わたし達の生活状況とふかくむすびついた生きたことばであり、生きた教えだった。

わたし達は、書物や教科書に照らしてではなく、自分達の現在の状況や家族の苦しみに照らして、その尹先生のことばの一つ一つに納得し、ふかく共鳴したのだ。それは学習というよりも覚醒であった。わたし達の心のなかで起こった、それは内なる革命であったとおもう。

あの三・一万歳独立運動では無抵抗の平和運動にたいして日本の軍隊と警官は老若男女、無差別の殺戮をほしいままにし、無数の死者をだすとともに、おおくの投獄者を拷問、処刑したこと。そして日本に渡航してきた同胞の実際のいきさつ。朝鮮総督府が一九一〇年からはじめた「土地調査事業」という土地収奪の強盗的手段によって、おおくの土地が奪取、詐取されたその結果が日本に渡ってきた生活苦のわたし達同胞の現状であること。「教育令」「会社令」というインチキ政令、法律による文化、経済独占。

朝鮮での米の生産高の半分以上を奪われ、日本の米不足をうめるため強制移出され、朝鮮農民は離穀しか食べられないこと。村々は飢え、農民は流民となって故郷を捨て、遠く満州にまで流れていくしかなかったこと。渡日者も同様であること。朝鮮で奪った不法な富で日本の財閥が肥え太ったこと。天皇制度といっても、その実際と、大正天皇の本当の病気。社会の不平等の真実。だが日本の農村は娘を売るほど貧しいこと。まして現在の故国の村々は、日本人の悪どい収奪と暴力のため最低最悪の生活であること。

……このような話は、まだ多感な年頃であったわたしの胸を、激しくゆさぶりつづけ、胸の奥から、なにか表現のできない戦闘的な感情のようなものを呼びおこした。

といっても、それは尹鳳官先生が、煽動家のようにわたし達の心をあおったからではない。逆だった。尹先生は、まるで数学教師が生徒に方程式を教えるように、静かに、一つ一つ丁寧に教えてくれたのだ。そのことばの内容は、今現在に耳原町の朝鮮人地区に住む同胞家族のいきさつや悲惨さ、そしてわたし達若者の苦しい立場を冷静にしめしてくれたものだった。

「その通りだ」とわたしもおもった。「まったく、尹先生のことばどおりの現実だ、すくなくとも今までわたしが聞いた誰のことばよりも、先生のことばが正しい」……わたしは、そうつよく実感したのだ。頭でではなく全身で納得したのだ。

そして中国、満州、ソヴィエト、アメリカなどで活動している独立運動家達の活動、さらに、三・一万歳独立運動のきっかけは、当時東京に留学中の朝鮮人学生達の運動が直接のきっかけであったと教えられ、今現実に日本にいるわたし達としては、このような先輩達の心を継ぐべき使命があるとのヒロイックな感情に胸を奮わせたのだ。

ともかく、わたし達が結論としてえた考えは、なによりもまず民族には国家というものが必ず要るということだ。亡国の民や、流浪の民は、なおさら民族精神を確立して日々を生きねば、社会的にも精神的にも、他民族やその居留先の民衆の社会的な、精神的な奴隷に自ら成りさがるということだ。

そして戦いには犠牲者が必要であり、それこそわたし達覚醒した若者の名誉ある義務だとおもった。わたしも若かったが、そのようなことを真剣におもっていたのだ。

夜の狭い部屋での講義がおわると、ときどき尹鳳官先生は、細面ながらひろい額に憂わしげな表情を浮かべて、つぎのように注意してくれたものだ。

「今日、わたしが話したことは、家族にも友人にもほかの誰にも話さないように。われわれの置かれている状況を忘れてはいけない。よく気をつけて、他の者と軽はずみな話はしないように」

これは必要な心くばりだった。当時の日本は、ますます戦時色がつよくなっており、反体制派への特高警察の取り締まりは、さらに激しくなっていた。そして事実、尹先生の夜の講義はノートをとることを許されず、また日記や手紙に書いてもいけないと教えられていた。その講義は、先生が黒板にチョークで書く内容を、メモをとらずに頭のなかに叩き込むという形式だった。そののちに自分のおもいや、疑問点を先生に話して答えてもらうという形をとっていたのだ。

夜学会といっても、呑気な学習サークルなどではなく、地下活動の秘密結社のような色合いをつよくもっていたのである。

夜学会のいきさつ

この秘密夜学会について、今、過去の記憶をできるだけ辿り、また当時の労働運動の流れや在日朝鮮人運動史、さらに日本の内務省や警察関係の資料をできるだけ整理してみると、結局、この夜学会は、泉州一般労働者組合と旧新幹会堺支会の関係者達が、朝鮮独立運動の教育細胞として秘密裡にもうけたものらしいのである。

もともと民族の伝統が、きわめて教育熱心なところがあり、在日社会のなかでも各種の初等的な教育機関や夜学会形式の初等学校がかなり創られて運営されていたのだが、わたし達の夜学会は、明確に秘密裡の運動員養成という目的のために、堺市の夜間工業学校の生徒などをあつめて、民族精神の教育と啓蒙を目指したものらしかった。

このようなことについては、当時のわたし達には、くわしいいきさつまでは知らされていなかったのだが、前にのべたように、尹鳳官先生の夜学会は、堺市の朝鮮人労働組合である泉州一般労働者組合の細胞団体であったようだ。

もともと、これも前にのべたように、堺市には堺労農学校があって、泉州一般労働者組合は、この労農学校とも関係をもちながら、また当時在日朝鮮人達が民族教育運動として各地に設けていた同種の夜学会と連絡しながら、昭和七年二月、泉州一般労働者組合は、耳原町にあった組合の耳原支部内に、朝鮮人子弟の民族教育のための労働学院（耳原学院）をつくった。……そこでは、「朝鮮歴史」「印度独立運動史」などが、きわめて平易に教えられていたそうである。

この耳原町の労働学院は、大阪市内でやはり在日朝鮮人子弟への民族教育のための労働夜学校として昭和六年につくられた関西共鳴学院とも人的交流もあり、連絡をとりあって活動していたらしい。

ところが関西共鳴学院は、昭和七年八月に職員全員が、大阪府警察部の特高課に検挙されて閉鎖。堺の耳原学院も、同九月に堺警察署の弾圧をうけて表面的には解散。わが尹鳳官先生は、その労働夜学校である耳原学院でも教師だったらしいのである。

警察の取り締まりをのがれ、しかし新幹会以来の民族統一戦線のための教育運動として地下にもぐって密かに続行された堺市の労働学校は、昭和八年には、向陽町の泉州一般労働者組合本部事務所で、再建。

さらに完全に地下活動化して、逆に先鋭化。秘密裡におこなわれるようになった夜学会の一つが、つまりわたし達の夜学会なのであったようだ。

そのためわたし達も、当時の全協（日本労働組合全国協議会）あるいは全評（日本労働組合全国評議会）や、右派組合である総同盟などの主催する演説会にもよく参加した。また尹鳳官先生とつれだっている日本人運動家とあう機会もあった。たとえば戦前最後の記念すべきメーデーである第十六回大会にもくわわっているのだ。

第十六回メーデー

一九三五年、昭和十年五月一日。第十六回メーデーの日は、朝から雲がひくく垂れこめていた。五月にしてはなにやら肌寒く、季節外れの珍しい疾風が吹いていた。

わたし達同世代の友人五、六人は、堺市から電車を乗りつぎ、九時には会場の中之島公園に着いていた。周辺の街路には、メーデー会場を目指す人の流れが、絶え間無くつづいていた。やがて、それは途中の検問所で警官の厳重な服装検査をうけながら、風に翻る組合旗を靡かせたおおくの団列となって、中之島の公園グラウンドに集結してきた。時節柄、例年よりも参加者はすくないようだが、それでも相当の人波だった。そしてわたし達も、その群衆のざわめきのなかにいた。

白エプロンの紡績女工達がいた。股引きにゴム靴の農民達がいた。レーニン帽に菜ッ葉服の労組員の集団がいた。喧騒と人いきれと拍手。赤い組合旗が林立し、人々が立ちならぶあいだを、冷たい風が吹き抜けていた。だがメーデーの広場の雰囲気は、ますます盛りあがって、わたしも新鮮な体験と、渦巻く群衆心理の波に、心を揺りうごかされていた。

……労働者、農民、無産市民よ団結せよ……

……資本家の飼犬のやくざどもから仲間を守れ……

……二十四時間のゼネストをやろう……

……耕作権の確立と小作料の低減を……

そのようなシュプレヒコールが飛びかっていたようにおもう。わたし達のグループも、なにか叫んでいたのかも知れない。

あちこちの集団からも、「立あて万国のう労働者ああ」と労働歌が高唱され、怒号や歓声もあがっていた。ある集団は、すでにスクラムを組んでワッショイ、ワッショイをやっている。旗は風にパタパタと音をたて、広場の人の波のすべては、あちらに揺れ、こちらに揺れていた。時おり、拍手と喊《かん》声が広場を揺がした。だが、あんがいに秩序だっていて、統制がとれていたように記憶している。そして、その周辺には、当然のように帯剣した警官隊が取り巻いていた。

やがて十一時頃、人の頭で埋まるむこうの、ひときわ旗が立ちならぶあたりにあった演壇の上で、マイクを取った男達が喋りはじめた。全労、総同盟、全評、全農などの各労働団体の代表のメーデー演説がはじまったのだ。その内容までは憶えていないが、最近になって図書館で記録を調べてみると、たとえば昭和十一年度版・大原社会問題研究所編纂『労働年鑑』に載る「メーデー宣言」によると、

宣言……反動の嵐の真只中に光輝ある第十六回メーデーを迎ふ。文化は国境を越え我等が生産する物資は世界の涯に及ぶ。然るに内に国粋主義を唱へ徒に国際関係を絶たんとす。時流に乗る封建思想と必然的なる機械文明とは至る処に深刻なる葛藤を演じつゝある。所謂岡田挙国内閣は無力無能にして何等為すところなく今や全労働大衆の凡ゆる要望は蹂躙されつゝある。

軍需並に輸出インフレによる莫大なる利潤は悉く資本家の独占するところとなり労働階級に與へられたものは只加重労働と低賃銀と人夫名義による臨時工等の桎梏以外の何ものでもない。

しかも此の重圧下に我等の同志は団結権否認と戦ひ日夜戦線に動員されつゝある。更に見よ。農村の窮乏は益々深刻化し農民の生活は極度に切り下げられ、全国農村に不気味な不安がたゞよいつゝあるではないか。これあらゆる焦燥と動揺の止まざる所以にして現今社会の偽らざる姿なり。

惟ふに国力強化の道は国家産業の興隆にある。国家産業の隆盛は正しき産業平和にある。即ち労働階級の自重自律の精神を助長し資本家階級亦進んで反省し国家は産業協力を基調とする産業労働の統制を断行すべきであると確信す。

第十六回メーデー我等はこの日労働の高き誇りと理想を宣揚し労働福祉同胞相愛人類平和に通ずべき大道を突進せんとす果敢なる我等が歩武我等が前に横はるあらゆる邪悪を敢然撃破し以て全労働階級の信頼に応へんとす。右宣言す。一九三五・五・一、第十六回メーデー。

というようなことだったらしい。細部の記憶はない。だが一人の演説者には、すこし衝撃をうけた。それは総連合の三谷三平氏の演説であった。

三谷氏の演説を聞くのははじめてではない。そのたびにつよい印象を感じたのだが、この時に氏が、具体的に何を論じていたかは、五十年以上もたった今となっては憶い出しようもない。その風貌もさだかに憶えていない。が、その説得力に満ちた迫ってくることばの印象と、人間的な重量感は、今もわたしの記憶に鮮明である。優れた人物の、優れたことばだとおもったものだ。十八歳のわたしは、氏の演説につよい感銘をうけ、どうやら何らかの知的影響をうけたのかも知れないのである。

その日は、一時頃から冷たい雨粒が落ちはじめた。約八千人であったというメーデー参加者達は、列をつくり、それぞれの組合旗を先頭に、労働歌を歌いながら、まずグラウンドを一周し、それからワッショイ、ワッショイと市街地へのデモ行進に繰りだした。

天神橋の上には、警官が垣を築いていた。沿道にも、制服や私服の警官達や見物人達がならんでいた。そして雨足はだんだんつよくなった。

濡れ鼠のデモ行進は、歌を合唱し、声を掛け合い、ワッショイ、ワッショイと大蛇のように列をくねらせながら、本町から、松屋町筋を南下していった。その各隊列の先頭には「臨時傭人夫名儀絶対反対」や「自主的労働組合法の制定」などのスローガンを大書した長旗が押し立てられていた。

デモ行進の気持ちの昂揚と、胸のうちから湧いてくる連帯感につきうごかされて、この日の大阪の町は、わたしにとって、何やら身近なものに感じられたのだった。

すると突然、列の前のほうで俄に激しい気配がおこった。「こら、きさま」「不当弾圧だ」などの怒声が聞こえる。背のびして見ると、デモの列が崩れ、何人かが雨の中に突き倒されるのが垣間見えた。一人の鉢巻きをした職工風の男が、警官に馬乗りになられ、頭を何回か路面に打ちつけられていた。男は必死の形相で叫んでいた。路上には血が流れていた。

ようやくのことで、男は警官達に引き起こされ、よろよろと立ち上がったが、頭を割られ、血が赤い蛇のように頬を這っていた。ひとしきりデモ隊と警官隊の間で罵り合いがあったが、騒ぎはすぐに静まり、逮捕された男は、得意げに引き立てられていった。行進の列からは、ただちに拍手がおこる。警官も何やら満足げであり、メーデー名物の検束者の捕り物劇を見た見物人達も、うれしげに雨に濡れていたものだった。

そして旗と労働者達の行列は、午後三時頃には目的地の天王寺公園に到着。そこでふたたび各労組代表の演説があり、そして四時に解散したのだった。

この大阪でのメーデーの日の出来事については、内務省警保局編纂『社会運動の状況』の「在日朝鮮人運動」の部分には、つぎのような記述がある。

在阪鮮人労働団体阪南自助会、泉州一般労働者組合、泉州金属労働組合、大阪化学東成分会、大阪金属東成分会等は、第十六回メーデー挙行に関し予て準備中の処、結局日本労働組合会議加盟各在阪労働団体主催の示威運動に参加することとなりたるが、当日全国労働大阪金属労働組合以下在阪各団体所属鮮人合計一、七〇一名之に参加し、午前十時中之島公園に集合、市内を示威行進の後、同日午後三時天王寺公園に到着無事解散せり。

尚当日在阪一部極左鮮人分子は、全協指導下に非合法メーデーを敢行すべく計画せる模様あり警戒中の処、隙を窺ひ東成区森町二丁目附近街路其の他に全協関西地方協議会準備会署名の『全協の旗の下に統一メーデーに参加せよ』と題するビラ数十枚を撒布せるが更に一方全協、反帝、労救等所属鮮人分子は合法メーデーに潜入之を撹乱せむと策動せる事実等ありたるも厳重警戒を加へたる為無事経過せり。

天王寺公園から駅にむかい、阪堺線で堺市に帰りついた頃には、雨も小降りになり、もう夕暮れの気配があたりを濃く包んでいたようにおもう。

友人達と歩く耳原町の家までの途中、日本家屋の家々からは、夕餉の燈りが漏れていた。笑い声も聞こえる。それはわたしを拒絶するような、平穏な市民生活の風景だったが、わたしは、自分自身が弧高のテロリストでもあるかのような、ヒロイックな幻想に身をゆだねていた。あるいは記憶の錯覚かも知れないが、方向のさだまらぬ狂暴な想いがわたしの心の奥で蠢いていたような気がする。

何かは知らぬが、何かわたし達の運命を脅かす力と闘わねばならぬという想いが、わたしの脳裡から離れなかったのだ。

やがて彼方に、わたしの住む地区の燈りが見えたとおもう。闇の中に沈んだ、地面に這いつくばったような家並みだった。あの身を屈め続けることが習性となったような屋根屋根の下では今頃はわたしの母が、侘しく暗い電球に照らされながら、縫物でもしているはずだった。そのような記憶のイメージが、今ものこっている。

第7章　一九三六年の二月

情勢変化の前兆

こうして昭和十一年頃になると、わたし達も、民族運動、独立運動の歴史や現状のようなものが、だいたい理解できるようになったようである。

あの満州事変が勃発したのが昭和六年の九月であり、それは翌七年には上海事変につながり、国内でも五・一五事件などが相ついで起こり、カイライ「満州国」がつくられたのが翌八年であって、時代は右翼ファッショ化の世情のなかで、警察と憲兵による社会運動家や自由主義者への弾圧が、一層くりひろげられていたのだった。

そしてこの昭和八年は、満州でのリットン調査団による国際連盟での対日非難決議に反発して、とうじの松岡洋右外相が連盟脱退を宣言。日本が国際的孤立を決定的にした年でもあった。

わたしが夜学会に秘密のうちにかよった昭和九、十、十一年は、日本は国際的孤立のなかでますます軍国主義化をつよめ、戦時景気もすこしはあったが東北の農村は極端に貧困化し、世相はますますヒステリックで険悪になり、また堺市でも労働組合などが右翼転向をはじめ、警察特高係の締めつけもさらに厳しくなっていたようだ。

またこの頃の日本の状況も、カイライ満州国の成立などとともに、中国大陸での戦火も拡大し、さらに社会不安や、経済不安がつよまった時期でもあった。日本国内では、さかんにナショナリズムが唱えられていたが、国際連盟の脱退などによる日本の国際的孤立は、わたし達にはやがて日本が窮地に追いこまれる前兆のようにも感じられた。ヨーロッパでもナチス・ドイツが急膨張して危機が高まり、だんだんと世界大戦の前のような雲行きになっていたようだった。


わたし達も、この情勢に血を騒がせたものだった。やがて逢えば、どうしたら朝鮮独立が勝ち取れるのか、今の日本と世界の情勢の真実はどうなのかなどを語りあうようになっていた。

もっとも元気が良かったのは、許君であった。彼は、その性格にふさわしくいつも暗殺とか爆破などということばかりいっていた。が、この意見に尹鳳官先生は常に冷静に運動するようにと諭していた。

「君達の気持ちは立派だ。だが、かつておおくの先輩達がテロ闘争をおこなったのだが、結果としてこの方法は、犠牲ばかり大きくて成果に結びつかないことがおおかった。今、世界は動いている。日本も、いつまでもこんなことが続くはずがなく、実際のところ、中国での戦争は益々もっともっと袋小路に追いこまれるだろう。きっと、いつかはわれわれが立つ日が来る。それまでは軽はずみなことを考えてはいけない。それまで、まずわれわれの地力をつよめ、またもっとおおくの同志を獲得して、その日に備えるのが、まず一番大切なのだ……」

そのような意味のことを、先生はわれわれに教えた。李容先君もほぼ先生と同意見であり、わたし達も、もっともだとおもったものだ。

このメンバーの討論のなかでは、だいたい鄭君とわたしが主に論争し合う形であって、許君と金君が元気の良い発言をする。そして李君がいつも静かに皆の調整をするという感じだった。

そして、このような夜の学習の日々がつづいていたが、その年の二月だったとおもう。もう全員が、いつかは独立運動の為に自分の身を捧げるのだという覚悟をきめていた頃だったが、東京で陸軍部隊の首都反乱、いわゆる二・二六事件がおこった。

この事件は、われわれにとっても大いに関心をもった事件だった。二・二六事件そのものは、日本の国際的孤立と社会不安を背景にした、皇道派と統制派という陸軍内部の権力争いから生じたクーデターなのだが、わたし達はそれまでも、つまりこのままでは、いつかは日本は決定的な窮地か、中国での戦争のどろ沼化と経済の破綻の結果、国際的な敗北状態のようなものに陥るのではないかと予想していたのだった。そこで、この二・二六事件こそは、その前兆ではないかとおもったのである。

活動開始

正確に、細部までこまかに憶い出すのは難しいが、この頃に、わたし達は尹鳳官先生の指導と指示で、実際の活動に乗りだすことになった。それについては、たまたま、かつて内務省警保局が特高警察や治安関係者用に配布した昭和十一年度版の特高警察通牒『社会運動の状況』に、記録がのこっている。

これは、わたし達が独立運動の為に逮捕された時の、警察と検事局の捜査結果からまとめられたものだとおもう。

これはわたし個人にとってもじつに貴重な官憲サイドの記録なのだが、序章でも全文引用しているが、ここで再び必要部分を引用すると、その「在留朝鮮人運動」の部の第七節の「民族主義運動の状況」の第二項には、「泉州一般労働者組合を中心とする朝鮮独立運動」と表題してつぎのように記してあったのだ。


昭和五年十月一日元新幹会堺支会の中心分子金達桓、皇甫潤、宗雄甲、李雲金等は堺市在住朝鮮人を糾合し泉州一般労働者組合を結成せり。……本組合の真の目的とする所は全民族の希望する朝鮮の独立にありて、労働組合を標榜するは単に表面を擬装する手段にすぎずとの認識の下に之が目的達成の手段として、当面在堺朝鮮人の民族意識の誘発昂揚と、其の組織化を図らむとし執拗なる策動を継続せり……。

此の間尹鳳官、金仁善、姜尚根等に於ては、昭和七年二月一日堺市耳原町所在耳原支部内に半非合法的に労働学院を設置し、……更に八年五月には同市向陽町所在本部事務所内にも労働学院を設置し、執拗なる民族的教養訓練を継続せり。……その後昭和十年二月初旬に至り、尹鳳官、金仁善は、労働学院に於て教養訓練せる青少年を中心に組合青年部の結成を企図し尖鋭分子李容先をして之が組織に当らしめたり。

然るに李容先に於ては、労働学校出身の吉村コト朴庸徳（当十九年）山本コト許英（当二十年）

長田コト丁岩又（当二十一年）の外、土田コト張相俊（当十九年）の五名を獲得し、遂に本年二月初旬相謀りて朝鮮独立運動の前衛隊「愛国青年会」を結成するに至れり。即ち李容先外四名は二月初旬極秘裡に会合し……

現在世界の情勢は第二次大戦の前夜にあり、従って民族独立の機運遠からず到来の可能性あり。朝鮮民族厥起の時機は日本が世界大戦の渦中に投じ、経済恐慌に襲れたる時を狙ふこと。之が為には朝鮮民族の革命力量を集中せざるべからず、其の準備として全国主要都市に連絡員を派遣し、同志の獲得と其の地方に於ける鮮人差別圧迫状態を調査すること。我々五名で以て活動の指導体を構成すること。

等を協議決定し、引続き本年七月下旬に至る間前後六回に亙り之が具体的方針に関し協議せり。右協議に基き同年七月末許英、朴庸徳の二名を上京せしめ、次で九月中旬金仁萬、丁岩又の二名も名古屋に派遣せり。其後労働学院出身の安田コト安商載（当二十一年）山下コト韓炯愚（当十八年）吉田コト趙誠煌（当二十年）の三名を獲得し、其の組織徐々に進展しつつありたり……。

このような、かつての内務省警保局が特高警察や治安関係者用に印刷配布した部外秘の特高警察通牒『社会運動の状況』に、わたし達のグループの記録がのこっていることに、わたし自身も驚いているが、今、これを読み直してみても、だいたい、ここに書いてある通りのことだったとおもう。

すこしちがうのは、あくまで指導者は尹鳳官先生であり、李容先君は、先生の手足とはなってはいたが、われわれと同等の仲間の一人に過ぎなかったということだけだ。

つまり、この内務省記録にのこっているように、わたし達は尹先生を中心として、先生の指導と指示のもとに、独立運動の組織を結成したのである。さらに断固、具体的行動にうつるべしと考えたのが、それがちょうど二・二六事件と同じ時期になる。だがまず当面の目標としては、組織の拡張と盟員の獲得を第一目標として、各自が日本全国のそれぞれの地方に展開して、できるだけおおくの盟員を獲得し、その地方で細胞的組織を育成しようという方針だったのだ。

その各地の細胞組織を、いつの日にか連結して全国的な独立運動の統一的組織体にまで育成しよう、またいつの日かの、決定的な運動始動の時が来るまで、ひたすら内部的な力量を蓄えておこうという決定だったのである。

そのために、この二月からやがて春にかけて、また初夏の頃には、その具体的な実行計画や、個人的な準備等のために、相当にいそがしく、また緊張した日々をおくることになった。もちろん、このようなことは家族等には一切、話したりはしなかったし、それはまた禁じられていたのである。

そして内務省警保局の部外秘資料である『社会運動の状況』にも書いてあるように、李容先君は堺市にいて扇のかなめの位置にいる。鄭君と金君とほか数人は名古屋方面、そして許君とわたし等が東京へ向かうことになった。

またその出発は夏頃、七月末ということも決定した。皆、やる気満々で一種の若者のヒロイズムもあったのか、随分と意気昂揚したものである。

そうするうちに、やがて六月になり、七月になった。つまり出発の日が目の前に迫って来たのだ。

そのような八月前のある日に、つまり七月三十一日に予定していた我々の旅立ちの数日前に、わたし達は別れの宴のつもりで、いつもよくあつまっていた小さな喫茶店兼カフェーに集合した。

この夜は皆が飲み慣れない酒とビールを飲み、ともに歌い、またともに励ましあったり抱きあって泣いたりしたものだ。この時の若い昂揚した想いと、悲壮感や前途への不安や希望は、なかなかことばで表現できるものではない。若さのもつ「華」のようなものであろうとおもう。

第8章　堺大魚市の夜

祭の夜の出発

堺市では毎年七月三十一日の夜の、夏の住吉大社の本祭の前夜に、その神輿が宿院頓宮に渡御する祭事をおこなう習わしがある。かつての堺市は京、大阪の大消費地を背後にもった漁業の土地でもあり、遥か鎌倉時代からつづいたとつたわる漁労民の夏祭りだ。その夜には堺の浜辺では名物の大魚夜市がある。

わたしのかよっていたガラス工場の西にひろがる、大浜海岸がその場所なのだった。おおくの漁船が舳先を他の船にごつごつならべて停泊。漁民、魚商達が魚箱を浜一面につんで一斉にセリ市をおこなう。それはかつての堺の風物詩として、真夏の夜を彩る一大ページェントであり、見物の大群衆も宵からつめかけた。

浜の道筋には、浴衣がけに下駄ばき、団扇を手にした人の波と、カタコトの下駄の音が、夜中、絶え間なくつづいたものだ。それは数十万の人出だとされ、電車も終夜運転されていた。

この大魚夜市は、八月一日の朝までつづくのだが、広い浜辺一帯で魚を売るセリの声や見物、買い物客の声が喧騒をきわめ、青白くまばゆいアセチレン灯に照らされて売買される魚のなかでも、蛸は夜市の名物である。買った蛸や鮮魚をぶら下げて、そぞろ歩く浴衣姿が、数おおく見られたものだ。

土地の旧い人によれば、この夜はきまって夕凪が立ちこめ、蒸し暑い一夜になるという。そして、その年のその夜も、何やら暑苦しく、圧倒されるような人出の群衆の人いきれのなかで、なにかうっすら汗をかいていたような皮膚感の記憶がある。

その大魚夜市に、わたしはすぐ下の妹だけを連れ出していた。まだ十四歳の妹は、夏の夜の浜辺の祭りを嬉しがっていたようである。

わずかな海風が吹くと、潮と魚の臭いの空気が動く。浜辺の夜市は活気に満ち、賑やかなものであったが、悲壮な覚悟を決めて旅立ちを前にしたつもりの、まだ十九歳のわたしにとっては、気持ちが昂ぶり、もはや外部の風景は遠い別世界の風景のような、うごめく影絵芝居のようなものだった。

わたしは妹を連れて人ごみを離れた。すこし静かな場所で話す必要があった。大魚夜市の露店のならびは、まるでサーカスにでも来ているような華やぎに満ちていたが、しかし妹は、何かわたしの様子に普段とはちがったものでも感じたのか、不安がりはじめたようである。

もとより家族の者には、わたし達の計画、今の生活を捨てて運動に賭けようという気持ちなど、打ち明けてはいない。だが出発の前に、その目的などまで話すわけにはいかないが、すくなくとも、わたしの意思で旅立つことだけは伝えておかねばならぬ。それを妹を通しておこなおうとおもったのだ。古い朝鮮の習慣では、長男のわたしが家を捨てて旅に出るなど、本来ならあってはならない不孝のきわみなのだが、だが彼女も未だ少女とはいえ、わが家の長女である。

夏の闇のなかで、その時にわたしが妹にどう説明したかは、そのこまかなことばまでは詳しくは憶い出せない。だがその瞬間のことばの記憶は、今でも鮮明である。わたしは、ただ「兄さんは遠くへ行く」とだけ告げた。

妹はビックリしたように瞳を見開いた。さらにわたしは、柄にもなく「父さん、母さんを大事に」とか「弟、妹と仲良く」とか、そのようなことをいったようである。ともかく、わたしがもう家に帰らないことだけは理解した妹は、はじけるように泣き出した。わたしの身体にむしゃぶりつき、「兄さん行くな」と泣きつづける。

時計は、もう九時をまわっていた。手荷物だけを入れたちいさな鞄を手に、南海電車の駅にむかったのだが、妹は泣きながらどこまでも付いて来る。振り返り、振り返り、何度も「家に帰れ」と叱りつけたのだが、わたし自身も溢れてくる嗚咽を抑えることができなかった。

南海の駅は、天井から長い鎖で下がっている白燭電球の燈かりをうけて、水族館のなかの水槽のガラスごしの水中風景のように、人々の影法師が、ゆらゆらと揺れて輝いていたような気がする。

この夜の駅なのか、翌日の東京駅でなのか記憶はハッキリしないが、駅の壁に『待望七年、東京オリンピック遂に実現。次回、日本に正式決定』というような新聞号外が貼ってあり、ゆらゆらと人々が壁にあつまって読んでいたのを、なぜか憶えている。

そしてわたしは電車の乗客となった。車窓の外のプラットホームでは、妹が呆然と立ちつくしている。わたしは片手を肩まであげ、すこし手を振ったが、彼女は突っ立ったままポロポロ涙を流していた。やがてベルが鳴り、電車はガクンと揺れて動きだした。ゆっくりとホームの柱が動きだし、だんだん速く柱は流れてゆき、充分加速して駅は後方に遠ざかって行った。

頭を窓から突き出し、ずっと後ろを見ると、もうちいさくしか見えない妹が、狂ったように手を振っていた。

窓の外の夜の闇の向こうに、黒々と堺の街の屋根屋根が流れ去って行った。街燈が飛び去り、人通りの無くなった工場街の煙突が飛び去り、斜め後方には、わたしの家族達の住む地区の明かりがゆっくり去って行き、そのずっと彼方には、生駒の山脈が黒く寝むり伏せていた。電車は北に走り、轟音を立てて大和川の鉄橋を過ぎ、そして堺市は遥か遠くに消えて行った。距離的にも、心理的にも過ぎ去って行ったのだ。

東京への旅

国鉄大阪駅を東海道線の夜汽車が発車したのは、もう十一時に近かったとおもう。わたしは三等客室の網棚に鞄をあげて、窓際の硬い椅子に腰を下ろした。車内は、ほぼ満員だった。

やがて汽笛が悲鳴をあげ、機関車が蒸気を吐き出し、駅のプラットホームが動きはじめ、片手を高く上げている駅員、ホームの売り子、見送り客も後方に滑っていき、夜の闇の向こうに駅周辺の大阪の街並が去って行った。

夜汽車はますます速度を増しはじめた。走る列車はリズミカルに揺れつづけ、線路のカーヴでは車輪が鋭く軋み、開けた窓からの媒煙で眼が滲みる。車窓の外をちらつく風景は、もう市街地ではなく、黒い夜の農村と山岳地帯だった。家族達の住む街が、去って行くのだ。堺市が去って行くのだ。大阪と、わたしの今までの日々と世界が闇の向こうに去って行くのだ。

わたしは息を呑むような想いで、流れ去る窓の外の漆黒の闇を凝視しつづけていた。夜汽車は走りつづけ、幾つもの小さな駅が飛び去って行った。今、憶い出してみても、その時のわたしの胸の鼓動は、ずいぶん速く脈打っていたようだ。わたしは、さまざまな想いと不安に駆られ、森の小動物のように全身を緊張させていたのだ。

東京！　この日本の首都だ。国会に、大学に、天皇に、陸軍省に、それから映画で見た銀座のカフェーに、レビュー！　外国人達もおおく、毎週末にはその外国人達だけがあつまって、それぞれの大使館でカクテル・パーティーをするという。

つまり、今日とはちがって当時の地方の少年にとって、またわたしのような関西の少年にとっても、昭和初期の東京は、旅立ちに一大決心の要る、遥かな遠隔の地であったのだ。そしてさらに、わたしにとって東京という土地のもつ象徴的意味は、悪らつで残忍な国家的強盗集団の巣窟であり、危険な魔都でもあったのだ。

京都が過ぎ、名古屋が過ぎる。五十数年前の、あの夜のなかを、列車は媒煙と轟音を撒き散らしながら、ひたすら東に向かって疾走していた。そして列車の振動に合わせて、わたしの心臓も早鍾を打っていたのだ。外は漆黒の闇であり、窓のガラスにはわたしの顔が映る。時おり通過する市街地の町の灯が、輝く縞模様となって横に流れていく。確信と、逆に不安と、楽観と、未知への恐怖と、思考はちぢに乱れていたが、うつらうつらの居眠りのうちで、いつしか眼を閉じ、わたしも夢路を辿ったようである。

鉄道！　それは時間と空間を飛び越える、距離の魔法だ。夜汽車よ！　列車の旅は、未知の土地に向かうあらゆる旅行者の、記憶の生理の一部になると言う。恰も眼に見えぬ鋼鉄と蒸気の翼に乗せ、駅標が飛んでゆく。電柱が飛んでゆく。沿線の家並みが飛べば、山間の農村の街道も飛ぶ。杉や松の樹々が欝蒼と茂る山々が飛べば、わたし自身も森羅万象も飛んでゆく。列車よ！　夜汽車よ！　鋼鉄の箱よ！　動かぬものと言えばただ頭上の夜空と、雲間から覗く月ばかりだ。座席の下では車輪が轟音をたて、鉄路が鋭く軋み、夜汽車は空気を切り裂く一本の直線と化して、凡てを遥か後ろに捨て去ってゆく。蒸気よ！　車両を連ねた鋼鉄の竜よ！　夜汽車よ！　悲鳴のような汽笛が響き渡り、大気は轟々とはためいて風となる。わたしをこんな遠く迄駆り立てて、夜を走る。


日が昇り、目覚めると、疾走する列車は暁の黄金色の光のなかにいた。八月一日の朝であった。しだいに明るさを増していく空を見ていると、わたしの心も、明るさを増していくようだった。無論、これからはじまる苦闘の予想を考えれば、嬉しがってもいられなかったはずなのだ。危険な抵抗運動である。あの時代の日本で、独立運動を展開するのは、けっして冗談事ではやれないのだ。相当な困難と覚悟がいる。だが、あんがい嬉しがっていたような記憶があるのは、多分、未だわたしが若く、必要以上に元気な年齢だったせいだろう。少年客気とでも言うべきだろう。

朝の列車は、車軸を響かせて、大井川の鉄橋を渡る。曇った空より、無数の線を描いて雨が落ちる。

窓ガラスに雨滴が粒をつくる。車窓の外では、せまい土地にしがみついたような、昭和初期の貧弱で平坦な町や村が、地面に虱のようにうずくまっていた。

そして汽車は、関西とは少しちがったような関東の風景のなかを進み、東京駅に到着したのは、おそらく昼前ではなかったかとおもう。東京駅の印象は、今日の眼であらたに眺め直してみれば、それはヨーロッパ建築の木に竹を継いだようなイミテーションでしかないのかも知れないが、しかし、その時の十九歳のわたしは、そのヨーロッパ風の偉容に圧倒されたものだ。

この日の『朝日新聞』の新聞記事を調べ直してみると、

「ベルリン本社支局三十一日発……全世界から待望された第十一回国際オリンピック大会は未曾有の盛儀を誇る開会式によつて花々しく今一日午後四時（日本時間二日午前零時）その幕が切つて落される、世界五千の若人のためにドイツのスポーツ関係者が否全ドイツ国民が数ケ年の日子を費して建造した大スタデイアムにへんぽんと翻へる五輪旗はこの日の栄光と歓喜にふるへてゐるかにさへ見える。ベルリン市内はメーン・ストリート、ウンター・リンデンをはじめ全市は五輪旗に、参加各国旗に、さうしてハーケンクロイツの国旗に埋つてしまつた。儀式をあくまで尊重する主催国民は既報のやうな順序を踏んで午後三時ヒツトラー総統は各国委員とともに美しく装飾された車に乗つてシヤーロツテブルグの大通りを進んで大スタデイアムに到着する」

との、ベルリン・オリンピック開会記事がある。その横には、「二・二六事件関係、山口大尉に無期懲役」という二月の首都クーデター事件に対する東京陸軍々法会議の、叛乱将校への判決記事が載っている。

この日の気象記録を調べてみると、高気圧は小笠原とオホーツクにあり、日本海南西部に七五三ミリの低気圧があって東北東に進み、香港に台風があって、天候は一般に曇天。沖縄、台湾、朝鮮は雨。本州日本海岸、北海道も雨が降っていたそうである。わたしの目的地、東京での第一日目である。

第9章　東京の出来事

一九三六年の夏

本来ならば、わたしはここで、東京での具体的な行動について、あるいはもともとの予定とその結果について詳細に語らねばなるまい。が、もう遠い時間の彼方のことでもあって記憶の力にも限界があり、それはきわめて困難な作業だし、また見るべき成果がある前に警視庁特高課に検挙されたというのが実際だった。

ただ、わたしとして言い得るのは、その夏が湿気が身体中にねっとりまとわりつくような暑い夏だったということだけだ。

ともかくその年の夏は、ベルリン・オリンピックの開かれた年の夏なのだが、わたしの手持ちの金銭がべつにあるわけではない。当初の予定通りにまず何か就職先を見つけて、生活手段を確保する必要があったのだ。

この間の段取りについては、堺での相談でもいろいろと考えていたのだが、当時の私設の職業案内所である口入れ屋を何軒か尋ねて、職をさがした。勿論、偽名である。その求職努力の結果、うまい具合に運送店のトラック助手になることができた。その運送店は、国鉄上野駅の貨物列車駅の近くの秋葉原にあった、日本通運系の主に国鉄貨物の配送をしている業者だった。

また近くの下宿屋に三畳間も借りて、衣食住は、これで確保できたわけである。この仕事は運転助手でもあるから、東京の地理を知るには、まさしく、もってこいの仕事だったわけだ。そしてわたしは、その年の暑い夏の季節をトラックの助手席で東京地方の風景を眺めながら、貨物列車駅と配送先との間の荷積み、荷降ろしの労働に汗を流した。

仕事がおわると、線路づたいに神田まで歩いたり、また国会議事堂のあたりまで足を伸ばしたこともあった。また二重橋や、堀の石垣、官庁街の建物群をかなり興味深く観察したものだった。

オリンピックでは、マラソンで孫基禎選手が優勝し金メダルをとったのも、この頃であった。東京の街はなかなか複雑な地理だったのだが、わたしは、ほとんど金をもっていない新米のトラック助手であるし、とても活動云々の段階ではまだなかった。それでも東京在留の留学生達と連絡をとる努力はしていたが、まだ実際的で具体的な出来事があったような段階でもなく、ともかく東京に根を下ろすための努力が急務だった。

わたしの仕事はといえば、貨物をトラックの荷台に積み降ろしし、あちこちの得意先へ配達する仕事の助手である。だから、今まで行ったことのないような会社の内部も自由に出入りするわけだし、また夏が過ぎて秋になるころには、仕事にも東京にもすこしは慣れて来ていた。

なにぶん、なによりもまだわたしは若かった。したがって、秘密の民族独立運動のためという精神の昂ぶりと、また物珍しい東京の風景に、なにかまるで夢のなかで動いているような無我夢中の精神状態だったようだ。シンパ網をつくり、それを拡大強化するという目的にはまだ遠かったが、だんだん東京の地理や雰囲気も呑みこみだしていた。まだ若いわたしは、知識はすくなく、経験も不足していたが、だがその不足は行動力でおぎなうつもりだった。なんでもやってやるつもりだった。

一枚の葉書が招いた逮捕

やがて秋も深まりはじめる頃だった。今考えれば、まことに軽率なことだったが、その間に堺の李容先君とは、近況や連絡先の報告などのため、じつは一度くらい葉書を出して連絡を取っていたとおもう。電話の普及している時代でもなく、また伝言を頼める人もない。ほかには連絡法がなかった。そこで当たりさわりのない表現の葉書を出した。もちろん、その文面は意味のないものなのだが、目的は、わたしの現住所を知らせることであったとおもう。

このように文字の証拠をのこしてはならないことは、かつて尹鳳官先生からも、厳しく指導されており、また当時の日本の社会主義者や在日朝鮮人民族運動家達も、そのような単純な連絡法はけっして取らなかったのだが、そのような意味でも、やはりわたし達は若かったのだ。

ところがまったく不運なことに、この年十月中旬には、大阪湾上で、昭和天皇を迎えての海軍の大観艦式がある予定だったのだ。

このような天皇来阪の場合は、管轄の警察は大規模な、社会主義者、治安維持法違反関係者、要監視朝鮮人の事前取り締まりをおこなう。そのため府下の憲兵隊、警察各署は総力をあげて反体制分子の摘発と予防拘束に乗り出していた。

またこのような場合は、朝鮮人居住区は一斉捜索で、事前調査をされるものだった。そしてこの時も、その流れのなかで、関西一円の朝鮮人地区は、徹底的な、しらみ潰しの家宅捜査をうけているのだが、堺市の耳原地区も、所轄警察の一戸一戸のしらみ潰しの徹底捜索をうけたらしい。

戦前において、天皇あるいは皇太子の暗殺計画事件、いわゆる大逆事件は、四件が数えられている。明治四十三年の幸徳秋水等の有名な事件、大正十二年の朴烈の爆弾計画事件、難波大助の虎ノ門事件、そして、わたしが東京に出た年の四年前の昭和七年に、上海の亡命朝鮮人抗日組織である義烈団から派遣され、天皇暗殺に秘密来日した李奉昌の桜田門事件である。

このうち実際に決行されたのは、摂政皇太子を狙撃しようとした難波大助の虎ノ門事件と、昭和天皇の車の行列に手投げ弾を投げた李奉昌の桜田門事件だけであるが、虎ノ門事件の時の山本内閣は総辞職をせまられ、桜田門事件でも内閣総辞職寸前までいった。ともかくこのように、いわゆる大逆事件の合計四件のうちの二件に朝鮮人独立運動家が関係していたのである。

そのため天皇の旅行の際の、管轄警察の最大の感心事が、暗殺事件等を未然にふせぐことであって、大阪湾から阪神沖の観艦式のため、堺市の耳原地区も、一斉捜索をうけてしまったのだった。

その結果、不運というより不覚なことに、堺署は無差別にすべての家をひっくり返して調べたのだが、李容先君の家の家宅捜査で、李君の日記だったかノートだったかに、わたし達の行動等のメモがのこっており、それが発見されてしまったのだ。そして、その内容が堺署の特高係の眼を引いてしまったらしい。

堺警察署としては、かねてから眼をつけていた泉州一般労働者組合関係の内容でもある。早速にも李君を逮捕、尋問するとともに、ノートなどに名前ののこる関係者や泉州一般労働者組合の関係者などを一斉検束。当時の警察では拷問は日常茶飯事だったのだが、天皇来阪の直前でもあり、猛烈な拷問をおこない、その他の全関係者の逮捕にかかったようである。

最近になって、その時の新聞を調べ直してみると、昭和十一年十一月十八日の『大阪朝日新聞』市内版にその時の記事がある。それは序章でも引用したが、ここでふたたび見ると、まず見出しには「半島人急進分子、不穏計画を企つ、一味二十一名を検挙」とあり、つぎのように記してあったのだ。

去月上旬半島少年が所持してゐた怪文書からはしなくも堺市を中心に大阪府下に居住する半島人の急進分子によって強力な組織が結成され着々計画が進められてゐることを探知し堺署では大阪府特高課と協力首謀者以下一味二十一名を検挙、内務省に報告するとゝもに厳重取調べを行つてゐる

事件の端緒は去月上旬堺署小林巡査部長が堺市耳原町の半島人密集地帯の一斉検束を行つたところ利世仙（十九年）＝仮名＝が所持してゐたノートに不穏なことを認めてあるのを発見し同人を留置取調べる一方内偵を進めた結果、利を会長として「愛国青年会」なるものが組織されその背後に泉州一般労働組合といふ半島人労働者のみをもつて組織した組合があり、同組合内に非合法に設けられてゐる労働学院の教師尹鳳官（二十五年）を中心に不穏計画を樹て全国的に魔手を伸ばし同志獲得に暗躍してゐる事実が発覚したものである

これが記事の全文なのだが、わたしが東京でトラック助手をしながら、わたしなりに必死で活動の実行の摸索をしているときに、本拠地である堺市では、こんな大事態になっていたのである。

つまりは前後の文脈からして、大阪湾上での天皇親閲の海軍の大観艦式の、そのとばっちりの阪神一帯の主義者の予防検束と朝鮮人地区のしらみ潰しの家宅捜査のために、不運にも運動の存在が初期段階のうちで発覚してしまったことは間違いないだろう。

もちろん、わたしは堺で仲間達が逮捕されたなどとは夢にもおもわなかった。それに正直にいえば、もちろん、この種の運動は日本の警察の弾圧につねに曝されている危険な活動であるとは、頭では知ってはいたが、まだわたし達は若く、そして実際のところ活動経験のすくない青年集団であった。逮捕弾圧の可能性について、そう身近なものとして深刻に考えていなかったのだ。ある意味では、まだまだ考えが甘かったわけである。

だが、この時点で既に、わたしの送った葉書は、つまりわたしの東京での住所は堺署特高係の手に落ちていたのだった。

拷問にかけられる

逮捕された日についての、正確な記憶はない。だが耳原町の一斉捜索が十月上旬で、報道解禁が十一月十一日であるから、名古屋組も東京組も全員逮捕後に解禁されたはずであり、すると十月末か十一月初旬なのだろう。

そんな秋のある夕暮れのことだった。いつものように仕事がおわり、上野貨物駅の構内を近くの会社に帰るため歩いていた。あたりに見知らぬ何人かの男達がいたのだが、そのまま歩いていると、その男達が急にわたしを取り囲んだ。

「おい、おまえが朴庸徳だな」

突然に名前をよばれ、驚いて周囲を見ると、眼の前に背広にノー・ネクタイ姿の私服が五、六人立っていた。「あっ、特高だ！」これは直観ですぐわかった。

それと同時に、両側の二人がわたしの両手を抱えるようにして締めあげ、びっくりする暇もない間に、手首には手錠がかけられていた。「しまった！」とおもったが、もう遅かった。全身に戦慄のようなものが走ったが、そのまま待機していた自動車の中に引きずられるように押しこまれた。

その頃の検束は、理由もしめさず拘引状もなしに、いつでもどこでも警察のおもうままに執行されていたのだが、当然、わたしには警察に襲われる心当たりがあった。だが、車中では驚きで動転しており、何が何かただ呆然としていた。やがて警察の自動車が猛スピードで官庁街を抜けて、警視庁の看板が見える建物に着き、その裏門のようなものをくぐって中庭に停車。車から引き出されて、その警視庁の建物を眺めたときには、「これで俺も最後だなあ」と、まったく高い崖から突き落とされたような、ことばでは表現できないような絶望的な気分だった。


そのまま連れ込まれたのは、その鉄筋コンクリートの警視庁の建物の、その地下の何十畳かの広さをもつ部屋であった。あとでわかったのだが、これは警視庁の拷問部屋であり、わたしの記憶では広いコンクリート床の相当に天井の高い部屋だった。

その天井の梁にはレールのようなものがあり、そこには滑車が付けられていて、その滑車からは何本かのロープが垂れていた。また壁には、竹刀、木刀、その他の奇怪な道具が掛けられていた。それはいかにも容疑者を威圧しそうな、見ただけで気力が失せるような舞台装置であった。

部屋の隅に机が二つ、三つあり、そこにはどう扱っても壊れそうにない頑丈な椅子が幾つかあった。その机の一つに、眼のギョロッとした警視庁の特高刑事が座っていたのだが、わたしはその前に引き立てられた。

何人かの特高がわたしを取り囲んでいたが、その一人がコンクリート床を指して「そこに座れ」と命令した。わたしが、やむをえず座ろうとすると、「馬鹿野郎、正座せい」と怒鳴りつけた。

そこで座り直そうと中腰の態勢をとろうとした時に、グワーンと後頭部に強い衝撃をうけた。後ろから椅子を叩きつけられたのである。わたしは瞬間、鼻の穴に黄色いきな臭い匂いの感じがしたとおもったら、そのまま眼の前が白くなって、意識をうしなった。何一つ尋問されなかった。いきなり問答無用の一発を喰ったのである。

やがて気がつくと、わたしは裸にされ、太いロープで後ろ手に縛り上げられている最中であった。動転もしまた呆然ともした。

そして取り調べというよりも、おきまりの拷問をうけることになった。四人の特高刑事に担当されたのだが、天井の滑車の一つに屠殺場で牛を吊るすときに使うような大きな鉄鉤が付けてあって、彼らはその太いロープを、その鉤に掛けていた。そして特高達がロープを引くと、わたしはあっという間もなく、天井の滑車の吊り鉤に逆さ吊りにされてしまったのである。

驚いた。呆然とした。気が動転し、急に天と地が引っくり返ったようなもので、逆に恐怖感も湧かないくらいだった。まだ意識がはっきりしなかったが、自分自身がどういう立場にあるかはよくわかった。こうなっては、ただただ、どのような目に遭っても、決して仲間の名前を自白だけはすまいとだけ、必死でおもい詰めていた。

特高達は、尋問もしなかった。逆さ吊りにされたわたしに、物もいわず竹刀を叩きつけてきた。二人の特高が、両側から交互に間髪もいれぬ速さで、ビシッビシッと叩きつけて来るのである。

竹刀が叩きつけられる度に、全身の筋肉に力をいれて、それに堪えようとしたが、それが十分もつづいたのか、あるいは何十分くらいたったのか正確にはわからない。十分程度のようにも感じるし、一時間以上のようにもおもえる。その激痛と逆さ吊りの苦痛で、意識も薄れ、まるで心も身体もバラバラのようになってしまった。

やっと逆さ吊りから下ろされて、今度はバケツの水を頭からかけられ、それから尋問がはじまった。

「いいか、もうお前達のことは、全部調べがついとる。これ以上痛い目に遭いたくなかったら、正直に白状しろ」

わたしにも、わたしを名指しで逮捕したいきさつから考えても、特高達がかなり事情を知っていることが理解できた。東京では偽名を使って就職していたのだから、わたしの住所と本名を、彼らはどこかで知ったことになる。

そして警視庁の特高達は、堺市のことにはさして興味をもたず、わたしが東京に来てからの足取りに尋問を集中してきた。また、どこに立ち寄ったか、誰と逢ったかなどを執拗に追及してきた。数人の特高が、耳元で怒鳴りつけるように、時おりは別の特高が猫なで声であやすように、何回も反復して尋問してきたが、わたしは、すでに覚悟を決めており、どんなことがあっても仲間の名前を吐くのだけは、絶対にすまいと、その必死のおもいで頭は凝り固まっていた。

「てめい、この野郎、死にてえか！」と、足蹴りが乱れ飛んできて、また竹刀と木刀でめった打ちにされてしまった。すでに身体中が血まみれで、自分の身体だが、まるで感覚がなくなってしまっていた。頭の内部がジンジンと痺れるような感じで、意識が何度もスーッと遠退いていった。気絶するたびに、頭からバケツの水をかけられ、そして、またはじめからの尋問と竹刀、木刀の雨の繰り返しであった。

ここまでされると、もう逆に諦めのような「もう死ぬしかない、せめて一言も吐かずに死のう」という気分になってしまう。事実、わたしは警視庁の地下の拷問部屋で警視庁特高課の拷問をうけていた間に、ひたすら黙り込んでいた。もうヤケのような気持ちで、死んでしまおうという覚悟を決めていたという事情もあったのだが、それ以上に、仲間を売ってはならないという必死のおもいに駆られていた。

警視庁の特高達の拷問が、初日は何時間くらいつづいたのかは、もう意識が朦朧としており、すべてがボンヤリしていて、よくわからない。

やがて、どうなったのか、ともかく「今日はこれまでだ。あとは明日だ」ということで尋問と拷問は打ち切られ、二人の男に両脇から抱えられ、死体のように引きずられて、地下の暗く狭い独房のなかに投げつけられるように放り込まれた。

その時のわたしの有様は、意識もろくになく、身体中に火でもついているような、身体中が血まみれの肉か臓物の固まりのような惨状で、身動きもできず、ろくに眼も見えず、息をするのも苦しかった。そしてこれはとうてい助からぬ命だと、わたしは死を覚悟するしかなかった。これが警視庁の地下からはじまったわたしの獄中生活の第一日目であり、まるで挽き肉器にかけるような拷問第一日目の夜であった。

旅の終わり

翌日から、本格的な取り調べがはじまった。黙秘をつづけていると、何人がかりかで交互に殴りつけ、竹刀を絶え間なく叩きつけてきた。

何度も意識をうしない、床の上に伸びていたのだが、そのたびに頭から水をかぶせられ、また彼ら特高達は、執拗におなじ質問を繰り返した。わたしは顔もドッヂ・ボールのように腫れあがり、頭から鮮血が流れつづけていたのだが、もう意識も薄れ、竹刀や木刀が身体に喰い込むたびに、痛いというよりも、ミシッミシッと骨全体が砕けていくような表現できない鈍い衝撃が身体全体に襲い、そのたびに「これで、もう最後だ、もう死ぬ」とばかり考えていた。

いくらわたしが若かったといっても、その肉体的苦痛は筆舌にし難い。特高達が、繰り返し執拗に怒鳴るように尋問するのは、警視庁の特高課であるから、堺市での運動の計画や組織の実態、同志の名前などよりも、東京において誰と会ったか、何処と何処へ行ったか、二重橋前に何回行ったか、テ口を狙っていたのではないのか、東京にはどんな知り合いがいるのか、また誰と知り合ったかなどである。

わたしは、ひたすら絶望的な勇気というより、仲間を売ってはいけないという責任感に駆られて、また、どうせ殺されるのだからとのおもいから、ただ必死で口を閉ざしていた。そのためこの日も、またつぎの日も、警視庁地下の拷問部屋の、天井の滑車の大きな鉄鈎に逆さ吊りにされたのだった。

この部屋のコンクリートの床には、一メートル四方くらいの四角い穴があり、水がはってある。そしてわたしは、ちょうど鼻の穴のあたりに水面がくるように逆さ吊りにされた。その状態にして、特高達は竹刀と木刀で叩きまくるのだが、打たれ、殴られ、蹴られて身体が動くたびに鼻や口から肺に水が逆流するのである。

だから、竹刀や木刀で叩かれるたびに、全身を緊張させて衝撃を跳ね返すこともできない。頭は逆さ吊りで水中にあり、肺が破裂しそうで、呼吸困難で息をするのに必死になっている状態を狙って、身体には竹刀と木刀が乱打されたのである。二段攻撃とでもいうのか、これには苦痛のあまり意識をうしなうこともたびたびあった。

ともかく身体中は、すでにバラバラの肉の塊りのようなものだったが、さらに肺と心臓と逆さ吊りのために脳髄が、今にも破裂しそうだった。殴る蹴るのような外部からの攻撃とともに、逆さ吊りの血液の逆流と、水で息をできないようにするという身体の内部からの攻撃をあわせた拷問手口であって、流れる血で、そのコンクリート床の水槽の水が赤くなっており、水槽のなかで眼を開けているのだが、眼の前が赤い色だった。

竹刀や木刀で単純に乱打するだけの拷問とはちがって、この逆さ吊りの水責めの苦痛は、堪えられない種類のものである。わたしは肺と心臓が破裂しそうで、まるで電気をかけられた猫の子のように、全身を弓のようにそらして痙攣させていた。それは、今でも時おり、夢に見てうなされるくらいの生き地獄のようなものだった。

この警視庁地下の拷問部屋でわたしは、警視庁特高課の刑事達によって三日のあいだ、朝から夜遅くまで激しく責め続けられた。電球の灯りの下で、狂ったような顔をした刑事達に取り囲まれ、白状しねえか、白状しねえか、日本の警察をなめるな、警視庁をなめるんじゃねえぞと竹刀と木刀で乱打され、底に鉄鋲をうった革靴で蹴りつづけられた。

逆さ吊りの時には、水槽に顔をつけられて、身体を竹刀と木刀で乱打されるほかに、鼻の穴に水道のホースを当てて、水を注ぎ込まれたりしたのだが、またコンクリート床に何度も頭からゴスンゴスンと落とされたりした。こうなると、激痛などというよりも、もう自分の意識が飛び散ってしまっていて、いっそ殺して欲しいと真実願うようになっていた。

「さあ、てめえが東京で行った場所をぜんぶ吐くんだ。おめえらの仲間が東京にも何人かいるはずだ。それを言え！　警察をなめるとブチ殺すぞ！」

首を締められて気絶させられ、また水をかけられ、また首を締められるという繰り返しもされたし、ロープで奇妙な縛り方をされ、何時間も放置されるということもあった。そのようなたびに、何度も気絶したのだが、意識がスーッと消えていくと、逆に苦痛からも逃れられる。だから気絶はかえって有り難いようなものだった。

あれほど拷問されて、よく死なかったものだと実際、今でも自分でも不思議におもうくらいだった。きっとまだわたしが若かったからなのだろう。それでも、勝手に調書のようなものを書きあげられて、そこに強引に母印を捺させられた。そこに何が書いてあったかは見せられなかった。

最悪の事態であった。逮捕された時は、わたしは堺市での結社の関係が問題にされているとおもっていたのだが、警視庁の特高達は、わたしに上京してきたテロリストの疑いをかけているようなのである。いったいどうしたら、いいのか。ところが四日目に、大阪の特高の刑事達が、わたしの身柄を引取りに来たのだ。それは大阪府警察部特高課の三人であった。

まったく万事窮すであった。このような事態は、正直にいえば予想もしていなかったのだ。わたし達の運動動機には、切実なものがあったことも間違いないが、ヒロイズムとロマンチシズムもすこしはあったとおもう。つまりは、わたし達が若かったとはいえ、すこし活動への認識が甘かったのは事実のようだった。

手錠をかけられ、腰縄をうたれて、東京駅から西に下る夜汽車に乗った。それでも手錠の部分は、刑事がコートのようなもので覆っていてくれたが、四カ月前に悲壮な決意で東に向かったはずの鉄路の上を、こんどは囚人として西に帰るわけである。

警視庁での連日の拷問で、わたしは足がしっかり立たず、顔も腫れあがって眼も潰れたような状態になっていた。汽車が揺れるたびに、身体中の傷が火がついたように痛むのだが、だが、それよりも精神的な挫折感と屈辱、怒りのようなものが胸の中に渦巻き、その時のわたしの心中は、今、憶い出してみても、表現のしようもないほどドロドロしたものだった。

夜汽車の窓からはやがて東京が去り、東海道線ぞいの黒い夜の風景が過ぎていったのだが、胸のなかには不安と恐怖と、そして反発心と敵愾心が溢れて爆発しそうだった。まさかこの時点でこんなことになるとは、夢にもおもわなかった。

つまりは、結果としてわたし達の独立運動のための活動は、このような初期の段階で潰えてしまったわけである。そして以後は、大阪の特高達の拷問と、二年半の獄中生活がはじまることになるが、心が引き裂かれそうな夜汽車の轟音であった。大変な、東京への旅だった。

第10章　特高の取り調べ

大阪での獄中生活

夜汽車が大阪駅に着いたのは朝だった。その駅前には曾根崎警察署の建物があるのだが、わたしが最初に留置されたのも、その曾根崎署の留置場であった。

もう十一月近くか、あるいは十一月過ぎだったとおもう。すでに秋も深まり、もう大阪の街は冬になろうとしていたとおもう。その曾根崎署の地下の留置場の、不潔でせまい独房に入れられたわけなのだが、その時の気持ちは、絶望やら落胆やらが渦巻いて、どうにも説明のしようのない心境だった。

そして東京での逮捕によって、わたしの時代状況と民族独立へのたたかいは、あるいはその活動の初期で挫折したということになるのかもしれないが、この日からもう一つのたたかいがはじまった。それは大阪府特高課の拷問だけでなく、わたしの精神への試練と、約二年半にもおよぶ獄中生活からの生還へのたたかいだった。

はじめの二日の取り調べは、意外にも簡単なものだった。東京の警視庁での拷問を経験していただけにすこし拍子抜けした。ところが彼らは、わたしの東京での行動や、警視庁特高課の調書の検討などに全力投球していたらしいのである。

そして三日目の朝から本格的な拷問がはじまった。東京で偽名のわたしが名指しで逮捕されたのだから、もう大阪の仲間達が、とうに逮捕されていて、その結果としてわたしも逮捕されたと考えるしかない。また大阪府の特高刑事達の口調にも、関係者のほとんどを逮捕したような印象が感じられた。が、わたしは完全な状況がつかめず、ともかくできるだけ口を割るまいとだけ、必死でおもい詰めていた。

もちろん特高刑事達がそんなに甘いはずもない。すぐに特別取り調べ室とよばれていた地下の拷問部屋に連れ込まれて、厳しい尋問と拷問を受ける破目になった。すくなくて三人、普通は五、六人の刑事が、いっせいに、そして交替に入れ替わり立ち替わり、息をつく暇もあたえず、怒号し、脅迫し、彼らなりの手順と要領にしたがって殴り、蹴り、道具を使った拷問を繰り返すのである。

方法は、大阪府の警察部特高課も警視庁特高課もそうかわりはしないが、大阪では逆さ吊りの水責めだけはなかった。

主に、竹刀や木刀で殴りつけられたのだが、しかし何度も気絶しては水をかけられて、また気絶するまで叩きのめすという、これも徹底的なものだった。おそらく、まず被疑者を生死の境目まで追いこむことによって、その反抗精神を粉砕し、ひたすら刑事の意思に迎合し順応するよう調教することに、この種の警察の職業上のコツがあるのかも知れないとおもう。

わたしの場合も、控えめにいっても、いささかの権力暴力の洗礼をうけたと称しえたとおもう。この拷問テクニックは、昔から日本の為政者の手先たちが、人々を服従させるため延々と受け継いできた伝統技法なのだが、わたしはかたじけなくも、その日本文化の一端に触れる光栄に浴したわけである。もっとも、このようなことは今だからいえることであって、その時は汗が飛び、血が飛び散り、肉に拳や革靴、竹刀と木刀と鉄鋲が喰い込み、わたしの身体も精神もすでに崩壊寸前であった。

その時の彼らのことばは、「この朝鮮野郎め」とか「日本の警察をなめるな、このガキが」とか、「おまえ等を何人殺しても、わし等は罪にならんのや、コラッ、半島、おのれは死にたいんか」とかであった。

この拷問部屋のことなどは、いくら説明しても、体験した者にしかわからない別世界の出来事のような、とても人間の世界のことではないような残忍なものであった。もう半死人のようなわたしを引き起こし、刑事達が怒鳴るように尋問するのは、やはり組織の内容、運動計画、同志の名前などである。繰り返し、繰り返し、入れ替わり、立ち替わり、また繰り返し連日、朝の八時から夜遅くまで、呵責のない暴力がくわえられた。深夜になって独房に連れもどされたわたしの有様は、もはや一人の人間、生物というよりも、一個の血まみれの肉塊のようなものだった。

もとより捜査の重点は、わたし個人にではない。組織と運動の解明、摘発にある。どうやらわたし達の運動の全容は、ほぼ暴露されていたようだが、彼らはあくまでわたしの口からしゃべらそうとしたようだった。それが捜査の常道なのだろう。複数の逮捕者から個々に供述をとり、それを突きあわせるのであろう。

やがてある日、取り調べの刑事が「おまえは、ユン・ホウカンという男を知っているだろう」といった。もちろん知っている。どうやら刑事達も、尹鳳官先生のことを承知のうえで、わたしに吐かせようとしていたらしい。

「そんな名前は聞いたことがない」といったら、その時の若い小柄な特高は顔を真っ赤にして怒りだし、わたしを蹴り倒し、馬のりになってわたしの首をしめつけながら、わたしの頭を何十度も床にたたきつけた。

が、特高の連中が、どうやら、わたし達の活動の内容のほとんどを既に知っているらしいことは、わたしにもわかった。「ああ、だったらしょうがないなあ」と、わたしはなかば絶望のような諦めのような感じでおもった。また、正直にいえば、何かしらほっとさせられる気持ちもあった。

外部とは隔離されており、家族との面会や手紙など許されなかった。仲間達の現在の状況などわかるはずもなかった。だが、わたし達の団体が壊滅状態にあることは、だいたい見当がついた。どうやら全員が逮捕されてしまった様子だった。どちらにせよ既に特高達は、ほぼ全容を摑んでいるらしいのだ。

つまりわたし達は、理想に燃えた青年のあつまりではあったかも知れないが、訓練された職業革命家ではなく、その志はともかく、地下活動の軌跡は比較的に直線的のようだったのである。

法に基づくたらい回しと尋問

当時の、治安維持法や行政執行法などの規定では、未決状態の被疑者を拘置するのは二十九日が限度らしい。そこでわたしは、二十九日目に形式的に釈放され、同時に再逮捕されるという書類上の手続きをふんで、二十九日目ごとに、大阪中の警察署を転々とたらい廻しされることになる。

この、たらい廻しには、当時の治安維持法違反者のほとんどがやられているが、ともかく二十九日目ごとに、大阪府下の各警察署の留置場から留置場へと、転々とうつされるのである。

自慢にもならぬことだが、約二年半の間に、大阪中の警察署の留置場のほぼすべてを経験した。そして二番目にまわされたのは、多分、大阪の南の戎警察署であった。これは現在のナニワ署である。もう十二月であり季節は完全に冬になっていた。

逮捕されたのは、昭和十一年の、おそらく十一月の初旬なのだとおもうのだが、その翌年の正月は、おそらく大阪の南の戎警察署の留置場で迎えたとおもう。正月には、モチが二切れ出たとおもう。

その頃には、取り調べ室の椅子にすわる尋問もはじまった。組織や運動の全容への追及は勿論であるが、わたし個人の運動参加への動機についても厳しく追及された。わたしは特別に東京へ行ったくちであるから、テロ計画の線で、連日の尋問をうけたのだが、すでに、わたしの身元や経歴については、小学校にまでさかのぼって調べあげてあった。たとえば奇妙なことに、刑事達は、なぜわたしが独立運動に走ったかの動機を執拗に聞いてきた。その時に、だいたいつぎのような質問をされた。

まず刑事がいう。「おまえの小学校の先生に聞いてみたら、おまえはちいさい頃は良い日本人になろうと努力したそうではないか、なぜ国賊になってしまったのか」

その通りだった。ちいさい頃のわたしは、学校で教えられた通り立派な日本人になろうとし、それどころか逆に、朝鮮人であるからこそ、よけいにそのため頑張らねばならぬとさえおもっていたのだ。

そこでわたしは答える。

「たしかに何もわからない子供の頃は、本当にそうおもっていた、だがすこしものがわかるようになってみると、それが間違っていたことに気づいたのだ」

するとと刑事は怒鳴る。「このガキが、生意気をいうな、この野郎め」そしてそのようなやりとりがあって、例によっての拳と、竹刀と、足蹴りであった。場合によっては、数人がかりで部屋の隅から隅まで、投げ飛ばされつづけた。

あとで知ったところでは、治安維持法は目的遂行罪であって、既遂、未遂だけでなく、意図や企画をして結社をつくっただけで罪になるという思想犯弾圧法であり、被疑者の思想の持ち方、つまり「國體の変革と私有財産制、天皇制の否認」を考えただけで、実行行為はなくても犯罪を構成するとされていたのであった。

そのためか、しきりにわたし自身の思想状態について尋問されたものである。これは思想の自由を取り締まるのが治安維持法と特高警察であるから、そのためであったのだろうとおもう。

そのため特高達は、わたしのことばから何か罪になるものを捜そうとしていたのだろう。この時のやりとりを、記憶をよびさまして正確な情景描写をすることは、もうできないが、彼らは、わめきたて、そしてわたしを罵倒しつづけ、わたしの反駁のことばを引き出しては、せっせと調書を組み立てていったものである。

つまり尋問を……治安維持法でいう「國體を変革」する目的の「結社」の「目的遂行為」の「企図」をしめすことばを、誘導していたわけだ。

特高警察の拷問方法

だが連日の拷問は、まったく非道いものだった。獄死した人々もおおいのに、自分にくわえられた拷問について、数十年後になって自慢めいた話をするのは、けっして趣味のよいものではない。が、あの非人間的な所業は、およそ人間の尺度では計れない、生涯忘れることのできない恐るべき出来事である。

拳で殴る、足で蹴る、竹刀で打ちすえるのは日常茶飯事の、日本の警察の常套手段であって、あえていえば、さして意味はない。それらはドスンと鈍くはくるが、しかし人間というものは、案外にしぶといものであって、その種の肉体の苦痛には、わりと耐えられるものだ。竹刀や木刀で打たれるのは、おかしなことに、そのうちに慣れてくる。が、耐えられないのは、瞬間的に身体を引き裂くような鋭い痛みなのである。

それは鉄砲かつぎ、水責め、石責め、算盤責め、鉛筆責め、クリムキなどなどだ。たとえば彼らが鉄砲かつぎとよぶのは、両腕を背中に捻じりあげて、後ろで縛り、それに木刀をからませて捻じりあげるのが、兵隊が鉄砲をかついでいる姿に似ているところから、この名前がついたらしい。これは肩と肘の関節がちぎれる寸前にまでなる。

算盤責めとは、まるで算盤屋の看板か何かのような大きな珠の沢山ついた奇妙な道具を使って、刑事が二人がかりでローラーをかけるように、わたしの頭をガリガリこするのだが、これが気絶するくらい痛いのである。鉛筆責めとは、指の間に鉛筆を挟んで、おもい切りねじあげるものだが、これは指の骨が砕けそうになる。また床に棒を何本かならべて、縛りあげたわたしをその上に正座させ、さらに膝の上に、大きく重い板石を何枚も載せるという石責めもやられた。向こう脛が砕けそうで、これをやられると、当分の間は歩けなくなるのだ。
とくに最も非道かったのは、彼らがクリムキと称していた拷問法である。これは、わたしを床の上に押さえつけ、彼らは底に鉄鋲や鉄球が植えこんである皮の上靴を履き、その鉄の先端で、床に押さえつけられたわたしの頭蓋のある箇所をグリグリグリと、ねじ込むように踏みつけるやり方であった。その部分の皮膚もくり抜かれるようになるが、ツボでもあるのか、その激痛は、簡単にことばで表現できるものではない。全身の神経が破裂しそうな鋭い激痛が、身体中を走りまわるのである。
これについては昭和八年二月二十日に、東京の築地警察署の拷問で虐殺された作家の小林多喜二氏の死体は、つぎのようであったという記録がある。

左のこめかみの皮が直径一寸ほどはぎ取られ、頰にはするどいキリを突きさしたような傷あとがいくつもあり、着物をぬがせると首と両手首、足首に歯型のように食いこんだ縄目のあとがあり、下腹部から大腿部にかけては渋色に変色し、その皮膚のあちこちに鋭利なキリを突き立てた傷あとが二〇近くもあって噴き出した血が点々と青黒くこびりついていた。

この小林氏の死体の、左のこめかみの皮が直径一寸ほどはぎ取られていたという部分は、わたしの体験から考えれば、おそらくクリムキの痕だろうとおもう。それ専用の皮の上靴の底に一センチくらいの鉄球が埋めこんであり、それでこめかみや頭蓋のある箇所をグリグリグリとやられると、魂も消し飛んでしまう。そして小林氏の魂がじっさいに消し飛んだわけなのだろう。

こうなると、わたしの生も死も、すべて彼らの掌中にあるようなものだった。事実、彼らはわたしに「おまえのような国賊を殺しても、わしらは罪にならんのだ」とよく恫喝したものだった。

そのことばは、けっして脅かしではなく、当時の日本では取り調べ中の獄死、拷問死は相当におおくあった話であり、当時は公然の秘密であった。それどころか当たり前のこととして、誰も問題にもしなかったのである。それがあの時代であり、あの時代の日本人のレベルであったのだ。

また思想犯にたいする拷問はつきものであったため、運動にはいろうとする者は、最低の条件としても逮捕時の拷問に耐える覚悟が必要であった。治安維持法による検挙人員は毎年一万人をこえていたようだが、逮捕がさらに拷問と虐殺死や獄死につながるような場合もきわめておおく、たとえば当時の日本共産党の最高指導者の佐野学や鍋山貞親等が拷問をおそれて思想動揺し、転向していったのだった。

この特高警察の拷問の史実については、昭和三年四月の衆議院予算委員会での労農党の山本宣治代議士の内務省所管の警察費に関する質問の速記録が、よく引用されているが、それはつぎのような内容のものである。

函館におきまして被告となりました福津正雄という人間は、函館警察署におきましてコンクリート建ての洗面所か浴室のような所に冬の寒空に真っ裸で四つ這いにさせられて、そうして取り調べに従事した刑事は、おまえは労働者だから北海道の労働運動をするんだというので、四つ這いにさせられて竹刀で殴って、そのコンクリートの上を這い回わらされた。そうして「モウ」と云えと云って「モウ」と云わせ、あるいは、その床を舐めろと云って床を舐めさせた。それを三、四〇回も行い、混迷に陥るまで竹刀で哀れな青年の尻を叩いて走り回らせたという例が函館の裁判で現れて参りました。

それから静秀雄という被告は、これまた竹刀で繰り返し殴られて、そうして自分は悶絶した。ふと眼がさめたら、枕もとに茶碗と線香が立ててあった。すなわち、責め殺したと思うた人間が、さすがに死んだ者の恨みが怖いか、冥福を弔うために、その死体と思われた者の枕辺に線香を立てておいた、こういうふうな実例は多くあります。

用いられた道具は、たとえば、鉛筆を指の間にはさみ、あるいは、この三角形の柱の上に座らせて、そうして、その膝の上に石を、あるいは脚を縛って逆さまに天井からぶら下げて、顔に血液が逆流して、そうして悶絶するまでうっちゃらかしておく。あるいは、頭に座布団を縛りつけて竹刀で殴る。あるいは、胸に手を当てて肋骨の上をこすって混迷に陥れる。あるいはまた、生爪を剥がして苦痛を与えるというような実例がいたる所にある。

福岡において、あるいは大阪におきまして、あるいは北海道において、被告が口を揃えて云うことが偶然暗合しておる。どう暗合しておるかというと、取り調べの任に当たった人間はいつもの高等係ではなくて、泥棒や掏摸を相手にしている地方係りや、治安係りという腕っ節の強い人間がそこへ来て云うには、この取り調べに当たっておまえたち三人、四人殺したところで上司は引き受けてくれる。昭和の甘粕だからうんとやる、というようなことを云うてやった……。

札幌における裁判のごとき、私は当日傍聴しましたが、ある婦人の被告は、その取り調べの最中において、その被告の十五になる娘が母親の見ている前において言語に絶したる辱めを、この取り調べの官吏から受けて、それらを見てはらわたを断つ思いをした。あるいはまた、その女被告の鮮血に染まれる衣服の一点が残っていたが、それが何処ともなく消えて行った。証拠が隠滅されたというようなことで、その話を聞いておる裁判官、それらの方々も面を背けたという例すらある……。


この衆議院予算委員会の質問者の山本代議士自身が、やがては右翼のテロにあい刺殺されてしまうのだが、わたしの場合も、この内容とほぼおなじようなことをやられたのだった。また昭和五年の泉州における岸和田紡績の争議でも、おおくの朝鮮人女工達が堺警察署において、拷問と性的暴行をうけている。また三十歳で拷問死した作家の小林多喜二氏は、その小説の『一九二八年三月十五日』のなかで警察の拷問をテーマとしたために、昭和八年に大阪で逮捕された時には、島の内署に留置され、そこの特高からつぎのように脅されて拷問されたそうである。

「おまえが小林多喜二か。おまえは三月十五日という小説の中で、よくも警察のことをあんなに悪う書きよったな。ようし、あの小説の中にある通りの拷問をしてやるからそう思え。こうなったら、泣いても笑うてももうどうもならへんぞ」

わたしも島の内署もまわっているが、その経験でも、だいたい特高警察のやりかたは、このような感じなのであった。ともかく「死にたいなら、死なしてやろか」と「警察をなめるな」の連続であった。わたしは何度も気絶もし、いっそ殺して欲しいと何度もおもったものだった。

ともかく深夜に看守に抱えこまれて、投げつけるように独房に放りこまれるのだが、その時には、もう身体中が血だらけで半死人のようなものだった。

そのたびに身体の痛みや恐怖感などよりも、全身に怒りと憎しみが爆発しそうになるほどこみあげてきて、ただただ、その怒りと憎しみを燃えあがらせていた。そのために反日感情のようなものが燃えあがり、また民族には、その根である「祖国」が絶対に必要であって、これまで先輩達が祖国再興の為に身命を賭した気持ちへの理解がふかまり、わたしも先輩達につづくつもりで耐え、頑張らねばとおもったものだ。

事実、今の自分は先輩達の辿った道を進んでいるのだという誇り、意地だけが、その時のわたしの、せめてもの心の支えであった。その気持ちがなかったら、とてもわたしはもたなかったであろう。

だが、今、振り返ってみておもえば、わたしにくわえられた拷問は、あの時代の日本の憲兵隊や警察の所業のなかでは、最も手酷いものではなかったのであろうとおもう。わたしが彼らにとって、もし深刻な脅威となる歴戦の闘士であったら、当時の日本の民度から、またおおくの日本の反体制分子への弾圧や、アジアの独立運動への血生臭い虐殺の例からみても、彼らはわたしを責め殺すつもりで事にあたったはずだ。

おそらく彼らにとってのわたしは、日本国家に逆らう朝鮮人の若造くらいのことであったのだろう。

そのおかげで、わたしもこうして生きのこり、数十年後になって、こうした昔話もできるわけである。どちらにせよ良識のある大人なら、自分にくわえられた拷問について語るときは、誇張しないよう気をつけねばならないということだ。まして、それを得意げに売り物などにしてはならない。血を吐く想いで闘争を最後までつづけ、そして不遇のうちに倒れていった名もない人々が、あまりにもおおいからだ。

だが、それでもいえるのは、あの拷問こそが、マッカーサー以前の日本の裏側を支えていた論理であり、極言すれば、天皇制国家の真の本質だということだ。それは単なる民族的獣性のあらわれではなく、前近代国家と、土俗的な前近代精神の維持装置であり、したがって、それは維持する対象の本質を決定的に象徴しているのだ。

だが、わたしに拷問をくわえたあの男達は、よき父、よき夫として、つつがなく公務員人生をまっとうしたに決まっている。やがてマッカーサー元帥閣下万歳といい、民主日本万歳といいながら退職していったに決まっているとおもう。

第11章　わが夜と霧におちて

特高の作文

この戎警察署はすぐ近くに大阪の盛り場があり、通天閣が立っている地域にあるのだが、この冬はとくに寒かった。せまく暗く不潔な独房の壁の上のほうに、ちいさな鉄格子の窓があったのだが、そのガラスが割れていた。

わたしはいまだ、この二番目に入れられた戎警察署の独房のことを、よく一種の戦慄とともに思いだす。

まさに冷蔵庫だった。その割れたガラスの隙間から真冬の寒気が入ってきて、部屋の空気を氷のようにしていた。その割れ目からは、絶え間なく白い雪が舞いこむし、隙間風は絶え間なく吹きこむし、もうそうなると身体中の骨が音をたてて震えつづけるような状態で、うすい毛布一枚では、とても眠ることなどできなかった。

ともかく寒くて寒くて堪らず、わたしは足踏みをし、頻繁に身体を動かし、一生懸命に身体を暖めようとした。だが、夜はただただ寒い。そしてながい。顎の骨がワクワクと震えつづけて、わたしの心も身体も、冷え込むだけ冷え込んでいた。

とにかく夜がながかった。そして夜のわたしは、ひとりぼっちだった。深夜の三畳ほどのひろさの独房を、天井からたよりなく吊るされた豆電球が、弱々しく照らしているのだが、頭の中を去来するのは絶望と、恐怖と、不安と、怒りと、そしてよじれるような煩悶であった。

当時としては、場合によっては助からないともおもっていたので、なぜこんな死に方をせねばならないのか、怒りは絶望となり、絶望は怒りとなり、そして厳冬期の独房は耐え難いほど寒いのだ。とにかく寒い。冷気が針のように身体を刺し、痙攣のように震えつづけ、ただ寒くて仕方なかった。

身体を動かしつづける運動をつづけて、やがて疲労を誘い、やっとうすい毛布に五体をまるめて、わずかな夢路を辿るしかなかった。極度の不安にさいなまれながら、わたしは夜の床の上を文字通りに輾転反側した。部屋の隅に桶があり、用便のための汚物だめになっているのだが、その臭いが独房に篭もっていて、とにかく心身ともに、どうしようもなく最低の状態であった。


だが拘留と特高の取り調べは、えんえんとつづいた。取り調べといっても、竹刀で打ちまくったり、わたしの頭を壁に叩きつけたりの毎度のかたちだったが、が、彼らにはわたしの言うことを聞く気などはじめからなかったようだ。

まず一方的に、たくさんの質問を数人の特高が、いちどきに投げつけてくる。何かを答えようとしても、彼らはわたしのことばを中断させ、わめきたてるのである。そして「ええか、全部わかっとるんや」と、絶え間なくさけぶ。

そんな尋問を、朝八時から夜八時までの十二時間つづけるのだが、彼らは規則的に交替しているからいいが、わたしは、もう何も考えられなくなってしまう。結局、ようするに勝手に調書をつくって、それに署名と捺印しろと強制するだけのことである。そして取り調べの特高は、頻繁に交替してわたしの供述をとるのだが、それは治安維持法に違反する要件を、図式どおりにわたしに当てはめて、「素直になれば、わしらにも温情というものはある」などというのである。

わたしがそれはちがう内容だと否認すると、たちまち竹刀と木刀の雨が降った。「もう、しょうがない。どうにでもなれ」とおもい自棄になって、彼らが手を取って強制的に母印を捺させるのにまかしていた。

彼ら特高警察のわたしにたいする取り調べは、要するに身体に物をいわせる問答無用の拷問捜査であり、結果は、彼らが事前につくっていたシナリオを認めるか認めないかだけであった。そのために、わたしも最初の頃は自分なりの話もしたのだが、その後は、ほとんど無言でいるのが精一杯のわたしの意地であった。

何をいっても無駄だ。こうしたすべてのことも、もはや意味がないとわたしは判断した。もう何もかもおしまいだった。はじめのうちは、いっさいの質問にことこまかに答えることで、罪とか刑がどうしたではなく、わたしの立場をはっきりさせようとしたのだが、もう、わたしは「勝手にしろ！」とおもった。

しかし特高の書く調書は、だんだん厚くなり増えつづけて、かなりの分厚さにまでなっていたのである。連日、朝から夜まで、おなじことば、おなじ表現を繰り返し聞いて、おなじ尋問をうけているうち、もう特高達がわたしをどういう罪人に仕立てようとしているかは、よくわかった。何度も調書が書かれ、また何度も書き直されているうちに、わたしは、内乱予備のテロリストのような役になったようだった。

あまりの内容に、時にはわたしも口をはさんで、特高に抗議した。「そんな調書は、まるで実際とちがうじゃないですか」

すると、ほぼ専任のようになっていた特高が、むちゃむちゃな怒りにおそわれたらしく、椅子でわたしを一撃し、それから野蛮な暴力沙汰が長時間つづいた。それから数人がかりの、拷問具での儀式がはじまるのである。

この男は、四十歳がらみの背の低い小太りの顎のはった刑事だったが、鰐のような眼をした男だった。その眼はよく憶えているが、顔がどうしても憶いだせない。よく今でも夢にでてくるが、夢のなかでも顔がない。ポマードで髪の毛を光らせていた男だった。

つまり、この取り調べなるもので、その強制的に署名と母印を捺させられた調書の内容はといえば、暗殺とか、武器がどうしたとか、とんでもない飛躍した内容の特高の作文だった。つまり取り調べとは、わたしから何かを聞き出すことではなく、彼らの作文を認めさせるためにする拷問のことだったのだ。

法の精神とか、倫理、正義、公正などというものは、彼らのような特高刑事達には、まるで無縁な別世界のことばであって、つまりは「おまえらを殺しても、わしらは罪にはならんのや」なのであった。

孤独の恐怖

やがて冬が去り、春がきて季節は転々として移りかわったが、わたしも季節とおなじように大阪中の留置場を転々と移送されていった。

その拷問は相かわらずとしても、翌年の昭和十二年の三月頃になると、なぜか取り調べの回数は相当に減った。これも小康状態といえば、そうともいえるのだろう。つまり生きているともいえないかも知れないが、死んでいるわけでもないのである。

捜査も、ある程度は一段落しているらしく、やがて取り調べの回数も月に数度に減っていった。といっても日本の警察というものは、それはそれなりに勤勉とでもいうべきだろう。行く先ざきでタップリと痛めつけられた。

そんな取り調べも、やがて間欠的となった。そして、やがて一過性の落ち着きがやってきた。ある意味では、わたしも取り調べと獄中生活に慣れてきた。そうなると、ふたたび思考が頭をもたげてくる。それとともに、わたしの心のなかには生存への意思とでもいうのか、生き抜くことへの本能のようなものが芽生えだしていた。

「糞っ、死んでたまるか」というわけだ。その感情は、怒りと憎しみでつよく支えられていたようにおもう。くたばってたまるか！　生きてかならず仕返ししてやる！　負けてたまるか！　そう切実におもった。

また獄中生活にも相当に慣れてきたのか、ある程度は、刑事達のやり方や、取り調べられる要領のようなものもわかってきた。

食事は、官弁とよばれる少量のくろい臭い飯に、たくあんが二切れ、それと水のような汁物だった。旨い不味いよりも、ただただ空腹で、半飢餓状態のようなものだった。飢えの辛さというものも、これも切ないものである。

のべつまくなしに空腹にさいなまれ、また身体も、すでにゲッソリと痩せて衰弱していた。腕には血管が浮き、皮膚はカサカサになっていた。

ある時に、大阪南の警察署での取り調べ室でのことだったが、その時の特高が机の上に鰻丼をのせて、その蓋をとりながら、白状すれば、つまり彼らの作文である調書の内容を認めれば、この鰻丼を食べさせてやるなどといったことがある。ちかくに有名な鰻屋があったのだ。

そんな馬鹿な取り引きにのるはずもないが、しかし、その湯気を出している鰻丼の香りには、情けないことに、気が狂いそうだった。ふらふらと手を出しそうにすらなった。追い詰められたら、人間は餓鬼にもなるものだから、ああいう半飢餓状態では、そんな気分にもなるものらしい。

そのうち春が過ぎ、夏が過ぎていくうち、取り調べの回数も、場合によっては二月に一度にまで減ってしまっていた。

ところが、やがて独房の暮らしが半年過ぎ、一年を過ぎて、取り調べもあまりなくなり、まるで監禁されたまま放置のような状況で、二十四時間のあいだに誰とも口をきくこともないような拘禁状態がつづくようになってくるうち、どうもわたしの精神も、なにやら不安定な躁鬱病のような有様になってきた。

狭く、薄暗い穴か箱のような独房に、じっとうずくまって、ただ無為に時間に耐えていると、そのうち頭のなかから、きりきりと刺すような衝動のようなものが襲ってくる。頭蓋のなかで表現のできない何かが膨満し、頭に走りつめ、叫びだすか、急に立ち上がって壁に頭をぶつけたくなる。自分の精神が崩壊していくような、自己破壊のような発作が起こりはじめるのである。

これは、恐ろしい体験だった。季節はどう移りかわっても、いつ果てるともない不安のなかに、わたしは閉じこめられていたのだ。無為に日々はながれる。明日のことは想像もつかず、わたしの生死は、あの動物的な小役人達のペン先にある。そのほかには、誰もわたしに語りかける者もおらず、わたしが語りかけることのできる者も誰もいない。時おり、箱のように暗く密閉された独房の扉の上部にある監視孔から、ギョロッとした看守の眼球が覗くだけだ。

閉じ込められるということは、辛いものだ。何をすることがなく、また何もできずに、うずくまりつづけるのも辛い。なによりも、暗い箱のなかでの、宇宙に逆さづりにされたような孤独は、ただただ辛い。

こうなると、逆に刑事達に取り調べられて、拷問をして欲しくなるくらいだった。木刀でなぐられたら、二、三日は意識がシャッキリするのだ。身体の苦痛は大きいかも知れないが、すこしのあいだ人間にかえれる。

なにぶん、長い拘禁生活の栄養不良と精神不安で、完全な不眠症になってしまっていた。そのために、かえって取り調べ室に連れ込まれて拷問をうけたほうが、すると、その晩は疲労と激痛で、逆に熟睡できるだけに有り難いくらいだった。ある意味では、この人間存在の根源を崩壊させるような精神の苦痛にくらべれば、罵倒、脅迫、殴打、暴力取り調べ、さまざまな拷問なども、まだ児戯にひとしい。

この宙ぶらりんの箱のなかの拘禁の孤独というものは、それは、人間からいっさいの思考と、希望をうばい、人間の、自らの自己保存の本能すら否定させる地獄の責め苦と化すのである。

結局、二年半の独房生活の間、どんな拷問よりも冬の寒さが辛く、また、それと同様に独房の孤独がひたすら辛かった。頭が、どうにかなってしまうようだった。わたしは独房の孤独にひたされて、たとえようもない無力感と寂寥感にさいなまれつづけた。また、時間が、つまり自分の生命が宙ぶらりんのまま、無為に消耗していくことに、恐怖のような焦躁をかんじた。


わたしは、大阪の市街地の警察の獄舎のなかにいたのだが、世界の果ての、無人島の住人のようなものだった。ひとりぼっちだった。わたしは世界の孤児だった。

この穴のような独房のなかでは、時間の概念を与えてくれるようなものは、何ひとつなかった。もし、一日に三度、扉の下部の器物口から、わずかな食事が差し入れられなかったら、わたしには人生のながれがすっかり止まったとおもったにちがいない。

やがて、ひとり壁に向かって語りかけ、語りつづけるような異常な心理のなかに、わたしの心は自閉されてしまっていた。極限の収容所生活に長期に囚われていた者が、幸運によって解放されたのちも、生涯、一種の強迫観念的な病理現象を持ちつづけるということを聞いたが、それはわたしにも身にしみて理解できるとおもう。将来の見通しもたたず、春夏秋冬のえんえんとつづく独房拘禁の結果、わたしの精神も極限にたっしたようだ。わたしも幻覚のとりことなったのだ。

そして一人で壁に向かって、ぶつぶつ一日中ひとり言をいいつづけるような、また意味もなしに笑い出したり、急に泣いたりするような、おかしな精神の状態になってしまっていたのである。

壁から、さまざまな声が聞こえた。さまざまな声を耳にした。わたしもその声に答え、また声の人物と、とりとめのないことをしゃべったりした。長期におよぶ放置のような独房拘禁のために、わたしはたえず精神錯乱寸前の発作や、さまざまな幻覚のとりこになっていたのだ。この壁とのおしゃべりの途中で、フッとわれにかえり、このまま気違いになるのではないかという強迫観念によくつきまとわれたが、壁の声は、また聞こえはじめるのである。おかしなことになった。

もう昼も夜もなかった。実際、精神異常のドロ沼に落ち込んでいくような、頭が今にも狂いそうな、息が詰まり焦躁感から発狂しそうな感じになったことが、幾度もあった。また、わたしは非常に痩せた。ズボンもだぶだぶとなった。自分がひどく衰弱しているのがよくわかったし、唇がひびわれ、たびたび目まいがして、スーッと意識が消え、よく倒れた。……この死の瞬間のような意識喪失の記憶は、今でもよく夢に見て、じっとり油汗をかく。

生きている者にとっては、たとえ弱々しい光であろうと、ほのかでも希望の光が存在しつづける必要がある。自分自身の奥深いところで、このような事態はいつまでもつづかない、いつの日か、ふたたび陽の目を見ることができるという期待をもつ必要がある。が、放置のような独房拘禁を何年もつづけられては、わたしの精神も崩壊しつづけていくしかなかったのだろう。

わたしは、もはや自分の頭脳を支配することができず、たえず精神錯乱するのではないかという恐怖感に襲われながら、が、しばしば外部のことにはまるで無関心になって、そして独房のなかでロボットのように愚鈍に、虫のようにうごめいていた。

桑原氏の想い出

たしか一年目の夏だったとおもうが、それでもささやかな喜びを感じる出来事もあった。これは獄中生活での、たった一つの心の慰めとなる想い出である。

日々は、わたしの意思にかかわりなく流れていっていたのだが、そのような頃の、多分、難波ちかくの警察署の留置場の出来事だったとおもう。未決囚の獄中生活では、朝の起床後に一度、汚物だめである用便桶の運び出しがあり、そのわずか十分くらいの時間だけは屋外に出されて、桶出しと洗面のために、すこし外気にふれることができる。暗い箱から出されて、外の光にあたることのできる、心の躍る、一日のうちでもっとも眩しい瞬間なのである。

もとより独房ぐらしの思想犯の場合は、一人ずつ交替に、けっして被疑者達が出あったり、話しあったりせぬよう順番に出す。が、それでも屋外への行き帰りには、おなじような獄中生活者達とすれちがう。

この留置場では、そのなかの一人に、二十七、八歳くらいの男がいた。小柄だが眼光の鋭い印象だった。わたしは彼がおなじような思想犯だということはわかったが、名前も知らなかった。ところがある日、突然に低い声で「朴君だな、しっかり頑張れよ」とひそかに語りかけてきたのだ。わたしはずいぶんと驚いた。

「おれは共産党の桑原だが、君の隣の房に居る。君達のことは、よく知っている。おれは当分シャバは無理だが……、君達とおれ達は、同志だ……。朴君、最後までヘタバルナよ……」

その時のわたしは驚いて一言もでなかったのだが、房にもどると、その一日中は彼のいったことばが脳中を去来して、だが一方では、何かとても心が安まるような不思議な感じがして、心が解氷するようだった。

それからは、わたしにとって朝の洗面の時に、この桑原氏と小声でひそかに会話するのが、一日のうちでもっとも待ちどおしい時間となった。

あとで知ったところでは、新聞記者で共産党の党員でもあったらしい。彼は共産主義者として数年前も起訴をうけており、今回も、やはり治安維持法違反で逮捕されて、起訴されていた人なのだった。なかなか理知的で、清潔な印象の人物だった。また獄中生活にかかわらず、静かで落ち着いた印象だった。筋金入りの人物だったのだろう。彼も、その地下運動によって逮捕され、わたしと同様な境遇にあったのである。そして同じ獄舎の治安維持法違反の思想犯同士の、連帯と友情をしめそうとして、また孤独な獄中生活者の寂しさから、わたしに声をかけてきたのであろう。

お陰で、毎朝の一瞬に、彼とすれちがいざまに交わす会話が、わたしの毎日の何よりの楽しみとなったのだが、それは大袈裟にいえば、わたしにあたえられた人間世界への唯一の窓だった。

わたし達二人は、まるで禁じられた恋人たちのようだった。ひそかに眼くばせし、意味のない、しかし親密の感情を精一杯こめた合図を送りあい、そのわずかな時間の間に、押し殺した声で短いことばを交換しあった。それは「ガンバレよ」、「必ず良い時代がくるぞ」、「元気を出せよ」とか「負けるなよ」などなどであった。

このような彼との交流で、わたしの心がどれほど慰められたかは、説明もできない程のことである。また、それは桑原氏にとっても同様のことであったろうとおもう。今でもその時のことが眼に浮かぶ。彼は、この獄中の状況を、つよい忍耐力で耐えていた。いちどだって、いらいらしたような様子は見せなかった。なかなかのものだった。

が、おたがいに二十九日ごとに、大阪府下の各警察署の留置場を、たらい廻しされるしかない身の上である。ある朝、彼はいなくなった。多分、別の警察の留置場にたらい廻しされたのだろう。わたしは、まるで長年の友人をうしなったような気分になり、やたら寂しかったものである。

その後の彼は、一体どうなったのだろう。わたしは、わたしと語り合った時のことばのように、彼が最後まで生き抜き、新しい時代を迎えたことを、憧憬のように願望しつづけるのだが、桑原氏のじっさいの消息は、今も知らない。

ただ、あの頃の彼のささやき声と、あの闘士的な風貌は、今でも、ずっとわたしの記憶にのこっている。

ちなみに旧司法省刑事局が戦前に治安関係幹部用と司法関係幹部用に機密配布していた『思想月報』の第三十六号である昭和十二年の六月版には、この年の三月度の治安維持法による起訴者の名前がのっているが、そのなかの大阪地裁検事局あつかいの起訴者に「桑原禄郎、二十九歳」という名がある。おそらく、これが桑原氏なのだろうとおもう。

それによれば、関西大学出身の元新聞記者であって、数年前の昭和七年にも、共産党員ということで福岡の検事局から、治安維持法違反で起訴をうけ、懲役二年をうけているらしい。なるほどそうだったのか、とおもう。

第12章　大阪地裁検事局

堺警察署からの検事局通い

時は、いつはてるともなくつづいた。季節は無限にながかった。わたしはたえず、飢えと不眠と、時おりの発作のような幻覚にさいなまれた。

とにかく時間のたつのがおそく、月日がただただながかったのだ。二年半といっても、本来なら二十歳代初期の年齢である。もっとも楽しく、あっという間に過ぎる年代のはずだ。が、薄暗くせまい独房のなかで何もすることがなく、誰と話すこともできない。明日のことは見当もつかずに、拘束されてただ虫のように座り込んでいるだけだ。

もっとも活発な年齢に、こんなえんえんとつづく箱の虫のような拘禁状態を強制されつづけて、頭がおかしくならなかったら逆に不思議だ。一年は三百六十五日だとは簡単にいうが、二十代の若者が、いつになったら解放されるのか、いっそ裁判で刑務所にでも行けたら、厳冬の北海道で森林伐採の重労働ででも酷使されたほうが、まだはるかに楽だとおもえるような状態で、無為に拘禁されつづけているのは、これは、へたな拷問よりさらに残酷なものだったとおもう。

家族との連絡もとらせてもらえなかった。やがて特高の連中も、二月に一度か三月に一度くらいしか取り調べ呼びだしをしなくなった。そうなると、もう、脳味噌が空中分解しそうで、頭のなかがどうにかなりそうだった。食事は、いわゆる言葉の通りの臭い飯が少量だし、独房のなかはノミとシラミの巣だった。

わたしの体調も、すっかり崩れてしまい、拘禁と、栄養と運動の不足に、冬の極寒と夏の蒸し風呂のような暑さ、そして汚物のすえた黄色い匂いにノミとシラミ、さらに冷えた板の間に座りつづけていたことによって、身体中の関節が、まるでガタガタになって衰弱していた。

独房暮らしで衰弱しきっていた身体に、冬の板の間の座りつづけであるから、その寒さのために下半身がすっかりやられてしまうのだ。出所する時には、もう脚が自由に動かないくらいだった。当時、長期の独房拘禁者がほとんどのようになってしまっていた寒さと、栄養不良と、運動不足などからくる関節炎と、神経痛である。

わたし自身すでに身体は痩せ、うすぎたなく、髪は伸びほうだいであり、不潔な臭いがしていることを自分でも感じていたし、精神も怒りと無関心のあいだを、不規則にさまよっていた。

わたしは自分自身を嫌悪し、自分の過去を嫌悪し、世のいっさいを嫌悪した。が、ただもう一度家族の者達にはあいたかった。

獄中二年目の、昭和十三年の秋だったとおもうが、こんどは堺の警察にたらい廻しされた。堺の龍神町にあった堺警察署である。刑事調べが二年間でおわったらしく、検事局送りの間の代用監獄が、この堺警察署だったのだ。

ここも、せまい不潔な留置場であったが、もうこの頃にはわたしも開き直っており、本来なら留置場内では正座をつづけていなければならないのだが、自棄になって寝転がっていた。だがここが堺市だとおもうと、ただただ切なかった。この鉄格子の向こうは、わたしがよく知っている街があり、そして家族や知人が住んでいるとおもうと、何やら切なく、どうにもたまらない気持ちだったのだ。

そして、この堺署に移された頃に、やっと検事局に送検されることになった。当時は今日のように検察庁は独立官庁ではなく、検事局として、各裁判所に検事局が付置されていたのだが、わたしは治安維持法違反者ということで、区裁ではなく、大阪地裁の検事局に送られることになったのである。

堺警察署から、南海電車に乗って、大阪の中之島の検事局に護送されるのだが、当時の囚人護送では、時代劇に出てくるような深網笠を被疑者にかぶせて護送するのが、一種のトレード・マークのようなものだった。わたしも、その深網笠をかぶせられ、手首に手錠と腰に縄の格好で、二人の刑事に捕り縄をひかれながら、電車通勤したものである。その手錠は昔の鉄製の大きなものであり、腰縄も親指ほどの太さのあるものだった。

このような姿で、電車に乗せられて護送されて行くのであるから、どうしても何十人かの乗客の目は、わたしに集中してしまう。おそらくその人達は、わたしが強盗犯か殺人犯かに見えたことであろう。だが電車に乗るのは、まるで子供のように嬉しかった。とにかく二年ぶりに電車の窓から見る街の風景は、何もかもが、すべて新鮮で、まったく圧倒的で眩しいものだった。

外の春の風がサーッと吹き抜けると、もう泣きたくなるほど心がはずみ、街全体がとても色彩ゆたかに見えたものである。

中之島の検事局に最初に送られた時には、何分、当時の検事局の権限は大変なもので裁判官より検事のほうが、ずっと強かった時代でもあったから、相当にわたしとしては、緊張していたものだった。もちろん検事に取り調べられるなど、わたしにとっては初めての経験であった。

よほど恐ろしげな、鬼検事のような人物に取り調べられるのだろうと覚悟していた。ところが意外だった。

担当の検事は、前堀政幸という名の人だったが、意外にも話のわかるような印象をあたえる三十代はじめくらいのエレガントなかんじの紳士的な人物だったのである。警視庁や大阪府警察部の特高課の刑事達の、やくざよりさらに下品で悪辣な品性や暴力と二年間もつきあって来ただけに、この検事の印象はまったく意外だった。

物言いも、さすがに警察の野卑な連中とはレベルがまったくちがう。まるで別人種のようだった。すくなくとも、わたしとしては逮捕以来はじめて、まともな人間らしい人間と出会ったような心境だった。

そして検事は、調書、つまり特高刑事達がわたしを拷問にかけながら勝手に作文した調書と、わたしのことばを、ゆっくりと付き合わせて聞いて来たのである。良い機会でもあり、わたしは遠慮なく自分のおもっていることを話した。

わたしは自分なりの経験にもとづいた社会の現実や、不当な差別、弾圧、搾取、暴虐や不正義、歴史の流れなどを一つ一つ力説した。このような考えを持つにいたった状況や過程も、しっかり話したつもりだった。これは警察でも話したのだが、警察では、そのたびに「この朝鮮のガキが、糞生意気を抜かすな」ということで、竹刀と木刀の雨が降ったものだった。

ところが前堀検事は、それを聴問僧が信者の告白を聞くように、興味深そうに黙って聞いているのである。それは取り調べというよりも、いつの間にか、同世代の者同士の対話のようなものになっていた。彼はさえぎりもせずに、わたしのいいたいことを話させるのである。

そして意外にも、積極的に検事調書をとろうとか、新しい事実を探そうとかいうような検事としての努力を、ほとんど見せなかった。逆に、警察からの調書にも、そう興味をもっていないようだった。

こうして、それから半年の間ほど月に一、二度くらいの検事局への通いがはじまった。が、その外出の理由はなんであろうと、二十歳から二十一歳の全期間を、せまく薄暗い独房で一人放置されたままのような拘禁状態をつづけさせられていただけに、外に出られるだけでも、とても嬉しかったのだ。

治安維持法と國體

この検事局通いで、わたしの容疑が治安維持法違反にあたるということを正式に知ったのだが、この治安維持法こそが、戦前の日本において思想の自由を弾圧し、反体制派に言語に絶する拷問テロをおこなった特高警察、特高の弾圧の法的背景であった。

治安維持法とは、それまで治安警察法であったものが思想犯にたいしては手ぬるいという重弾圧主義の結果、大正十四年に思想犯対策の厳罰法として本法の成立が強行されたものである。

それは、はじめは無政府主義者やサンジカリズムなどを対象としていたが、ロシア革命の日本への波及にたいする危機感や、米騒動以来の社会情勢と共産主義運動の活発化におどろいた政府は、大正十一年に過激社会運動取締法を議会提出。だがこれは世論の反対で審議未了となった。

そして十四年に成立したこの治安維持法の内容は、とくに二つの「國體を変革し又は私有財産制度を否認することを目的」とする種々の行為への罰則を規定したものであった。つまり法律の目的は、天皇制の維持と共産主義の排除、さらには朝鮮などにおける独立運動の弾圧にあったものなのだ。

その法内容と法目的については、昭和七年に出版された定価一円七十銭の、実際の取り締まりにあたる特高警官の法律説明と解釈運用の教科書である『特高法令の新研究』の、その第二章の第一節「治安維持法」という部分、その第一款「概説」に特高警察官教育の立場から、つぎのように記してある。

一九一七年に於けるロシア二月革命の成功は全世界の無産階級を刺激し、階級闘争の波はいやが上にも高潮拡大した。しかも強く彼等の心臓を衝いた「革命可能」の盲信は彼等を駆って只管左翼へ左翼への途を辿らしめ、果ては國體の変革を云為し或は資本主義制度の打倒を絶叫する事を以て英雄の心事なりとする不所存者が続出するに至つた。

此に於て刑法に内乱罪の規定があり、その未遂は勿論予備陰謀までも処罰する事になつて居り、更に新聞法、出版法にも朝憲紊乱の取締規定が存在するにも拘らず重ねて本法を制定し、該制度を壊滅せんとする場合より一歩突き進んで如上の結果を生ずる虞ある行為までも厳重に処罰せんとしたのである。

政府は大正十四年二月十八日に本法案を議会に提出し、貴衆両院の可決を経て四月二十二日遂にこの劃世的一大法律は公布せられ、五月十二日から実施せられるに至つたのである。其後昭和三年に至り田中内閣の手に依つて勅令第一二九号即ち緊急勅令を以て著名な改正が行はれ今日の英姿を備へるに至つたのである。

本法に依つて保護せられる法益は我が大日本帝国の皇統連綿萬國に比類なき國體と、現代社会生活の基調をなす私有財産制度の二つである。然し乍ら現実に國體を変革し若くは私有財産制度を破壊した場合に於ては、刑法其他の法令に依つて処断せらるべく、本法は専ら斯る実害を生ずる虞ある危険な行為を双葉の内に芟除しやうとするものである。

本法の特色として顕著なるものは目的罪であることである。即ち國體を変革し又は私有財産制度を否認する目的を以て、所定の事実を実行するに依つて犯罪が成立するのである。

我が悠久なる國體も無辺なる建国の大精神をも打忘れ実に言語に絶する不臣不逞の目的を以てする或種の行動に対し本法が峻烈な刑罰を以て之に莅む事は寔に宣なる哉である。

至れり尽せりの此の重要法令が痛烈に左翼運動者連の肺肝を抉ぐるかして、凡ゆる悪罵を以て彼等は之に応酬し「治安維持法は特に日本共産党を弾圧する為めの法律である」とさへデマり之が撤廃を絶叫する狼狽振りはゆくりなく「猫は鼠にとつて最大の獣物である」といふレーニンの言を思ひ出させる。

以て本法が如何に社会運動取締法令中の前駆として極左不穏の徒輩を揚抉すべく剕切精鋭な武器

であるかゞ窺われやう。

この「國體」という概念は、まことに非論理的で情緒的、かつ曖昧なことばであって、当時もあきらかな定義のようなものがあったわけではない。たとえば戦前の美濃部達吉氏の天皇機関説のように、一時はヨーロッパ法的解釈をしようとする試みもあったが、これも右翼の土俗的な反動のまえにつぶされ、昭和十年の衆議院では、おりからのファシズム化の進展とともに天皇機関説が問題となり、そこで「國體明徴」という天皇絶対主権主義のようなものが決議されている。

『特高法令の新研究』の第二章の第二款「逐條解説」の、第一項「國體」の部分には國體という用語の意味内容についての説明が、つぎのようにのべてある。

國體といふのは国家の統治権の所在即ち統治権の総攬者が何人であるかを標準として分類せられる国家の形態である。

然して統治権の所在は各国の国法に依つて一様ではないが之を大別して君主國體及民主國體とする。統治権の総攬者が単数であれば君主國體であり複数即ち主権が人民にあり或者が代表して之に当る国家を民主國體といふのである。

我國體は申すまでもなく統治権は上御一人に存する典型的君主國體である。憲法に「大日本帝国ハ萬世一系ノ天皇之ヲ統治ス」（第一條）及び「天皇ハ国ノ元首ニシテ統治権ヲ総攬ス」（第四條）と明示されて居る所であるが、この事は我が国建国以来炳とした歴史上の事実であつて憲法の條章を俟つて始めて然るものでない事は今更説明するまでもない。

そして、この章の第二款の第二節に、問題の「國體の変革」についての実務者用の法解釈がしめされている。問題の治安維持法は、天皇制こそが日本の國體の本質であるとして、その利害に反する行為をおこなうこと、あるいは、それを意図した結社をつくることは「國體の変革」行為であるとして、厳重な取り締まり対象とのべる。そして、朝鮮独立運動も、その「國體の変革」行為として治安維持法違反として國體変革に関する犯罪を構成するとされたのである。

我が國體は前述の如く統治権が萬世一系なる上御一人に存する君主國體である。従つて我国に於ける國體の変革とは君主制の撤廃を以て最も顕著な事例とする。即ち共和制の実現を企図し或は労農独裁の政府を樹立せんとし、若くは一切の権力を無視して国家を否認する等の如きものである。然し乍ら本法條に所謂國體の変革とはしかく狭隘な顕著な事実のみを指称するのではなく、苟も我が統治権の総攬者たる萬世一系の天皇の絶対性に対して変更を加へんとするものは國體の変革を為さんとするものに該当し、仮令天皇の存在を認めても統治権総攬の実を失はしめんとするやうな場合は無論國體変革に関する犯罪を構成する。判例の示す通り朝鮮の独立を企図するのも國體を変革せんとするものに外ならないのである。

この治安維持法が、法運用においても世界でも類のない悪法とされるのは、いわゆる「目的遂行罪」の規定があるからだ。それは「私有財産制度ヲ否認スルコトヲ目的」、あるいは「國體ノ変革ヲ目的」とするとおもわれる結社の組織、さらには「國體ノ変革ヲ企図スルモノ」は、その実行行為と、あるいは犯意がなくても、反体制的なあらゆる行為はのこらず取り締まり対象になる。つまり被疑者の意図や、既遂、未遂を問わずに「結社ノ目的遂行ニ為ニスル行為」として、行動自体だけでなく思想自体のすべてを取り締まる思想弾圧法であったからだ。

治安維持法違反裁判の判決文

わたし達の場合も、朝鮮独立運動はあきらかに「國體ノ変革ヲ目的」とする行為であって、そのための結社をつくったのであるから、したがって治安維持法による弾圧の対象となるのである。

そこで、かつてのわたし達のグループの裁判記録や判決文があれば、いちばん良いのだろう。だが、戦前の刑事事件の確定訴訟記録や判決文は、その裁判所の検事局が保管することになっており、それを引き継いで現在は地方検察庁が保管しており、それは自由に謄写閲覧できるはずなのだが、じっさいはなかなか入手できない場合がおおい。わたし達の仲間の、起訴者の裁判記録や判決文も、地検にも申しこみ弁護士にも依頼したが、さしあたっては入手できなかった。

この当時は、わたし達のグループだけでなく、各地にかなりの学生や労働者の運動団体や夜学会があったのだが、その一つに、神戸市での学生グループのケースがある。たまたま、その判決文がのこっている。そこで神戸市の朝鮮人学生達の朝鮮独立運動にかんする治安維持法違反裁判の判決文を参考までに読んでみると、その内容や心情などもほぼわたし達と重なるところがおおいとおもう。

その神戸地裁の判決文は、つぎのような内容であり、ここには青年の朝鮮独立の運動と治安維持法との関係が、よく出ているとおもう。

判決　……　主文

被告人裴祥権懲役参年に、被告人趙正奎、同崔昌鉉、同文奎泳を各懲役弐年に処す被告人裴祥権に対し未決拘留日数中九拾日を右本刑に算入す

被告人趙正奎、同崔昌鉉、同文奎泳対しては孰れも本裁判確定の日より四年間右刑の執行を猶豫す

理　由

被告人裴祥権は昭和六年労働並勉学の目的を以て内地に渡航し神戸市に来り同市灘区高岡厳馬術研究所の給仕、大丸百貨店食堂部コック、神戸中央郵便局集配人、洗濯店の外交員、新聞配達夫等の労働に従事し其の傍ら葺合商工実修学校を経て私立北神商業学校夜間部二年に編入され同十四年三月同校を卒業したるものなるところ其の間日本内地に於ける朝鮮同胞の悲惨なる生活環境を具に観察し日本が陽に内鮮一体民族融和を標榜しつゝ陰に極端なる民族的差別待遇を為しつゝあると做し其の後加奈陀長老派日本宣教部関西中会所属朝鮮基督教神戸教会に入信し神は常に弱者の味方にして信仰に基き之を救済せらるゝものにして曽てモーゼをして浮囚の民イスラエルの解放を計られたる如く同民族と同様弱少被圧迫民族なる朝鮮民族も基督教の信仰に基く活動により自民族の解放が達成し得らるゝものなりと確信するに至り且布哇上海等に於る朝鮮独立を企図する諸団体の活動の感化を受け尚「ガンヂーの革命運動と宗教」等の文献の繙読により独立思想を啓蒙せられたる外

支那事変を展望し英米佛蘇の援助に依る事変の長期戦化に伴い経済的に孤立無援の日本は経済的に破綻を生じ内乱等勃発し遂に敗戦するに至るべしと思惟し昭和十二年末頃より朝鮮独立の革命思想を抱懐するに至り朝鮮民族の真の幸福の為其の解放を図るには海外に在る朝鮮独立を企図する諸団体と連絡提携し之等団体並朝鮮基督教を通じて英米等より軍事上並経済上の援助を受け前記日本敗戦の機に乗じ内外相呼応し一斉蜂起し所謂暴力革命の手段に依り我が天皇制を打倒否認し以て我が國體を変革して朝鮮をして日本の統治権の支配より離脱せしめ朝鮮民族の独立国家を建設するに如かずとして該意図目的の下に先づ朝鮮人学生並一般朝鮮人大衆を民族的に啓蒙する中心勢力たるべき団体を結成して之が目的達成の為活動せんことを決意し

第一（一）昭和十三年七月下旬神戸市神戸区中山手通六丁目北神商業校附近街路に於て同校在学生にして比較的民族意識濃厚なる被告人崔昌鉉同趙正奎に対し先づ上海布哇等に於ける朝鮮独立を企図する諸団体の活動状況を語り次で「吾々は此等海外の朝鮮独立を企図する諸団体と提携して朝鮮民族の団結を強固にし此等団体並朝鮮人牧師多数を包容せる朝鮮基督教の信仰を通じて英米等諸外国の軍事上並経済上の援助を受け今次支那事変の長期化に依り日本が経済的に破綻を生じ敗戦するに至りたる好機に乗じて一斉に蜂起し朝鮮民族解放の為朝鮮独立を図るべく吾々は豫め斯の場合に処する為一般朝鮮人大衆を率先指導すべき中心勢力を結成し置く必要あるにより北神商業学校在学の朝鮮人留学生を結集し表面学術研鑽相互扶助親睦に名を籍り真実は朝鮮独立を究極の目的とする留学生会を結成し之を通じて朝鮮人学生並に一般朝鮮人大衆の民族精神独立意識を啓蒙すること等により朝鮮独立の達成に努むべき」旨の提議を為して右両名の賛同を得

（二）同年十月初頃同市三宮駅附近街路に於て前記北神商業学校在学生にして比較的民族意識濃厚なる被告人文奎泳に対し先づ朝鮮に於ける萬歳事件を説き該運動も徹底的に遣らざる為目的を達せず日本人より何時迄も迫害を受け居る旨其の失敗の由来を説明し次で「吾々は何時迄も斯る迫害を甘受すべきにあらず之を避くる為互に団結を固くし今次支那事変の好機を利用し外国の援助を受けて朝鮮の独立を達成すべきなり而して夫れには自己が知遇を受け居る朝鮮基督教の牧師にして米国と密接な関係に在るエル・エル・ヤングは朝鮮独立運動援助の為近く日本に渡来する筈にして同人の話を聞けば独立運動は其の効果を挙げ得べく又朝鮮基督教の牧師李鐘晩は上海方面に本部を北鮮中鮮及南鮮の三ケ所に支部を置き警戒厳重なる事変中に拘らず此の好機を捉へ独立運動を為しつゝあり吾々も大いに朝鮮独立の為活動すべき必要あるにより先づ朝鮮独立を図る目的の下に団結心を養ふ為北神商業学校在学の朝鮮人学生を結集して留学生会を結成し同会を通じて今後朝鮮人学生並一般朝鮮人大衆に独立意識を鼓吹し以て朝鮮独立の達成に努むべき」旨の提議を為して同人の賛同を得以て孰れも我が國體変革の目的を以て該目的事項の実行に関し互に協力すべきことの協議を遂げ

第二（一）同年十月初頃同市葺合区脇浜町一丁目実兄裴元相方に於て同志たる被告人崔昌鉉同文奎泳の外前記北神商業学校朝鮮人在学生朴永硯李鐘晩等十四名を親睦茶話会名義の下に結集し先づ「北神商業学校留学生会」を結成して自ら其の会長となり被告人崔昌鉉を文芸部長同趙正奎を会計部長同文奎泳を体育部長に夫々指名推薦し次で同所に於て出席者全員に対し「今日吾々朝鮮民族は其の国を奪はれ日本人より極端な民族的差別待遇を受け悲惨なる状況に在るも之畢境我等朝鮮民族

が民族独立の精神を缺如せるが為にして彼のドイツ、イタリーが今日の隆盛を至せるは英雄ヒットラー、ムッソリーニが卑賤の身を挺し熱と意気とを以て民族運動に立ちたる結果に外ならず我等も此の意気と熱とを継承し朝鮮民族の独立の為互に団結を強固にし本会の活動を通じて朝鮮独立の目的達成の為努力せられ度く」旨演述したる上朝鮮独立萬歳を三唱して同人等を鼓舞激励し以て朝鮮独立の為蹶起すべきことを煽動し

（二）同年十月初頃より同十四年二月二十六日頃に至る迄の間前後十数回に亙り前記裴元相方其の他神戸市内に於いて北神商業学校在学生崔昌鉉、趙正奎、文奎泳、昔道烈、朴永碩、柳泰烈、金洛坤等に対し朝鮮普通学校の朝鮮語科が廃止せられ又神社参拝を肯ぜざることを理由に朝鮮基督教系の崇実専門学校等が廃止せしめられたることは日本当局が朝鮮人中より偉人を輩出せしめざらんが為にして朝鮮民族を差別圧迫せる一例なりと説明し或はバイアス湾抗州湾の無血上陸広東陥落の報道は何れも虚報にして日本軍の損害も相当甚大なりと捏造し或はマラソン選手孫基禎が国際オリンピック大会に於て優勝し日本代表としてヒットラー総統と握手したるも朝鮮代表ならざりしは遺憾にして我等は朝鮮民族が斯くの如く日本人より優秀なることを外国に知らしめざるべからざることを告げ或はガンヂーが倫敦に於て勉学し弁護士と為る間印度独立運動に狂奔し英国官憲に捕へられ投獄せられたるも三ケ月間断食抗争を続け遂に英国官憲をして困却の末釈放するに至らしめ印度民衆の絶大なる崇拝を受くるに至りたる故に此の気魄を朝鮮民族も継承すべき旨を示唆し又支那事変が仮令蒋介石の敗戦に了ることあるも支那共産派は蘇連と連絡せる為日蘇戦を誘発し結局日本は敗戦するに至るべく日本は現に蘇連の浦鹽よりする東京空襲計画を極度に恐れ石油問題漁業問題に付

蘇連の挑戦的態度を回避し只管叩頭して交渉に依り解決せんとしながら事支那事変に関しては些細なる事項をも武力解決に出でんとするは相手が弱者なれば強く強者なれば手を出さざる日本の弱点を暴露せるもの尚日本は現在東亜新秩序建設を盛に唱ふるも之亦一の手段に過ぎず満州国及支那も将来は朝鮮の如く日本の属国となす所存なる旨を述べて日本を誹謗し或は朝鮮に於ける最も有力なる宗教団体は基督教にして優秀なるインテリ牧師多数あるを以て朝鮮民族解放の為には教会に至り大いに此等の指導啓蒙を受くべき旨慫慂すると共に吾々朝鮮民族が日本人の民族的差別待遇を逃れ真の幸福をもたらすには先づ民族的団結を強固にし朝鮮基督教の指導並海外の朝鮮独立を企図する諸団体との連絡を通じて英米より軍事上並経済上の援助を受け日本敗戦の好機を捉へて一斉に蜂起し朝鮮の独立を図るべく将来互に連絡団結して北神商業学校留学生会の発展を期し朝鮮民族解放の為努力すべきものなる旨演述して同人等を鼓舞激励し以て朝鮮独立の為蹶起すべきことを煽動し

（三）同十四年二月二十六日頃同市葺合区脇浜町一丁目三七ノ三七権鳳文方に於て北神商業学校留学生会主催の下に開催せられたる懇談会兼送別茶話会席上に於て崔昌鉉、趙正奎、文奎泳、朴永碩、金洛坤等十三名の出席者に対し先づ各民族の団結を強固にして成功せるヒットラーの独逸精神ムッソリーニの伊太利精神を説き次で吾々朝鮮青年も之を模範とし朝鮮民族としての精神を涵養して団結を固くし朝鮮基督教を通じて英米の援助を受け朝鮮独立の為活動せられ度き旨述べたる上朝鮮独立萬歳を三唱して同人等を鞭撻激励し朝鮮独立運動のため蹶起すべきことを以て孰れも我が國體変革の目的を以て該目的事項の実行を煽動し被告人趙正奎は昭和三年労働並勉学の目的を以て内地に渡来し神戸市に来り米穀商店員、屎尿汲取人夫等の労働に従事し其の傍ら葺合商工実習学校を経て私立北神商業学校夜間部に入学し同十四年三月同校卒業後布施市所在日本大学専門部法科に入学在学中のもの、被告人崔昌鉉は昭和九年農業実習の目的を以て福岡県に渡り其の後勉学の為神戸市に来り薛東鑽経営の朝鮮日報等の新聞配達夫、ステッキ工場の職工等の労務に従事したる傍ら葺合商工実習学校を経て私立北神商業学校夜間部に入学し同十四年三月同校を卒業したるものなるが孰れも北神商業学校在学当時より被告人裵祥権と親交あり同人より朝鮮独立意識を啓蒙せられ朝鮮独立の革命思想を抱懐するに至りたるものなるところ

（一）被告人趙正奎、同崔昌鉉は昭和十三年七月下旬被告人裵祥権と共に北神商業学校よりの帰途神戸市神戸区中山手通六丁目同校附近街路に於て被告人裵祥権より判示第一（一）記載の如く朝鮮独立運動の目的達成の具体的方法として北神商業学校留学生会結成の提議を受くるや朝鮮民族の真の幸福の為其の解放を図るには革命手段に依り我が天皇制を打倒否認し即ち我が國體を変革して朝鮮をして日本の統治権の支配より離脱せしめ朝鮮民族の独立国家を建設するに如かずとなし該意図の実現を希求して即時同人の提議に賛同し且互に協力すべきことを申合せ以て我が國體変革の目的を以て該目的事項の実行に関する協議を遂げ

（二）被告人崔昌鉉は前記國體変革の目的の下に同十四年八月中旬同市同葺合区東雲通三丁目李亭九方なる自宅に於て金洛坤朴仁順及李時華等に対し「今次支那事変に於て蔣介石が北支より南支に逃ぐるは事変を長期戦化せしめ日本を経済的に困窮せしめんが為にして支那はゲリラ戦術により日本軍を遺つつけ居り之を昔の歴史に比ぶればナポレオンのロシア遠征に比し得べく尚支那は外交に巧にして各国の援助を受け居り且国土大なるに反し日本は国土小さく経済力も又弱き故戦争が長期

化せんか日本の敗戦は必定なり斯る好機到らば吾々朝鮮人は団結し米国等諸外国の援助を受け朝鮮の独立を図るべきなり」と演述し同人等を鼓舞激励して朝鮮独立の為蹶起すべきことを煽動し以て我が國體変革の目的を以て該目的事項の実行を煽動し被告人文奎泳は昭和五年労働並勉学の目的を以て内地に渡来し神戸市に来り護謨工場職工新聞配達夫等の労働に従事し其の傍ら同十一年九月私立北神商業学校夜間部一年に編入され勉学を続け居たるものなるが其の間同校に在学せし民族主義者被告人裵祥権より朝鮮独立意識を啓蒙せられたると朝鮮天道教の感化を受け人類平等の思想より朝鮮独立の革命思想を抱懐するに至り李たるものなるところ同十三年十月初頃同市三宮駅附近街路に於て被告人裵祥権より判示第一（二）記載の如く朝鮮独立運動の目的達成の具体的方法として北神商業学校留学生会の本質目的を告げられ同会結成の提議を受くるや朝鮮民族の真の幸福を招来し其の解放を図るには暴力革命の手段に依り我が天皇制を打倒否認し即ち我が國體を変革して朝鮮をして日本の統治権の支配より離脱せしめ朝鮮民族より成る独立国家を建設するに如かずとし該意図の実現を希求して即時同人の提議に賛同し且互に協力すべき旨約し以て該目的事項の実行に関し協議を遂げたるものにして

（中　略）

法律に照すに被告人裵祥権同崔昌鉉の判示所為中國體変革の目的を以て其の目的たる事項の実行に関し協議を為したる点は治安維持法第二條に右の目的を以て其の目的たる事項の実行を煽動したる点は同法第三條に各該当するところ右は孰れも連続犯に係るを以て刑法第五十五條第十條を適用し犯情重しと認むる前者の罪の一罪と為し所定刑期中懲役刑を選択し其の刑期範囲内に於て被告人

裴祥権を懲役参年に被告人崔昌鉉を懲役弐年に処し被告人趙正奎同文奎泳の判示所為は夫々治安維持法第二條に該当するを以て所定刑期中懲役刑を選擇し其の刑期範囲内に於て同被告人等を各懲役弐年に処し被告人裴祥権に対し刑法第二十一條に則り未決拘留日数中九拾日を右本刑に算入し被告人趙正奎同崔昌鉉同文奎泳に対しては情状に鑑み同法第二十五條刑事訴訟法第三百五十八條第二項を適用し就れも本裁判確定の日より四年間右刑の執行を猶豫すべきものとす仍て主文の如く判決す

昭和十五年十二月十六日　　神戸地方裁判所第二刑事部

以上は、わたし達の判決文や裁判記録が入手できなかったための参考判決文なのだが、旧新幹会堺支会や、泉州一般労働者組合という組織的な運動団体の背景があったわたし達の方向、内容と、神戸市のキリスト者的な自発的なグループとは、かなりちがう点もあるかも知れない。

しかし、治安維持法が朝鮮独立運動をどのような形で取り締まろうとしたかの参考にはなるだろう。そして「國體変革の目的を以て其の目的たる事項の実行……」という点では、朝鮮独立運動はこの条文でくくられるはずであって、わたし達のケースも、おなじ治安維持法のおなじ条項が当てはめられていたのではとおもう。

検事との対話

だが、検事との、取り調べというよりも対話は依然、予想外に良い感じでつづいていた。わたしとしては、まさか、検事がわたしのいうことを黙って聞いてくれるとはおもってもいなかったのだが、ともかく自分のおもうことすべてを、彼に率直に話した。

検事もしずかに聞いてくれたが、わたしは尋問にたいして答えるためではなく、自分自身や家族達の状況を説明するために、わたし自身の例を引きあいにだしながら、おもっていることを語った。

その要点は、もともと自分は小学校の頃などは、日本人として頑張るべきことを教えられ、それに疑問をもっていなかったが、社会に出て、そして現実の姿を見て、それが嘘だと知った。日本の現実も朝鮮での現実も暗黒のようなものだ。そして自分達にとっては朝鮮の国家と民族としての独立しか、その救いの道はないと確信したという意味のことを彼にのべたのだ。

検事は黙って聞いていたが、時おりはうなずき、わたしの話に共感でもするような態度もしめした。これも予想外だった。いつの間にか、この検事なら、わたしのいうことを理解してくれるというような、そんな気分になっていっていた。

前堀検事は、もともと自分は思想検事ではなく、今回は応援で、この事件を担当しているのだともいっていた。そして、わたしが日本における朝鮮人の悲惨な境遇や、朝鮮での日本人の悪辣さなどを語っても、怒りもせず、じっと聞いているのである。それどころか「君の気持ちも僕にはわかる」などともいうのだ。

そのような、まったく予想外の取り調べがつづいて、やがて冬が過ぎて春になっていった。わたしも二十三歳となった。さらに、いつしかわたしは、この検事を随分と信頼するようになっていた。はじめて話せばわかる人物に出会った心持ちであったのだ。そして検事は、警察からわたしにつけられてきた分厚い調書を、ばっさりと削って、うすい一綴りの検事調書にまとめ直したようなのである。

そして正確な日時などは憶えていないが、桜の散る季節だったかとおもう。半年間、中之島の検事局にかよったのだが、やっと検事調べが終了したようだった。

この最後の検事調べの日については、もう昔のことではあるが、わたしにとっても大事な瞬間でもあり、かなり鮮明な印象がのこっている。そして記憶を辿ってみると、最後に前堀検事がわたしに語ったことばは、意外にもつぎのような内容のものだった。

「朴君、今日で君の調書の調べはすんだ。ぼくも調書の内容も充分に検討したし、また君のいい分や事件の発端の動機も聞いた」

それは友人にでも語りかけるような、ゆっくりした静かな口調であった。前堀検事はわたしに噛んでふくめようというような調子で、ことばをつづけた。

「私は検事という立場だが、君達のいいたいことの一端が理解できないわけでもない。しかし、この警察の調書にしたがうと、君は相当な実刑を喰うことになる……。これは間違いないことだ。だが朴君。もう調べは終わったのだから、ぼくも個人として話す。だから、ぼくの話を良く聞いてくれよ。ぼくは君より年上だが、しかし、そんな大きな差はない。朴君、君はまだ若い。このままでは、君は将来を棒にふることになるが、それは残念なことだ。なるほど、今の日本の社会が、正直なところ、君達朝鮮の人にいろいろな面で厳しいことは、現実の問題として、ぼくにもわかる。時代が時代だけに、色々なことの影響もあるだろう……。ぼくは政治家じゃないから、それ以上のことはいいようがないが。しかし、今はともかく、支那の戦争もすんで、時代が落ち着けば、そのうちには必ず日本人と朝鮮人が本当に仲良くできる日がくると、ぼくはおもうんだが……。君の民族や同胞達にたいする、君のいう日本人の差別や迫害のようなものに、君が正義感から反発した気持ちは、さっきもいったが、ぼくも理解できる。だが朴君。君の小学校の時の評判は、非常に良かったそうじゃないか。朴君、どうだ。性急な考えはやめて、家族や自分の将来のことや、この時代の流れということも、もっと考えてみたらどうだ……」

前堀検事は、おだやかな顔でわたしをじっと見つめながら、ゆっくりと静かに語りつづけた。わたしはただ黙って聞いていた。

「朴君、ぼくも職務を離れていうのだが、君も若いが、ぼくもまだ若い。何時かは、ちゃんとした君の望みのかなうような時がくるとおもう。日本と朝鮮が本当に一つの国になる日が、必ずくるとおもう。そのために協力する気にはなれないかね……。まだまだ君は勉強することが沢山あるはずだし、その意欲は充分もっているとぼくは見ている。今、これで刑務所にいったら、もうおしまいだ。ぼくの本当の気持ちとしては、君をそのような形には、正直したくない。もっとも、そうはいっても、君の最終処分がどうなるのかは、断言できないが、ぼくの気持ちとしては、君のために悪くならないように努力してみるつもりだ……。調べは、今日で全部おわった。だから、もう君はここに来ることはないだろうが、今、ぼくが話したことは、君も良く考えてくれ……」

この最後の日には、調べのようなことは一切なかった。ただ一方的に検事が話しつづけていただけだったが、その口調はソフトであり、何やら弟でも説得しようとでもするような感じがあった。また、検事の最後の「最終処分をできるだけ悪くしない」ということばは、これは意外だった。

それまでも特高達の残忍さと動物的な態度とくらべて、さすがに検事ともなれば、知的なものだとはおもっていた。しかし結局は、取り調べの方法や態度はちがっても、おなじ穴のむじなである。行き着くところはおなじだとおもっていたのだ。

ところが、この日もそうだったが、この前堀検事のことばには、なにか人間味のようなものがつよく感じられたのだ。もちろん日本人の思想検事である彼のいう「平等」と、朝鮮人の治安維持法違反者であるわたしの願う「平等」の実際は、まるでちがっていたのだが、それは口には出さず反論はしなかった。ただ黙って彼の話を聞いていた。

その時の、わたしを諭すように話す検事の印象は、きわめて穏やかな顔とまなざしであったことを記憶している。

そして検事の話はおわった。その人間的な態度、その慈愛にみちたことばは、心の暖まるものを感じさせた。まだすべてが絶望ではないのだ。わたしも検事にたいし、「色々とお世話になりました。よろしくお願いいたします」と頭を下げた。そして堺署に連れ帰られたのだが、これでわたしの検事調べもおわったようだった。

検事の真実

結局、わたしは二年半のたらい廻しをうけて、拷問と独房拘禁を強制されたあげく、治安維持法違反被疑者としては、起訴猶予という処分で、思想犯保護観察法による保護観察処分ということで処理されたのである。つまりわたしは、起訴猶予処分で釈放されることになったのだ。が、つい最近まで、この釈放は検事局での前堀検事との半年の対話のような取り調べの結果の、前堀検事の公正な法的理性と、人間的な温情のお陰だとずっと信じていたのだ。

そして、この何十年、かって戦前に特高に拷問されていた頃に、中之島の検事局で立派な検事さんにあって、危ないところを救けてもらったと友人や家族達にも、そう言い、感謝していたのである。


ところが……である。君が調査してくれたわけだが、まるで意外なことだったようだ。前にものべた司法省刑事局編纂の治安、司法関係幹部用の部外秘資料である『思想月報』の昭和十二年の六月版を見たのだ。この昭和十二年の六月とは、わたしが逮捕されたのが昭和十一年の晩秋であるから、その翌年である。そして、その『思想月報』には、その春の三月度の治安維持法違反者の公訴状況が掲載されているのだが、その「起訴猶予者」の欄に、ほかの仲間何人かの名とともに、わたしの名前があがっているのだ！

そんな馬鹿なとおもった。わたしは二年半の獄中生活で、二年目に検事局におくられて、検事調べをうけたはずである。ところが、この『思想月報』によれば、「昭和十二年の三月二十九日」に、すでに起訴猶予処分が決定され、それは大阪地裁検事局より中央に報告され、その六月の『思想月報』に、すでに掲載されていたのである。

また『思想月報』の各号には、各検事局の思想検事の名簿がのるが、昭和十一年の各『思想月報』には、和歌山の検事局の専任の思想検事の名として、前堀検事の名前があるのだ。たしか自分は専門の思想検事ではない、といっていたのに……。

奇妙だ？　こんなはずはないのだ。すると、あの三月以降の拷問取り調べは、いったい何だったのか？　中之島の検事局でのことは、どういうことなのか？　逮捕の翌年の三月に、すでに起訴猶予が決定されていたとしたら、あとの二年の拘禁は何だったのか？　前堀検事の優しいことばは、あれは何だったのか？

これについて、いろいろ調べてみたら、つぎのようなことらしい。あきれた。たとえば上田誠吉氏著の『昭和裁判史……治安維持法と法律家たち』には、つぎのような解説がある。

治安維持法によって警察は国民を検挙したが、しかしそれは検察、裁判の手続にのせて処罰することが直接の目的ではなく、警察の留置場にながく拘禁しつづけることによって転向を強要し、屈服させたうえで釈放し、これを特別要視察人視察制度のもとにしばりつけて国民の思想統制を強化する、という役割の方がはるかに大きかったのである。わずかに検事局に送られた人々にたいし、検事がもう一度、警察では十分にやりきれなかった転向工作を加え、その大部分を起訴猶予にし、最後に起訴されて法廷に立たされた人たちにたいしては裁判所が転向をすすめ、刑が確定して下獄したのちにも転向の強要がついてまわり、釈放された人々は思想犯保護観察のもとにくみこまれ、これからはみ出すと予防拘禁所に拘禁される、つまり転向しない限りは最後まで陽を見る機会を与えないシステム、これが治安維持法のもつ機能であった。

そうだったのか！　わたしは、裁判をうける権利さえ認められていなかったのだ。この警察と検事局でのゲームのルールは、容疑者が、いったい自分は法的にどういう立場にあるのかを理解できずにいることを利用して、その人間の個人のことを語らせ、いかにも同情あふれる態度で、一種の洗脳工作のような誘導をくわえて、つまり長期間の独房拘禁というアメとムチの、ムチをしっかり打ちすえたあとで、わずかなアメをしゃぶる錯覚を与え、有罪性コンプレックスのようなものを与えたのち、やっと釈放するシステムだったのである。

特高警察と思想検事は、彼らが肉体的にも、精神的にも打ち砕いた人々の肉体と精神を自由に操作できる、警察力と法律という切り札を手中に、つねにもっていたのだ。そういうことだったのか。

それに気づいて、考え直してみると、わたしは起訴されて裁判をうけ、そこで自己主張したほうが本当はよかったのだ。当時のわたしには、法廷闘争というような意識まではなかったが、それでも公開の場で、所信を語れたはずだ。また、狭く暗い、箱のような独房で、虫のようにえんえんと拘禁されつづけるよりも、刑務所の重労働のほうが、格段に楽だったはずなのだ。

第13章　思想犯保護観察法の下で

三年ぶりの帰宅

堺警察署からは、初夏の頃に釈放されたとおもう。それは約二年半の獄中生活であったが、とにかく暗い穴のなかのような独房の年月はひたすらながい。まるで頭蓋のなかを永遠にかきむしられるようで、それは狂いそうになるほどながかった。警察署から足を外に踏み出し、いわゆるシャバの空気を吸った時の気分は、どうにもことばには表せない。自由、解放のよろこびでまるで鳥のような気持ちだった。

警察から足をふみだして、耳原町のわが家のちかくにくると、玄関に立っている母が見えた。わたしは、はげしく心をつきうごかされ、涙を押さえることができなかった。へとへとになりながらも、やっと三年ぶりに、家に帰りついたのだ。

母は、わたしをかたく抱きしめ、ことばもなくただ泣き続けていた。泣く母の懐で、わたしも感窮まってただ泣くだけだった。家の生活は一見して、相かわらずの苦しい状態のようだった。そして父や母は、わたしの想像以上にずっと老けていた。わたしも、痩せこけていたが、父と母の頭も白いものがちらばっていた。

その釈放の翌日に、また堺警察署に呼び出された。わたしは思想犯の要視察人ということになるらしい。

思想犯保護観察法の規定する保護観察処分者になるのだ。したがって警察の特高係長より、保護観察中のわたしの今後の行動、まもるべき規定や厳しい指示をあたえられ、注意というよりも強く警告された。

その内容はまず堺市から出る時は、そのたびに署の特高係のほうにかならず申告をすること。過去の仲間とはいっさいの連絡は勿論、その家に出入りすることなどは絶対に厳禁。書物の買入および新しく読む本は、本の題名を署に報告し、検閲と許可を得ること。署の呼び出しには、いかなる事情があろうとも必ず出頭すること。五人以上があつまっての話や集会などは絶対してはならない。

手紙や通信は許可が必要。そのほか要するに釈放はするが、つねに警察の監視下におまえを置いて自由な行動は決して許さないぞということだった。その一つ一つが、じつに厳しい内容のものだった。そして、もしこれに違反した場合は、ただちに再収監されることを宣告された。

こうしてわたしは、思想犯保護観察法のうちの甲種か乙種かはわからないが、思想犯要視察人としてつねに管轄署の特高係の監視下におかれることになった。大阪府警察部の特高課から、地裁検事局の思想係の検事にまわされ、こんどは所轄警察署の特高係に引き継がれたわけだ。

思想犯保護観察法

この思想犯保護観察法は、昭和九年に議会提出された治安維持法改正案の「思想犯の予防拘禁制度」案をうけて昭和十一年、これはわたしが東京にむかった年なのだが、提出案の「予防拘禁」を「保護観察」と表現を換えて、その部分だけが単独法案として成立したものである。その内容はつぎのようなものだった。

まず第一条で、治安維持法違反者で刑の執行の言い渡しがあった場合、または起訴されなかった場合の者は、審査によって保護観察に付される。刑の執行を終えた者、または仮出獄を許された者もまた同様に保護観察に付されると規定してある。

つぎに第二条で、保護観察とは「本人ヲ保護シテ更ニ罪ヲ犯スノ危険ヲ防止スル為其ノ思想及行動ヲ観察スルモノトス」と条文定義される。だがこの法律自体が、もともと「思想犯の予防拘禁制度」案の書き換えであり、第四条では、保護観察に付された者は「居住、交友又ハ通信ノ制限其ノ他適当ナル条件ノ遵守ヲ命ズル」ことができると明文化されている。

また『思想犯人ニ対スル留保処分取扱規程』によれば、「身元引受人又ハ警察官ニ委嘱又ハ命令シテ少クトモ月一回留保処分者ニ関スル左記ノ事項ノ視察報告ヲ為サシムベシ」と規定して、「一、思想及行動、二、交友関係及通信状況、三、家庭関係及生活状態、四、健康状態、五、身元引受人ノ監督ノ状況、六、改悛状況、七、其ノ他参考ト為ルベキ事項」を監視すべきことがあげられている。

これによって保護観察処分者は、特高と保護司（思想検事か警察幹部）の監視と拘束のもとに、その思想だけでなく、私生活のすべてがおさえこまれてしまう。これは、わたしの場合をみてもほとんど完全な自由剝脱であったのだが、じっさいまるで宙吊りのままで飼い殺しにしながら、ただ奴隷のように管轄警察署の特高刑事の命令にしたがうしかない制度的な思想監視装置なのであった。

これに逆らえばどうなるか。治安維持法改正法律第三十九条には、「第一章ニ掲グル罪ヲ犯シ刑ニ処セラレタル者其ノ執行ヲ終リ釈放セラルベキ場合ニ於テ釈放後ニ於テ更ニ同章ニ掲グル罪ヲ犯スノ虞アルコト顕著ナルトキハ……予防拘禁ニ付スル旨ヲ命ズルコトヲ得……」と規定されている。

さらに、「第一章ニ掲グル罪ヲ犯シ刑ニ処セラレ其ノ執行ヲ終リタル者又ハ刑ノ執行猶予ノ言渡ヲ受ケタル者思想犯保護観察法ニ依リ保護観察ニ付セラレ居ル場合ニ於テ保護観察ニ依ルモ同章ニ掲グル罪ヲ犯スノ危険ヲ防止スルコト困難ニシテ更ニ之ヲ犯スノ虞アルコト顕著ナルトキハ亦前項ニ同ジ」とされている。つまり思想犯保護観察下での特高の監視において、その担当の特高刑事の心証をわるくした者は、無条件に予防拘禁されて予防拘禁所や刑務所に収監されて、おそらく無期限に陽の目を見ないことになる。

この予防拘禁制度について、昭和十六年の衆議院の治安維持法改正法律委員会で司法省の三宅司法次官は、つぎのようにのべている。

「思想犯人は所謂確信犯でありまして、これを実情に徴しまするに、一旦感染したる思想は容易に払拭し難く、刑の執行に依るも全然悔悟せず、在監久しきに亘りながら転向を肯ぜざる者、若しくは非転向の侭刑の執行を終了し釈放せられたる者、或は転向を偽装して寛大なる処置を受けたる者等、其の数相当多数に上って居るのであります、……　これにくわえて本年中には所謂三・一五事件及び四・一六事件関係の非転向巨頭分子にして、出獄すべき者が相当数に上るのでありまして、彼等を現下の社会に放出致しますことは危険極まりないのであります、而してかかる詭激分子は思想犯保護観察法実施の結果に徴しまするに、保護観察に付するも到底改悛を期待し得ざる者であること明白でありますので、ここに予防拘禁の制度を新設したのであります……。」

この予防拘禁とは、あたりまえだが一時ホテルに仮住まいさせてくれるという意味ではない。あの非人間的な獄舎での生存線以下の環境で、つねに暴力にさらされつづける。あるいは無制限期間、そのまま獄死するまで放置されるという意味のようなものだ。

そして保護観察処分者としての現実としては、その治安維持法の予防拘禁条項の基準が「罪ヲ犯スルノ虞アルコト顕著ナルトキ」という曖昧なものであって、これは事実上は管轄警察署の特高係長と担当の特高刑事の胸三寸ということなのであった。

さんざんおどされて警察署を出たが、その時のわたしとしては、黙っていわれる通りにするしか方法はなかった。保護観察に付された者は、身体の直接的な拘束はないが、つねに特高警察の監視下におかれ、思想や行動の自由は厳しく制限され、つまり実質的には、その日常生活は刑務所でくらしているのと同然に取りあつかわれていたのだ。

周囲の消息

わたしも、月に何度か堺署の特高室に呼び出され、ずいぶんと締め上げられつづけることになった。また日常生活の細部にまで、こまかな指図をされつづけた。時おり不意に堺署の特高刑事が家宅捜査に来て、わたしの持ち物を調べたりするので、勝手に本をもったりできない。

このようにつねに監視と検閲をされて、じゅうぶんに読書もできず、自由な外出もできないのも不自由感がさらにつのった。だが幸いなことに、獄中生活のため中断されていた法政大学の通信講義録は、ようやく講読の了解をうけることができた。お陰で法政の講義録は、その後のわたしの精神の発散と現実からの一種の逃避に、すこし役にたったようだった。

こうして、まるで窒息しそうな毎日をおくることになった。そのなかでも一番つらいことは、もう友人達に会えないことだった。また友人達のその後の消息も、わからなくなっていた。

どちらにせよ、彼ら友人達も、わたしとおなじ厳しい特高の監視下にあるはずである。が、人の話から李容先君等何人かは、起訴猶予ですこしまえに釈放されたと聞いたが、鄭君等何人かは、実刑判決をくわえられ刑務所におくられたとも聞いた。

尹鳳官先生の消息もわからなかった。たぶん、もっともきびしい拷問を、うけたはずだろう。こうして、わたし達仲間は、厳重な監視にさらされて散り散りになった。また、わたし達のグループの背後にあったらしい泉州一般労働者組合は、この昭和十一年末と十二年初頭に壊滅的な弾圧をうけたようである。

が、それについては、興味ぶかいことに、大原社会問題研究所『日本労働年鑑』昭和十三年版に関連記事がある。その第二部第五篇「其の他の社会運動」第八章一節の「朝鮮」に朝鮮状況の概観が、まずある。

朝鮮における思想運動は萬歳事件後左翼各派を生み、大正十四年朝鮮共産党の出現となり、コミンテルンとの連絡を出現したが、十五年一斉に弾圧されて潰滅し、その後各派の暗闘時代に入り、中国共産党指導下に非合法活動を続けつつあつたが、数次の大検挙によつて有力なる幹部を失ひ転向者も相ついで出て、李載裕を中心とする朝鮮共産党再建運動のみが残つて非合法活動を続けつつあつた。この間朝鮮における共産主義運動は中国共産党、浦鹽太平洋労働組合の掩護を得て戦時における後方攪乱戦術をとらんとする謂ゆる国際派（金熙星派）と国際ルートより一応絶縁して全鮮の共産党組織化後コミンテルンに加盟せんとする一派（李載裕派）とに対立して運動しつつあつたが、別記「朝鮮共産党再建事件」における共産党員及び新幹会系幹部百二十余名の検挙によつて鮮内共産分子の指導者は殆んど検挙されるに至つた。

尚朝鮮におけるこの種の思想犯罪は昭和三年以来年々激増しつつ昭和七年を最高として漸次下向状態にあるが、いま昭和三年以来、昭和十年までの治維法違反事件関係者についてみるに総数一萬六千を突破し、そのうち本年施行さるべき思想犯保護観察制度下におかれるものが約六千四百名に達してゐるといふ状態にある。

そして前年と本年（十二年）における事件の本年発表分の金海赤色農民組合事件（十一年）という、

泉州一般労働者組合の委員長の名前が出現する事件の記述があるのだ。

昭和十年七月検挙された金臺栄一派の朝鮮共産党再建事件の後衛部隊として慶尚南道金海地方を中心に盧在甲、姜永甲、金権泰、許晟道等が農民会の左翼化を計画中、昨年初頭大阪において活躍せる全協系盧南九、全協系黄賛淑が帰鮮したため頓に活発となり、約三年間朝鮮共産主義運動中稀に見る深刻な運動を行ひつつあつたが、十一年九月二十五日以降七十余名が検挙され、十六名（うち婦人一名）が釜山検事局に送致され、事件の内容が一月二十五日解禁発表された。（大毎）〔首謀者〕盧在甲（二七）、金権泰（二八）、許畿道（三二）、（女）、姜永甲（二八）、宋世東（二七）

これと対応するように、朝鮮総督府の高等法院検事局思想部の昭和十二年度の各『思想輯報』の「朝鮮重大事件経過表」には、この金海赤色農民組合事件が審理経過報告され、昭和十三年に決審しているのである。ところが、この大阪において活躍した全協系黄賛淑氏は、『社会運動の状況』や『日本労働年鑑』によれば、この頃の泉州一般労働者組合の委員長になっているのである。

いったい、どういう展開だったのだろう？　そのなかで、わたし達は、どういう役だったのだろう？　この金海赤色農民組合事件とわたし達の事件は、関連があるのだろうか？　わたしが顔も知らない黄賛淑氏という人物が、真の「オーケストラの指揮者」だったのだろうか？

その幾つかの記録は、謎にみたされていて、それぞれをつなぎあわせているはずの糸が容易に見つからないのである。もはや時間の、はるか彼方のことで、もう誰にも見当もつかなくなってしまった。

そして堺の街も、かわっていた。二年余りの獄中から出たばかりのわたしにも、すぐ堺市の様子が以前とは大きくかわっていることに気づいた。

日本の内外にも、大きな事件が数おおくあったことがわかった。いわゆる支那事変のため、街は中国にたいする戦勝気分で溢れていた。だが戦争景気とはいえ、日常物資も充分ではなく、社会の締めつけが益々ひどくなっているようだった。そしてこの年の九月、ドイツの機甲部隊はポーランドに侵攻。ただちにイギリスとフランスがドイツに宣戦を布告して、ついに第二次大戦がはじまったのだ。

この時期には、日本も中国内部にさらに侵入をつづけ、ドイツの侵攻も全ヨーロッパに拡大。わたしもこれは大変な時代になったものだとおもった。

しかしまず、一日一日を生きていかねばならない。家の状態は、きわめて困った有様であり、何とかわたしが頑張って生活を立て直さねばならない。警察の監視下にあって、堺市から出ることはできないから、なんとか堺で職を探さねばならない。

といっても、わたしは世間を騒がせた「不逞鮮人」である。そして獄中生活で下半身、とくに脚と膝を完全に痛めていたので、重労働はもちろん、雨の降る日や寒い日は歩くのさえ苦しかった。この獄中の土産の、下半身の疾病と神経痛はそれから今日まで、しつこくわたしにつきまとう持病となった。

が、それでもいろいろと職探しに歩いてみたが、みな無駄だった。ところが釈放されて間もなく、堺署に呼び出された。堺署はどうおもったのか、わたしをもとのガラス工場で働けるように段取りをしてくれたのだ。

どこも使ってくれないわたしにとって、これは助かる話であった。あとで知ったところでは、保護観察下の思想犯には、管轄の警察が職をあたえて、つねに手もとで監視をつづけなくてはならなかったそうだ。わたしの場合もそれだった。

そこで渡りに船であるから、一応、もとの工場で働くことになった。長い間離れていた仕事であったが、また昔のような工場労働者生活にもどったわけだ。今度は、警察から釈放されたあとの出戻りであって工場内でも微妙な立場だったが、ともかく昔のように働くしかなかった。

戦争に傾く世相、協和会

その年の秋頃、兵庫県の尼崎市に移ることになった。わたし達の事件では結果として堺市の同胞二十数人が逮捕されていた。迷惑をかけてしまったのだ。父も堺市では、何かと肩身がせまかったのだろう。

尼崎市には、父の従兄弟や故郷の遠縁の親族がかなり住んでおり、それを頼って、尼崎に移ったのである。

当時の阪神間には、約二万人近くの朝鮮同胞達が、各地に分散居住。軍事施設や軍需工場で働いていた。尼崎に移ってからは、父はもともと専門であった土木工事で働くことになって、家もホッと一息つけた。

わたしは保護観察処分者であるから、新しい所轄署の尼崎警察署にも最初に顔を出した。それから尼崎での職場探しに歩いたのだが、身体のじゅうぶんではない前歴者のわたしに、すぐにはこれという仕事はなかった。

しかたなく、わたしは尼崎から堺のガラス工場まで、自転車で通勤することにきめた。そして翌年の三月頃まで、このガラス工場で働いたのである。

毎日、早朝の四時ころに家を出ると、外は、まだ真っ暗闇である。だが工場には午前六時までに着かねばならない。今のような道路交通事情ではないが、尼崎から堺までは相当に遠い。仕事をおえて家に帰り着くのはどうしても夜の八時を過ぎた頃になる。このような毎日だから、ずいぶん疲労がかさなった。

とくに、やがて冬が来ると足の神経痛が一段とひどくなった。身を切るような冷たさの風が吹くなかを、雪や氷雨に打たれてペタルをこぐのだが、やがて膝が曲がらなくなることもあり、海岸からの横殴りの風には、情け無さもつらさもひとしおだった。また敗残者のような自己嫌悪の意識にもつねにかられ、つい下をむいて歩くようにもなっていた。


やがて春になった。堺の勤めをやめて、しばらく父と同じ土木工事の労働者手配の仕事をしたり、現場雑役のようなこともした。そのうち、ある人の紹介で、西宮市にある当時のユニオン・ビール、現在の朝日ビールの製箱部で働くことができた。

当時のビールやサイダーは、おもに大陸に運ばれる。したがって一種の軍需品である。ところがこの工場の労働者の大半は、西宮市の朝鮮同胞の人達であった。また尼崎市の同胞達も数おおく働いていた。当時の阪神国道、国道二号線には、大阪の野田阪神から神戸市の三宮までチンチン電車が走っており、わたしは自転車で通勤したのだが、その人たちはチンチン電車に乗って通っていた。

わたしの妹も、すでに年頃になっており、四、五人の同年輩の女友達とこの工場に通っていた。彼女らはチンチン電車組なのだが、わたしはその一人の兄であるから、すぐ顔見知りになった。

その妹の女友達に、なかなか可愛い娘がいた。わたしはまだ二十三歳である。気にならないはずがない。いつの間にか、その娘を意識するようになり、相手も、そうわたしを無視するということでもないように感じた。話かけたらニコニコ笑いかけてくる。彼女は十八歳であり、当時の標準からすれば、これは適齢期なのだ。

その年の十月に、わたし達は結婚式をあげた。もっとも式といっても四畳半の部屋のなかでの旧式による式であり、特別の仕度もなく、簡素なものだった。わたしは二十三歳、彼女は十八歳。そして彼女は、兄の目をかくれてアルバイトしていたビール工場の給料の貯金、五十五円で、ミシンを一台買いそれを嫁入り道具としてもってきていた。

その頃のわたし一家の住まいは、尼崎から宝塚に南北に通じる国道ぞいの地区にあったが、その道路をはさみ、約百軒あまりの長屋のようなちいさな家がならんでいたが、その大半は同胞家庭の家だった。この地区は、だいたいが低湿地帯で、未解放部落と朝鮮人居住区が寄せあつまっているところでもある。

家の前の通りには、尼崎の南部の海岸地帯におおい軍需工場などに通う人達で、朝となく夜となく、人通りが激しかった。またトラックが荷台いっぱいに労働者を乗せて、ひんぱんに走っていた。その労働者には、朝鮮から徴用で引っ張られて来た同胞労働者が、ずいぶんおおかったようだ。北の伊丹市に、そのタコ部屋のような徴用工の宿舎がおおかったのだ。

なにぶん戦時色がますます強くなっていった時代だった。世相が日に日に険しくなっていくのがよくわかった。とくにわたしは保護観察処分者であり、新しい管轄警察である尼崎署の特高係の態度が、益々険悪になっていくため、これはえらい時代になるぞとは、すぐわかるのだ。

また戦前、戦中の日本では、協和会という「内鮮一体」を標榜しているが、じっさいは各地の警察署長が支部長となって、警察署内に支部が置かれ、特高係が担当していた朝鮮人取り締まり組織があった。これは管轄区域の朝鮮同胞を強制加入させて、協和会手帳という一種の外国人登録のようなものをもたせ、その言動にいちいち厳しく監視をくわえ統制、拘束をしようという主旨のものだった。

この協和会では、その朝鮮人取り締まりの「犬」として、反民族的朝鮮人を登用。その犬達に協和会指導員という肩書きをあたえ、またすこしのエサとなる利権をあたえて、朝鮮人監視の手先として使っていた。

そして、尼崎市には日本の警察の手先として仲間の同胞を売る五匹の犬達、つまり五人の協和会指導員という人間のクズ達がいた。わたしは尼崎署の特高係にも、ずいぶんと締めあげられたが、その担当の刑事よりも、この指導員のクズ達にもっと汗をかかされたものだ。また尼崎の同胞達も、警察よりもこの指導員達のほうを恐れていた。この連中のほうが、刑事よりもずっと熱心に朝鮮人取り締まりに精を出していたのであって、彼らは同胞居住地区という一種のゲットーのような地域のなかで、管轄警察署の特高係の指揮下で、いわば日本の江戸時代の牢獄での「牢名主」のような役割をしていたのだ。

戦争に傾く世相、徴用工

わたしも尼崎に来て何年かになるのだから、この土地でも新しい友人はできていた。その一人がトラックの運転手をしており、声をかけてくれた。つまり彼の運転助手として乗り込むことになったのだ。

この仕事ならば、身体を損なうおそれがすくない。また当時は運転技術は特殊技能のうちに入っていた。運転のできる人間は、まだ数えるほどしかいなかったのだ。そして半年ほどしてからは、わたし自身も運転免許を取得。尼崎市内にあった尼崎貨物自動車という運送会社に勤めることになった。一般貨物とともに軍需品も運ぶのである。

わたしも自分用のトラックを一台持たされた。ところが石油欠乏時代であって、また海外から高度工業製品の輸入が途絶えたころでもあった。そのため日本の国産の、まったく性能の悪いトラックを運転せねばならなかった。おまけに当時の大部分のトラック燃料はガソリンではなく、木炭を焚いていたのだ。この木炭車の始動は、大汗をかいて真っ黒になりながらの仕事で、まあ大変なものだった。が、従来からの工業都市であった尼崎は、日本の主な鉄鋼関係工場や、軍需生産に直結するおおくの工場があった。大陸での戦火の拡大とともに、その生産もさらに急ピッチとなり、またますます労働者人口が増えつつあった。

そのような労働者不足を補うため、いわゆる徴用工とよばれる朝鮮人労働者が、尼崎市にも多数、送りこまれてきた。ところが彼らは、なにも好き好んで日本などに来たわけではない。朝鮮で普通の暮らしをしていると、突然に内地の各県の労務係と現地の特高や憲兵などの日本人の集団が襲いかかり、人さらい同然の労働者狩りにあって、いわゆる「強制連行」で日本に、いわば誘拐されてきた人達なのだった。もちろん、ろくな給料が払われるものでもなく、強制収容所のようなタコ部屋で監視され、暴力支配のなかで重労働に酷使されていたのだ。

朝鮮で道を歩いていたら、突然に日本人に捕まり、日本に連れてこられた人達である。家族との連絡すらも許されなかったようだ。当然に逃亡者もでるし、トラブルもおおく起こることになる。これはあたり前である。尼崎は戦時下で人手不足の軍需産業がおおく、万単位の強制連行者がいたようである。

その取り締まりは、尼崎の浜田地区にあった陸軍憲兵隊尼崎憲兵分隊がやっていた。また尼崎署も、その手先の協和会指導員達もくわわっていた。もちろん、特高の内鮮課と外事課もくわわっていた。

わたし達一家の住まいは、このおおくの徴用同胞達が、北の収容宿舎から南の海岸地帯の工場地域へと行き帰りする道筋にあったため、痩せて疲れ果てた徴用工達が屠殺場にひかれる牛のようにトラックに乗せられて収容宿舎と工場のあいだを往復するのを、よく見たものであった。

そして徴用工の人達のなかで、比較的に自由で徒歩通勤している者の何人かが、工場帰りに時おりは立ち寄るようになった。みんな疲れきって、そして腹を減らしていた。そして自分が強制連行されたあとの家族のことを、ひたすら心配していた。父も母もおおいに同情して、飲ませたり、食べさせたりしたものだ。父は、よく彼らの話相手になって相談事にものっていたようだ。

この頃になると、世相は戦争一色の有様であった。新聞は、大陸での戦闘で「勝った、勝った」の、戦勝気分を煽る記事ばかりであった。

ところが、その裏側では国民生活は日に日に苦しくなり、米からはじまって、生活必需品の殆どが、配給制度となってしまった。わたしは運転手として主として住友系工場の物資運搬の仕事をしていたのだが、運ぶ品物も、だんだんと様変わりしていき、質の悪化や必要物資の欠乏などがよくわかった。国民からは、金や銀の強制供出をはじめ、生活へも経済へも、ますます締めつけが厳しくなっていった。

開戦

この年、つまり一九四〇年、昭和十五年の秋、日・独・伊の三国同盟が締結された。軍需産業都市の尼崎市は、このような時代の緊張にはすぐ反応するところがある。わたしのトラック配送する物資の内容や、行く先々の工場などの様子を見ても、日増しに緊迫化していく世相がよくわかった。

案の定、昭和十六年になると日本とアメリカの雲行きがますます悪化。ついには同年十二月八日、日本はハワイを不意討ちして、太平洋戦争が勃発した。日本国民は、どうしたらよいかわからず、政府や新聞・ラジオの音頭のとおりに「万歳、万歳」をやっていた。当時の新聞は、じつにいいかげんな嘘を堂々と書いていたので、尼崎の一運転手であるわたしに世界情勢などわかるはずはなかったが、ヨーロッパではナチス・ドイツ軍が、モスクワ前面にまで迫り、ドイツのヨーロッパ制覇は、もはや時間の問題とおもわれていたようだ。日本も、そのドイツの分け前にあずかるため「バスに乗り遅れるな」で、太平洋で戦争を起こしたもののようである。

この開戦とともに、思想犯要視察人の多数が、予防検束として一斉検挙され、投獄されることになる。つまり真珠湾奇襲攻撃のあった翌日の九日の早朝、全国の特高警察は「非常措置」により、三九六名の治安維持法違反前歴者などの予防検束をおこなったが、そのうちの一二四名は、在日朝鮮人であった。

それについて当時の内務省警保局の特高内部通報である『特高月報』十二月分は、つぎのようにのべている。

本月八日突如として米、英両国に対し宣戦布告せらるゝや、内地在住朝鮮人は異常なる衝撃を受けたる模様なりしが、刻刻報道せらるゝ戦線と適切なる当局の指導取締により一部思想分子を除く外、漸時冷静に復し本開戦は当然の帰結なりと為し、且つ皇軍の驚異的なる戦果により、帝国の実力を再認識し、皇国に対する信倚の念を高め帝国の必勝を期待して、只管職域奉公に依り皇国臣民たるの名に恥ぢざるの行動を示さんとし国防献金、戦勝祈願祭等を為して其の国民的熱意を披瀝しつゝあり本月中国防恤兵献金は三〇、四二〇円に達し前月の六、〇〇三円に比すれば五倍の高率を示せり。

然れ共、未だ利己的立場に於て、国民的無自覚なる動静を暴露するもの或は朝鮮人たる偏見に捕はれ徒らに不安動揺するもの、或は内地人にして朝鮮人を危険視し徒らに内鮮対立的雰囲気を醸さんとするもの等、各所に散見さるゝ実情にして之が指導取締は全く閑却を許さゞるものあり。

更に戦時下思想分子の動向は最も警戒の要ある所にして戦争勃発に伴ひ在住朝鮮人思想分子に対する非常措置として本月九日の早朝を期し主なる民族共産主義運動者に対し全国一斉に検挙検束を断行せる……


わたしも対米英戦争の開戦の翌日の九日頃だったか、尼崎署の特高室に呼び出され、予防拘禁まではされなかったが、威嚇のような注意事項と、戦争にたいする感想をのべさせられた。

さらに、特高達から「この戦争の本質を貴様は、どうおもっているか」などとか、大東亜がどうしたとか、つまらぬことをさんざん聞かされ、それから一枚の紙キレに、わたしは何かを書き、署名、捺印した。

その内容は憶えていないが、例によっての特高用の作文であろう。要するに彼らの役所の形式である。そこにわたしは「正義の戦いに、日本はかならず勝利する……」というようなことを感想文として書いたはずだが、どうせ本気で書いたものでもないし、彼らもわたしが本気で書いたなどとは、毛頭おもっていないはずだ。

当時の尼崎署では、橘という名の四十代で坊主頭のやたら威張る癖のある警部補が、特高主任であった。その部下の西川という特高刑事が、わたしの専任とでもいうべき担当刑事だった。特高は防諜、外事、思想犯部門であり、左翼だけでなく右翼や宗教団体も監視していたのだが、この西川刑事の仕事は内鮮担当らしく、じっさいはわたしの後ろをついてまわるだけのようなものだった。

そして、わたしは彼にさんざんいじめられたものだ。管区内の保護観察処分者と要視察人には、いつもこのような専属刑事がくっついていたのだ。だが、この男は痩せ型の神経質な男で、わたしの個人的感情を差し引いても、つまり誰が見ても、いかにも陰険な男だった。

この西川刑事のような特高刑事達の協力者、というより、指揮下にある反民族的朝鮮人達が、いわゆる協和会指導員達なのである。

前にのべたように協和会とは、「内鮮一体」をタテマエとして表にだしていたが、その実は警察が指揮していた朝鮮同胞支配の取り締まり団体であった。そこで各警察署は、その管区内の親日迎合分子を手先として協和会指導員として利用していた。その指導員の表むきの名目は「朝鮮同胞の皇民化指導」であったが、じっさいに彼らがおこなっていたのは、内務省警保局、兵庫県警察部特高課、尼崎警察署の命令による「不逞鮮人」の取り締まりと、総動員態勢での朝鮮人労働力の監視、スパイであった。

そして当時の尼崎市には五人の協和会指導員がいて、わたし達朝鮮同胞にたいする指導なるものに当たっていたのであった。が、この連中にたいする同胞内の評判は良いはずもなかった。

彼らの役目が、警察にかわって同胞を監視し、動静を警察に通報することであるから、とくにわたしのような反日行動の前歴者はいじめられたものである。また地区の同胞の情報は、かなりこまかく警察に通報されていたものである。

そして、この当時の指導員なる人達の生活といえば、わたし達普通の朝鮮同胞達とは大きな差があり、まあ豊かなものだった。戦時下に警察と結託しているのだから、それは商売は楽なものである。

そのような連中に、尼崎の同胞達は指導なるものを強制され、そしてわたしのような保護観察下の前歴者は、つねに監視されつづける羽目になっていた。とくに、真珠湾以後は、地区の生活は目に見えて窮屈になった。わたしの家にも、月に数度も抜き打ちの家宅捜査がはいるようになったのだ。

第14章

戦時下、尼崎憲兵分隊

戦時下の尼崎

もはや日本国内は完全に戦時体制である。服装も、男はカーキ色の国民服、女子はモンペ服の強制着用となる。ちょっとでも変わった服装の女の子は、婦人会の中年女性達の一斉攻撃をうけるし、ちょっとでも変わったことをする者は、すべて憎むべき「国賊」「非国民」として隣近所の者達から罵倒される時代となった。

食事をするにも、「外食券」がなければ食堂に出入りもできないようになり、そして隣組制度と常会組織が全国に張り巡らされた。これは国民同士をたがいに見張らせる組織なのだが、各地域は、その常会の指示にしたがって暮らす生活様式に変わっていった。あらゆる生活物資の配給券は、この常会や隣組の役員によって各家庭に配られたのである。したがって常会役員は地区の権力者となって、これに逆らうのは難しくなった。

だがわずかな配給物資だけで、どうなるはずもなかった。もうこの頃には、日用品の不足は深刻な状況になっていたのだ。そこで誰からとはなく自然に、田舎の親類や知人を頼っての「買い出し」がはじまったようだ。また配給以外のヤミのルートもできあがったようだ。

新聞・ラジオは、例によって、大勝利の記事や報道ばかりをしていが、この頃は緒戦の時期でもあって、その報道の戦果は景気のよいものだった。その翌年のシンガポール陥落では、全国で戦勝祝賀大会がひらかれ、尼崎でも酒や菓子の祝賀特配があった。が、これも一時だけのことで、事態はやがて悪くなるばかりであった。

翌年の春頃、東京にドーリットルの爆撃隊が侵入。最初の日本空襲を断行する。新聞は軽く書いていたが、それまで「勝った、勝った」で浮かれていた日本人の頭に、冷水がさされたようであった。わたしも、いつかはアメリカが出て来るぞとおもっていた。

とにかく、わたしは戦時下の尼崎市で運転手をしていたわけだが、情報といっても新聞とラジオしかない。また、その新聞があれほど大嘘を書きつづけていたとは、当時はおもいもしなかったので、実際の戦況が報道とは大違いだったとは、わかるはずもなかったのである。

ただ、海軍が大損害を受けている意味のことが、新聞の片隅に掲載されることもあり、なにやら実際のところの見当がつかない気分だった。それに、どうしてもわたしは立場、あるいは状況上のようなものから、新聞記事を鵜呑みにしない、というよりできない癖がいつのまにかできて、アウト・サイダーのように距離をおいて読むようになっていたのである。

それとともに、この年の暮れ頃からは、一層に生活の隅々までに規制が厳しくなり、配給物資は益々とぼしく、その質もさらに悪くなっていった。「欲しがりません、勝つまでは」が政府のつくった標語ではあったが、配給だけでは、とても家庭を支えるのは無理になっていた。

社会的特権のある者や、金のある者はヤミのルートで幾らでも手に入るのだが、そうでない者は、なんとか買い出しでもして、ともかく家族を食べさせねばならなかった。

また一方では、国家総動員態勢ということで、人も物も徴発、総動員されて、乗り物さえも自由にならず、社会は混乱して、ずいぶんメチャクチャなことが堂々と通用していた時代状況だった。

ともかく尼崎の軍需産業はフル操業状態であった。だが、熟練工を召集で兵隊にとられ、女学生などを代用工員として無給でこき使う有様だったから、煙突はモクモクと煙を吐いていたが、その内実はひどいものだったとおもう。

わたしも堺市の時は、市立の実業学校の工業科で学んでいたので、じっさいこんなガタガタ工場のボロ機械に素人工員で、アメリカに対抗できるのかと、何度も首をかしげたものだ。

当時、大阪の築港地区に捕虜収容所があった。おそらくシンガポール方面から連れて来られたイギリス人達だったろう。軍関係の使役として使われていた。おおくの捕虜が、憲兵の監視のもとで、関西間の各地にトラックで運ばれ、剣付銃の歩兵に怒鳴られながら、重労働に酷使されていたのだ。

わたしも一時、木炭車からガソリン車に換えられて、捕虜輸送をしていたことがある。朝早くに、築港の捕虜収容所に行き、荷台にイギリス人捕虜を満載して、現在の尼崎市の市立運動場にあった住友プロペラ（住友金属プロペラ製作所）へと運ぶ。そして夕方遅く、彼らをまた築港の捕虜収容所に運び返す仕事であった。

イギリス人達だからおおくは白人種である。皆、背が高くすらりと痩せ型の人間がおおい。さらに栄養不良と重労働、虐待のために衣類もツギハギだらけでやつれていたが、毎日トラックで運んでいるうち、不思議なことに気づいた。

とにかく陽気で、まるで気持ちがくじけてはいない印象なのだ。降伏して捕虜となった。そして敵国日本に運ばれた。さらに毎日重労働で酷使されているにもかかわらず、ミジンも暗い表情など見せないのだ。つねに陽気で堂々としていた。

時にはトラックに揺られながら、全員で歌を合唱したり、時には、わたしにむかって片言の日本語で語りかけてくる。

「コノセンソウ、ニッポン、マケルヨ、マケルヨ」

そして彼ら同士、顔を見合わして大声で高笑いするのだった。わたしはもちろん捕虜を殴ったり蹴ったりはせず、煙草などをやったりしていたのだが、彼らは、この戦争のなり行きにまったくの疑問をもっていないようだった。捕虜なのにじゅうぶんな余裕と自信をもっていたのだ。それも重労働と虐待のなかの笑いなのである。

そのようなイギリス人捕虜の、整然とした自信と集団の秩序のようなものを見ていると、わたしの胸なかにも、ひそかに「日本が、この戦争に負けるのも、そう遠くないなあ」と実感としてそう感じられてきた。

事実、新聞報道でも、各方面で日本軍は大勝利のうえ、予定通り後方に「転進した」などといい出していた時期だった。が、ともかく新聞を読んでみても、その戦場が、日に日に日本に近づいてきていたのだ。

朝鮮人補助憲兵

戦局に、やがて敗色が濃くなりはじめると、わたしにたいする尼崎署特高係りの監視と干渉は、さらに一層、厳しくうるさいものになってきた。

頻繁に定期的に出頭して、聖戦万歳とか皇国のため頑張りますとか、いろいろなタワ言をいわされたり、書かされたものだ。また月何回かは特高刑事達が、不意討ちにわたしの家に来て、協和会指導員立ち合いのもとで突然、家宅捜査をする。

私服、制服の刑事や警官たちが夜昼の区別なくやってきて、そして彼らは、家中をひっくり返して、わたしの書棚の書物を調べたり、持ち帰ったりした。そのような状況なのでとにかく身動きがとれず、家族もいることでもあり、時代のなり行きをじっと耐えているしかなかった。

西川刑事からも、ねちねちと嫌がらせのような注意と威嚇を執拗に、まるで蛇が蛙をいたぶるような調子でやりつづけられた。この西川刑事は、とにかく悪い性格の持ち主で、戦後は特高警官の追放処分であるパージで免職されたのだが、するとかつての自分の手先であった協和会の朝鮮人指導員に逆にやとわれて、こんどはペコペコおべっかをつかって使い走りをして生きていくような、人間としてのお粗末さにもほどがある男だった。

すでにのべたように、この特高刑事達の手先が協和会指導員なのだったが、このような指導員も指導員だが、当時の尼崎市には、さらに悪質な連中がいた。尼崎憲兵分隊の補助憲兵や軍属となっていた反民族的朝鮮人の連中だった。

戦時下であり、尼崎は軍需産業都市である。そして強制徴用で無理矢理に引っ張ってきた朝鮮人労働者を多数使っていた。軍需工場の労務管理は憲兵隊の役だった。また憲兵隊には思想係りが置かれていた。そのため日本人への思想取り締まりも当然だが、朝鮮人徴用工の監視なども憲兵隊の管轄となる。そこで尼崎憲兵分隊では何人かの朝鮮人補助憲兵を使って、阪神間の朝鮮同胞地区にも監視と統制をくわえていた。

これは憲兵隊のスパイ政策の一つなのだが、そのなかでも一番質の良くない補助憲兵に「金本」という男がいた。

二十五、六歳の、すらりとした整った顔立ちの男だった。尼崎憲兵分隊は阪神地区を管轄していたが、この男は尼崎地区の監視が役割りだったらしい。よく同胞密集地区に出入りしていた。

はじめは誰もが、この男が朝鮮出身者だとは知らなかった。だがそのうち、どこからか「あれは憲兵の犬だから気をつけろ」との評判が立ちはじめた。

が、ちょうどその頃に、わたしの住まいの近くに相当以前から住んでいた同胞の一人に、鄭先生とよばれ、皆から信頼されていた五十歳くらいの人がいた。

昔の漢学者は、生活のために漢方医や漢方薬局をやったものだが、鄭先生も漢方薬局を開いていた。これは鄭薬局と皆からよばれ、また先生は易学の知識もあり、その鄭薬局は同胞のよくあつまる人生相談所のような感じにすらなっていた。おおくの同胞たちが鄭先生の家に出入りして、先生の話を聞かせてもらっていたものだ。

鄭先生は、わたしの記憶でもすこし白髪のある品の良い、風格のある古典的文人のような印象をもった人だった。

ところがある夕方、例によって先生の家に何人かの同胞があつまって、先生の話を傾聴していたらしい。気のおけない仲間内の、夜の団欒のようなあつまりの話である。が、さすがの易学の先生も、自分の運命は読めなかったようだ。先生はあつまった人達にこの戦争の将来を予言したそうである。そしてつぎのような解釈をくわえたそうだ。

「この戦争は、必ず日本が負ける。易から見ても、第一、天皇の名前が良くない。裕仁という文字は……」

先生にしてみれば、一座の者は、日頃から馴染みの者達である。つい本音でしゃべったのだろう。その場の座興と、青年達へのはげましである。だがこの言葉が、易学の先生の運命の岐れ道になってしまった。あとになってわかったのだが、この一座のなかに補助憲兵の金本がまぎれこんでいたのだ。

翌日、夜明けの一番に鄭先生の家に四、五人の帯剣した憲兵が一気に踏み込んできた。憲兵達は鄭先生の家をただちに家宅捜査。同時に、先生を浜田地区にあった尼崎憲兵分隊に逮捕、拘引していった。

家族の人達は、何が何かまるでわからず、ただ呆然とするだけだったらしい。町内の同胞達も、まるで何事か見当もつかなかったそうだ。

ところが何日かして家族が面会に行くと、憲兵分隊には憲兵や協和会指導員と一緒に、あの金本がいたらしい。そして金本は、朝鮮出身の補助憲兵であり、鄭先生の逮捕は金本の証言によっておこなわれたことがわかった。鄭先生は「不敬罪」と、憲兵隊思想係があつかう「造言飛語罪」になるらしい。

当時の思想取り締まりは、思想検事、特高警察、さらに憲兵隊思想係の三位一体でおこなわれていたのだが、思想検事や特高警察も「造言飛語」を取り締まったが、憲兵隊も徹底的な一般民衆の思想取り締まりをおこなっていたのだ。

憲兵隊の思想弾圧といえば、東京憲兵隊での大杉栄氏の虐殺事件などが有名だが、じっさいはもっとこまやかに、各憲兵分隊は、管轄地区の住民の日常些事にまで、細大漏らさず目を光らせていたのだ。法的にも、一般市民も陸軍刑法の支配下におかれていたのであって、まして戦時中である。軍需工場のおおい尼崎市では、そこではたらく人々は箝口令によって沈黙を強制され、憲兵分隊の監視のもとに黙々と工場にかよっていた。もちろん同胞地区も例外ではない。

それについては昭和十三年に、つぎのような大審院見解がある。

陸軍刑法第九九条に所謂造言飛語を為し、とは、軍事に関し、虚構の事実を捏造し、或は根拠なき風説若しくは実在の事実を誇張する等、因って以て戦時又は事変に当り、人心を惑乱し、又は士気の阻葬を誘起し、若しくは作戦の計画を誤らしむるが如き、軍事上有害なる行為一切を禁遏取締まる主旨なり。

そして一カ月後、憲兵隊から家族に身柄引取にくるよう連絡があった。ところが、その時の鄭先生の惨状は、ずいぶんひどいものだった。

憲兵達に連日の拷問をうけ、徹底的に暴行されて、身体中が血まみれ、傷だらけで、すでに虫の息であった。尼崎憲兵分隊としては検束者を隊内で死なすのは面倒だ。そこで生きているうちに家族に渡したのである。そして家族は、医者をよび必死で看病したのだが、そのかいなく数日後に鄭先生は死んだ。

憲兵隊に殺されたのだ。これによく似た話は、その頃じつにおおかった。国防保安法、軍機保護法違反などを理由に、早朝などにとつぜん市民の家にふみこみ、その家の主人や息子を検挙するのである。が、この憲兵隊の検挙は、被疑者の審理や裁判が目的ではなく、彼を、取り調べ室での見せしめのような暴行、拷問で半死半生の目にあわせる。つまり「官憲のテロ」の効果であり、個人の検挙が目的ではなく、地域の住民への見せしめによる集団思想の統制が目的なのである。

じっさい当時は日本人達も憲兵を恐れていたが、とくに朝鮮同胞にたいしては一段と悪辣だった。しかしそれ以上に地区の同胞達が怒り、憎んだのは、金本であった。

なぜなら憲兵分隊が、罪もない鄭先生を殺したのが許せるものでもないが、しかし金本のような朝鮮人が日本人憲兵の犬となって、同じ朝鮮人を殺す手先となるとは、あいつは人間ではない犬畜生だ、という感情だ。あきらかな敵対者と戦って倒れることと、身内の裏切り者によって背後から倒されることとは比較のしようがないからである。憎悪の感情というものは、外部の敵よりも、内部の敵にむかう場合のほうが、いっそう激しいものなのだ。

が、腹のなかで皆そうおもってはいても、いろいろと世話になった者達がおおい鄭先生を惜しんで、仲間内では憤慨しても、じっさいはどうすることもできない。

これで金本の正体が阪神間の同胞達にもすぐ伝わったのだが、今度は金本は堂々と補助憲兵の腕章を巻いて、相変わらずわたし達の前を威張り散らしながら排回していたのである。皆は内心では歯ぎしりしたが、どうにもならなかった。

第15章　B-29の飛行機雲

厳しさを増す戦況と生活

戦争の進行は、どうやら相当に深刻な末期的状況らしく、それはもう誰にも感じられた。新聞やラジオは相変わらずいい加減なことを報道していたが、わたしもこの頃には新聞記事をまともに信用しないようになっていた。

やがて昭和十九年の十一月にはアメリカ空軍による東京空襲があったらしい。新聞がどう書きつづけようと、太平洋全域で日本軍が敗退、守備隊が全滅しているのは誰にもわかるようになっていた。そしてアメリカ軍の日本上陸も、もはや当然に起こることだと漠然と、しかし誰もが予感していた。まだ「本土決戦」ということばは使われなかったとおもうが、戦火が直接に内地におよぶのは間違いないようだった。

尼崎の各町内会でも、消火訓練や竹槍訓練がさかんに繰りひろげられた。日本は強国アメリカに闇雲に戦争は仕掛けたが、つまりこういうことになったのだ。が、モンペ姿の中年の主婦達が、一列にならんで黄色い声を「エーイッ」とあげて、いっせいに竹槍を突き出す光景は、いくらなんでも馬鹿々しすぎる有様だった。その高い上空では、アメリカの偵察機が一本の白いきれいな飛行機雲をひきながら悠々と飛んでいた。

あまりにも高過ぎて、日本の高射砲も戦闘機も、まるでとどかないのだから話にもならない。そしてその下では主婦達の竹槍訓練だったのだ。

世相はますますヒステリーじみてきた。また戦局にたいしてもいろいろな流言がとび、アメリカ軍の日本侵攻がつよく予想されるとともに、特高や憲兵達が同胞を見る目もますます険しくなっていくようだった。

一方では尼崎市内の軍需工場や、西宮市海岸地帯の鳴尾地区の飛行機工場で働かされている同胞徴用工達の不穏な動静や、反戦行動などの噂話も毎日のようにつたわってきた。彼らは、憲兵や憲兵協力隊の補助憲兵の監視の下で、苛酷な強制労働をしいられていたのである。

同時に、同胞地区の兵役適齢の青年にも「赤紙」つまり臨時召集令状がくるようになった。そして地区の朝鮮青年の日本軍への入隊風景が、頻繁に見られるようになって、わたしにはなにか複雑な心境の風景だった。

が、尼崎のわたし達一家の住む地区でも、朝鮮青年の兵役施行や海軍少年兵への強制志願などにもかかわらず、町内会は配給物資を日本人優先で分配し、とくに町内会幹部は個人的にも配給をくすねていた。

それに配給物資といっても、名ばかりの粗悪な代用食である。配給量もほんのわずかでしかなかった。どの家族でもとても生きていける量ではない。とくに同胞家庭には使役ばかりを割り当て、配給を形だけしかまわさないのだから、一段と生活苦に追いこまれる状況となった。また、尼崎署の特高係と協和会の指導員が直接の窓口となって、同胞地区の一家の柱であるはずの壮年者を一方的に徴用し、家族や職場から引き抜いて炭坑や南方の戦地などに徴用労働者として引っぱっていった。

そのような、日本人でもコネの無い家庭は飢えていた時期だった。わが家の生活も大変だった。そしてこの時期になると、誰もが買い出しに奔走しだした。

ヤミといっても住友プロペラのような一部の軍、政府関係者は公然と物資の横流しと取りこみをしていたが、一般庶民はリュックをかついで農村にいき、物々交換で食料を手にいれるしかない。

それは、つまりは警察との鬼ごっこになるのだが、そのため駅や道路上で警察の検問があり、よく買い出し品の没収でトラブルがおこっていた。わたしの妻もやっと田舎で買い出した物を何度か没収されている。

没収品の一部は、どうも警察内部でどうにかされていたらしい。橘警部補も西川刑事も戦時中は食料に困らなかったはずだとおもう。たまたまだが、尼崎署の特高室に呼ばれたときに、彼ら特高達が押収品とおもわれるウィスキーなどを自分達で分配しているのを何度も見たこともある。

空襲

そして間もなく、関西の上空にもB－29の大編隊が出現した。アメリカ軍の沖縄上陸のニュースもながれ、わたしにも一寸先の見当もつかない情勢となった。

昭和二十年の初期にはB‐29の空襲も少数の飛来だけで、精神的なショックはあったが被害は大きくなかった。ところが甘かった。これはアメリカ空軍の戦術研究の段階であって、やがて空を覆う大編隊による本格空襲がはじまったのだ。そしてそれは凄まじいものだった。

三月くらいからまず工場地帯へ、やがて市街地へも焼夷弾がバラバラと雨のように落とされてきた。阪神地区はとくに海岸地帯におおくの軍需工場がある。また西宮市の鳴尾地区には飛行機工場があり、これは徹底的に爆撃の標的にされた。

西の空が赤く燃えて、黒い煙が空一面を覆う上を、銀色のB‐29の編隊が整然と、青空に何百本もの白い飛行機雲の航跡をひきながら飛びつづけていた。

時おりは、日本の迎撃機が迎え撃つこともあったのだが、まるで高度が足りず、また急降下してくるアメリカの戦闘機に、あきれるほど簡単に撃ち落とされた。

目の前でそのような光景を見せつけられると、いくらなんでも大人と子供の喧嘩だとおもう。またアメリカ軍は、空襲の何日か前にビラを撒き、空襲を予告して、市民の避難をよびかけていた。

警察などは、アメリカの謀略だといってビラをもつ者を検束しようとしたが、予告はつねに正確に実行された。が、日本は何の対抗手段もなく、市民は上空を整然と進むB‐29の編隊にただ逃げまどうだけだった。

このような事実を見せつけられれば、もう誰もがことばには出さなくても、この戦争は負けだとはおもっていたようだ。そして誰もが政府や警察などの発表より、ひそかに手にいれたアメリカ軍のビラのほうを信用していた。

ともかく呆然として恐怖の実感も湧かないような空襲につぐ空襲だった。大阪も壊滅的空襲をうけたが、阪神間も軍需工場がおおいためにか、執拗な空襲がつづいた。やがてそれは高々度の爆撃機による爆弾投下から、空母からの艦載戦闘機による低空からの機銃掃射もくわわるようになった。

わたし達の住む地区も、工場地帯隣接の住宅地であるから何回も焼夷弾の投下にあい、また艦載機の機銃掃射をうけたものだ。

その道路上で、わたしの目の前で起こったことだった。歩いている最中に空襲にあい、どこかの家の軒ひさしに避難したのだが、とにかく周辺一帯にバンバンと爆弾が落ちてきて轟音と爆風と火炎で大変だった。だが道路に一人の男が立っていた。

アッとおもったら、その人の頭に焼夷弾が直撃し、そして、わたしの目の前で彼の頭がバッサリと飛び散ってしまった。そのようなとんでもない光景が日常茶飯事のように見られたのだ。

またわたしの家も、機銃掃射で屋根と壁に大穴を開けられており、死人が出なかったのがまったく不思議だった。だがこの機銃掃射で死んだ同胞も地区で何人かいた。

空襲警報のサイレンが鳴ったら、やがて上空にB‐29の大編隊が飛来するのだが、爆弾が落ちるたびに地面が揺れ、町が火を吹き、もうもうと黒煙があがって、そして終わったあとには、焼け落ちた家並みと黒焦げの死体があちこちに転がっていた。

爆撃が終わると、やがてよく雨が降る。火災の煙が雨をよぶのだろう。その雨だが、煤のまじった黒い雨が降ったことがあった。爆撃であがった黒煙の煤なのだろう。この黒い雨は、なんとも人の心を滅入らすものであった。

続く空襲と疎開、召集令状

地方への疎開は前年からはじまっていたのだが、わたしの一家も何とかせねばとおもった。わたしは警察の移動許可が出ないだろうが、家族は爆撃から逃さなくてはならないとおもったのだ。

そこで、ある同胞の紹介で、わたし達夫婦は尼崎にのこるが、島根県下、山陰線浜田駅からバスで一時間の山奥の寒村に家族を疎開させることにした。

だがこの寒村の住民達は、よそ者の朝鮮人家族が村に疎開してきたのを非常に嫌っていたようだ。疎開者にたいする田舎の村の人間の、高圧的ないじめは、日本人疎開者もさんざん経験していることなのだが、わが家にはさらにきつかった。

田舎の人間が、人間的に素朴で温かい心をもつというのは、錯覚であって、実際に会ってみるとガリガリ亡者のような人間がおおい。まして山陰の貧乏な寒村だったから、なおさらだったようだ。

わたし達夫婦は、祖母や父母、弟妹を疎開先に置いて尼崎に帰った。家もあり、警察の拘束もあり、またあのような島根のいじこけた寒村のなかでは、こちらから食料を調達してやらないと、全員が飢え死にしてしまう。

だが、空襲はますます激しくなり、毎日毎日が戦場のようなものだった。日毎に、町は焼け野原となっていき、大阪や神戸ももうかなりの地区が焼け落ちていた。が、どうしたことか、この頃になると逆に、警察の連中や協和会指導員達の態度が、一変した。特高も指導員も、例によってわたしの家に監視や家宅捜査に来たが、依然のように高圧的ではなくなってきたのだ。

さすがの悪党達も、どうやら先行きが不安になって、日和見をはじめたようだった。つまりこの頃になると、誰の目にもこの戦争にもはや勝ち目はないことがわかったのだ。特高や指導員のような連中は、とくにこういうことには敏感なのだ。

しかし、この頃の新聞は「本土決戦」の文字で埋めつくされ、わたし達もどうせ負けるが、どちらにしても本土でアメリカ軍と、大規摸な戦闘があり、市民も大変なことになるだろうとはおもっていた。

サイパン島の住民玉砕が美談とされていたのだから、これは本当に大変な事態になるぞとわたしもおもった。日本の国民も、最後の決戦はかならず本土まで来ると大部分がおもっていたようだった。

二月には、連合軍の巨頭達はヤルタで、日本攻略と占領統治の最後の詰めをすでにおこなっていたようだが、三月からの空襲は、文字通りの大空襲であった。東京も焼け野原になったそうだが、関西も大変だった。

日本政府も尻に火がついたのか、朝鮮人政策を大幅転換したようだ。名誉ある国政参与などと称して貴族院議員に七人の朝鮮人議員を指名して、戦争協力への懐柔策としようとした。が、その反面、軍隊への召集や強制徴用、はては婦女子を強制連行して従軍慰安婦に無理矢理するというような、相も変わらぬこともやりつづけていた。

四月には沖縄も陥落。五月には、日本の頼みの綱であるドイツが連合軍に降伏した。もう戦況は、にっちもさっちも行かない状況だった。

誰もどうしてよいかわからなかったのだろう。皆が、ただウロウロして、警察も町内会の者もポカーンとしていた。

わたし達夫婦の生活も、空襲警報を聞いたらすぐ防空壕に逃げ込むパターンの毎日であり、考えてみれば、結婚以来はじめて夫婦二人で暮らしたのだが、とんでもない毎日だった。尼崎の市内のあちこちから火の手があがり、大型爆弾でズドンズドンとやられたあとに、無数の焼夷弾がばら撒かれた。尼崎市の西を流れる武庫川の水面や河原にも、焼夷弾がパラパラと落ち、銀色のアメリカ軍の艦載戦闘機が、数機から数十機のきれいな編隊を組んで、まるで演習か、曲芸のように地上すれすれにまで降下して、機銃掃射をくわえるのであった。低空までおりてくるジュラルミンの機体には、色々な絵がかかれているのが見え、そして翼の機銃からはオレンジ色の火が噴いて、はげしく機銃弾が発射されていた。

そのような襲撃のなかでも、工場地帯は別として、民家にたいしては意図的に攻撃を避けていたようである。ただ風に流された焼夷弾が、民家の上にも容赦なく降りそそいではきた。

B－29が落とす焼夷弾は、親子爆弾で、上空で一度爆発して、そこから幾百もの火の塊りが花火のように開いて降ってくる。

それは、ヒューシュルシュルという唸りを立てて落ちてくるのだが、まったく生きた心地がしない。道路上では、布団を頭からかぶった人達が逃げまわっているし、怪我人や死人も沢山転がっているし、悲鳴や「助けて、助けて」という声は絶え間ないし、遠くから大型爆弾の猛烈な爆発音とともに地面が揺れるし、わたし達夫婦も、もう親弟妹とも会えず、ここで死ぬのだなあと何度もおもったものだ。

そうはいっても、尼崎にいるしかなかったのだが、その混乱のなかでも、島根の疎開先の家族達のところには、時々、交替で多少の生活物資をもって行き、また少量の食料になるものをもち帰った。

それにしても、もう世相は大混乱で、誰にもどうにもならない状態だった。敗戦直前の頃だったのだ。

ところが七月の終わりに弟の庸太に召集令状が来た。それには八月二十日に福知山連隊に出頭、入営せよとある。これは、わたしには大変なショックであった。これで弟も失ったとおもったのだ。どうせ負ける戦争に天皇のため死なねばならぬ義理は、わたし達にあるはずもない。それどころか、どちらかといえば、その逆なのだ。

ともかくわたし達夫婦は、急遽島根県の疎開先へその赤紙をもって行き、この件で父母ともいろいろ話し合った。まさか日本が手のひらを返したように白旗をあげるとはおもっていなかった。当然に本土決戦があって、戦争はまだまだつづくとおもっていたが、さんざん迷ったのだが、弟自身が福知山連隊へ入隊するというので、それでは入隊させようかということになった。

これが八月のはじめの頃だったが、しばらくはわたし達夫婦も疎開先にいた。人情の薄い寒村ではあったが、ともかく爆弾が降ってこないだけ、まだましだった。

やがて六日となり、ラジオが「広島に新型爆弾が落とされ、多数の犠牲者が出た」といっていた。その時は原爆ともいわず、またどの程度の被害かもくわしくは報道されなかったので、その放送はわたしも聞いたが、さして気にもしなかった。

結果としては、これが広島の原爆投下の報道だった。当時のわたしとしては、まさかあんな大惨事が起こっていたとは予想もしなかった。

そのような重大事件や、ましてポツダム宣言がどうしたなどということは、わたしにはわかるはずなく、旅行許可期限や食料問題や尼崎の家のことも心配であって、わたし達夫婦はともかく尼崎に帰った。

「國體」のための死者たち

すると八月十四日には、また白昼の大阪空襲がおこなわれた。真夏の暑い昼下がりだったが、「警戒警報」につづいて「空襲警報」のサイレンがつぎつぎと鳴って、それははじまった。B‐29の編隊は、阪神地区ではなく大阪にむかう。

これは降伏申し入れをしながら、具体的な行動をしない日本軍部と政府にたいしての、アメリカの警告と降伏督促の空襲であったらしい。そのために、また大阪の人が沢山死んだのだが、わたしは東の大阪の市街地方向から黒煙があがり、上空にB‐29の編隊が何波も飛来爆撃しているのを見たのだが、「ああ、また大阪がやられているなあ」とおもっていた。

東の大阪の、暑い夏空の高い雲の上を、幾百筋もの白い飛行機雲がながれて行く。まるで青い絵の具を塗ったキャンバスに何百本もの白い直線を描くように、B‐29の大編隊の航跡が筋をひいて走り、そのジュランミンの腹からは、バラバラとゴマ粒のような黒い点々に見える爆弾が大阪市街地にまかれているのが望めた。大阪の街並には、一面に黒煙があがっている。一トン爆弾が落とされているのだろう。遠い破裂音が、尼崎市にまで、地響きのように聞こえてくるのである。

いったい何千トンの爆弾が投下されたのか、あちらこちらからは、無数の黒煙があがっていた。和歌山沖のアメリカ海軍の機動部隊の航空母艦から発進したであろう、銀色の艦載戦闘機が、低空を、迎撃の日本機をもとめて飛びまわっているのだが、日本機はついに一機も姿をあらわさなかった。

公開されたおおくの記録によれば、この空襲は、アメリカにとっても予定外のものであって、とくにこの日に大阪空襲をおこなったのは、つぎのような理由によるらしいのである。

つまり日本政府が、天皇の生命や立場の保証などを条件にポツダム宣言を受け入れてアメリカに降伏通告したのは、八月十日であった。これは「天皇の国家統治の大権に変更を加うる要求包含し居らざることの了解の下に……」ポツダム宣言を受諾するという申し入れであったらしいが、これはアメリカに拒否されたらしい。

そこで軍部や政府は、これでは保身の保証がないとして、もはや戦争の将来にはなんの望みもないにもかかわらず、アメリカに「國體の護持」についての再照会をしたりしている。さらに「國體の護持」の保証がないときは戦争継続が、論議されていたらしい。といっても、もはや勝ち負けの話などは問題外の段階であり、そのためアメリカ機による降伏督促の空襲が、各都市にたいして強力におこなわれたのだ。八月十四日に、わたしが東の大阪の空に見たのは、いわゆる京橋大空襲である。

それにもかかわらず、東京では、依然として「國體の護持」についての天皇周辺者達の保身論議がつづけられ、その間にアメリカの新聞論調では、アメリカは暗に天皇制存続をみとめているとの新聞情報がはいり、そこで御前会議での決断という形をとって、無条件降伏を正式に通告したのらしい。

だが、この一週間の「日本の決意をうながすため」の各都市への爆撃による死者は、しかし、これは死に損というものであろう。この「國體」をまもり、それへの反対者を弾圧する法律が、つまり治安維持法であり、その制度保証としての暴力装置が特高警察であったのだが、しかしどう考えても、この一週間の死者は「國體」という言葉のために死に損としかおもえない。

治安維持法の第一条には、「國體ヲ変革シ又ハ私有財産制度ヲ否認スルコトヲ目的トシテ結社ヲ組織シ又ハ情ヲ知リテ之ニ加入シタル者……」は、改正法律では死刑になると規定されていたが、最後には、B-29の大編隊が死刑執行人として何波にもわたって飛来してきたのである。

天皇制の歴史的伝統や社会史的意義などの高遠な問題は、わたしにはわからないが、ごく普通の市民感情からしても、日本の降伏申し入れである八月十日から十五日までの間に、「國體」という言葉とそれの象徴する制度や階級の保身のために、無意味に破壊され、無意味に死んだアジアや日本の人達の多数の生命のためにも、「國體」という言葉で表現されるものは、アジアにも日本にも有害であるとおもうしかない。

突然の終戦

翌日、昭和二十年八月十五日に、日本は連合国に対して無条件降伏した。まさか、この時点で降伏するとは、日本国民もおもっていなかったろうし、わたし達も戦争は、まだまだつづくものだとばかりおもっていた。

その前日の夕刻、ラジオが明日なにか重大放送があるという予告をし、また当日の朝も正午に重大放送があり、新聞の配達は午後一時以降になるといっていた。わたしは、おそらく天皇が本土決戦の宣言をして国民に一層の戦争努力をせよというだろうと予想した。おおくの人達も、おおむねそう考えていたようで、降伏の予想をしていた人の数はすくなかった。

その日、町内会の指図で地区の人もラジオの前にあつめられたのだが、十二時頃に天皇の放送がはじまった。

その放送は、雑音まじりではあったが、はっきり聞き取れた。だがその声の調子は、変に風がわりしたおかしな抑揚の、間延びのした棒読みのような感じであって、そのいっている内容は、にわかにはわからなかった。

ともかく停戦とか降伏という意味はやっと理解でき、なんだかあっけにとられた。わたしにはその放送の内容が、どこまで本当なのかと疑ったほどだった。なかには、戦争続行のための激励とうけとった人もあったくらいだ。

やがて、時間とともに日本の降伏が皆にもわかったのだが、なにぶん誰もが判断の材料をもっていないので、しばらくは実感がわかなかった。

だが夕方頃になると、やっと日本の敗戦を実感した同胞達で今北地区の路上は人で溢れて、まるで大集会場のようになった。

そのうち、あちこちから「マンセー」の叫び声があがりだし、「朝鮮万歳」や「独立万歳」の声が、ひっきりなしに叫ばれた。路上では興奮し陶酔する人達がひきもきらず、おおくの人の声と群衆の歓喜の高まりで、まるで祭りのようになってきた。あちこちの家からドブロクがもち出され、鐘や太鼓のチャングが鳴らされ、歓喜の渦は、その夜の遅くまで繰りひろげられた。

わたしも夜遅くに、家の寝床についたが、気持ちが昂ぶり、どうにも寝つけなかった。じつに複雑な心境の夜であった。今までのことがまるで夢か幻のような、まるでウソのような、どうにも自分自身でも説明がつかないようなまったく奇妙な感じだった。いつまでも、興奮と非現実感が入り乱れて、かつての仲間のことやそのほかの記憶の流れのなかの光景が重なってあらわれ、また今頃、彼らはどこでどうしているのかなどの想念が脳裏を去来して、これからの同胞や朝鮮や今後の独立への形などへの連想がつぎからつぎへとおこってきた。

その翌日の今北地区は、昨日までとはうって変わって、同胞達の笑顔や歓声で騒然としていた。皆さかんに歩きまわり、話しあったり、笑いあったりしていた。もう空襲で死ぬおそれもなくなった。これからは生きていけるのだ。そのお祭り騒ぎのような情景を眺めているうち、わたしにも「これで我々も自由になったのだなあ」という実感のようなものが、ひたひたと押し寄せてきたのだった。

その日の午後である。特別な用事があったわけではないが、なぜか特高達の顔が見たくなった。なぜそんな気になったのか、なんの理由もないが、急にそんな心理になったのだ。

そこで警察署へ行った。何かあるたびにさんざん呼び出されていたので、ついつい足に癖がついていたのだろう。

尼崎署に入る時、いつもなら嫌な気持ちで入る特高室も、その日は足が軽かった。部屋のなかは煙草の煙でむせっていたが、橘警部補以下の四、五人の特高刑事達が何か話しこんでいたようだった。

突然に部屋に入ってきたわたしを見て、彼らは何か鼻白んだような顔をした。おそらくわたしは、無意識のうちに彼らの顔を見てみたいとおもっていたのだろう。といってもかならずしも悪意ではない。藪から棒の無条件降伏にどうにも気持ちの整理がつかず、情報や気持ちを分かち合える仲間がほしかったのだ。ともかく彼らは顔馴染みであり、わたし達などよりも情報がおおいはずだった。

そしてわたしは、そこに祖国の敗戦に悲嘆にくれる警察人の姿を予想していた。また奇妙な感情だがすこし同情もしていた。が、まるで違っていた。彼らはいつものように、いやいつも以上にニコニコとしていたのだ。

部屋に入り、中央の橘主任の机の前にいくと、まず日本の敗戦について慰めようという気になった。そこでいった。

「昨日の天皇陛下の玉音放送によると、この嫌な戦争もやっと終わったようですね。主任もホッとしたでしょ」

橘主任は、坊主頭の顔に意味不明な薄笑いを浮かべながら、椅子に座ったままバンザイのポーズをとり、呑気な調子で答えた。

「どうやら君のいう通りやなあ……」そういって笑顔をつづけている。

意外にも、ほかの刑事達を見ても皆あっけらかんとした顔をして、悲壮感などまるで感じられなかった。それどころか逆に普段より明るいのである。橘主任がいった。

「戦争は済んだんやが、日本の負けで君は嬉しいのやろ」そして嬉しそうに薄笑いをつづけているのである。

別な刑事が横からいった。「日本が負けて朝鮮も独立国にもどるやろ。朴さんも願いがかなって朝鮮に帰るんかいな」

また別の一人は、「負けてホッとしたよ」といいながら、バンザイのような背伸びをしてブラブラと部屋の中を歩きまわりだした。

「まあ、君の国もこれからは自由になったが……、今までは色々あったが、お互い仕事の上のことやから……、それで朴さん、今日は何か特別な用事でもあって来はったの」

そういいながらわたしを笑いながら見る彼の態度や、特高室のほかの刑事達の様子には、ともかく一片の悲壮感も絶望感もなかった。そのような様子を見ていると、わたしのほうが、まったく拍子抜けするおもいであった。そして昨日までは、彼らはわたしを「オイッ朴よ」とか「おまえ」などと呼んでいたはずなのに、今日は親しげに「君」とか「朴さん」などと呼ぶのである。あきれた。

なにかわたしは、日本敗戦への彼らへの同情の念がうすれ、憤慨のような感情がおこってきた。

「今さらいうまでもないが、わたし達朝鮮人もこの戦争では大きな犠牲を強いられた。あんた達も、多くの日本人の戦死者がでているのに、嬉しそうにして、すこしは可哀そうだという気にならないですか。あんた達が国賊だといっていた朝鮮人のわたしでさえ、何か胸が痛むのに、刑事さん達には、そんな気持ちは感じんのですか」

そういってはみたが、彼らはヘラヘラ笑うだけだった。彼らは、命びろいした喜びを隠さなかった。

尼崎署を出ると、なにか今まで長い間胸の中につかえていた大きな塊のようなものが、スーッと抜け落ちていくような、身体全体がふわっと軽くなり宙に浮くような、奇妙な感じがした。

警察署の門前に立ったわたしは、晴れ晴れとした気分になり大きく深呼吸をした。もう夕暮れの時刻であった。

見上げると、夏の空はもう茜色に燃えていた。町並みは、空襲の名残で黒く焼け焦げて廃墟のように変貌していたが、西の空には夕暮れの赤い大きな太陽が周囲の雲を紅に染めながら、ゆっくりと沈みつつあった。とても眩しく感じられた。

夏の夕焼け空を見ていると、なにか心が軽くなり、これからは何処へ行くのも自由なんだという気分になった。焼け落ちた町並みは黒くしずまりかえり、人々は黙々と影絵のように歩いていた。

この時、わたしは二十七歳だった。そして敗戦直後の尼崎の町を歩きながらおもった。新しい時代が来るのだ。歴史はおおきくうごき、わたしにも新しい世界がはじまるのだ。生まれて二十七年目にして、誰にはばかることもなく、心身ともに自由な人間として生きられるのだ。

その時のわたしには、まさかその数年後に民族分断の苛酷な内戦が勃発するとは、予想すらできなかった。ただ興奮気味に家路にむかいながら、降伏の翌日の空襲警報もない奇妙に静かな時間のなかで、わたしは去っていく時代と新しい時代の足音を聞くようなおもいだった。

第16章

新しい時代の渦、帰還者のながれ

帰国への想い

神戸も大阪も、さっぱりと焼け野原だった。いたるところに瓦礫の山や、黒く焼け崩れた建物が残骸をさらし、折れた煙突や、裂けた煉瓦壁の瓦礫が都市の市街地をおおっていたが、ともかく生きていかねばならない。

が、八月十五日の日本の敗戦を知ってからの、阪神各地での同胞達のよろこびは、熱狂的なものだった。わたしは、昨日までの忍従を強いられた同胞達の顔とはまったくちがう明るい顔を見ながら、いかに人間にとって自由が尊いものであり、それを抑圧する社会や制度は「悪」であるかをおもい知った感じだった。

それから連日のように阪神間の各地でさまざまな同胞集会が開かれた。それは民族感情の爆発のような、エネルギーの渦のような様相であったが、ただ、統一された秩序だったものではなく、中心のない集団の自然発生的なあつまりであった。わたしの住む尼崎市でも、その後の四、五日の間は、毎昼毎夜このような集会が誰が指導するでもなく自然にあつまって開かれていた。そして、その話題の中心はなんといっても、いつ、どのようにして懐かしい故郷に帰るかということに尽きた。

阪神間の他の地域でもそうだったのだが、尼崎市でも、解放感にひたる同胞達の間で、やがて当然のように爆発的な帰国熱がおこったのである。

もともと来たくて来た日本ではなかった。また大陸性の乾燥した風土のなかで生まれ育った人間には、日本のような湿気の多いジメジメした風土は、気質にあわない。職業も生活も苦しみの連続だった。日本に渡ってきたのも、日本人による土地収奪や社会破壊の結果の生活苦のためであり、特に強制連行された徴用工の人達にとっては、ある日に突然に人間狩りにあって、暴力連行されて重労働に酷使されていたのであり、引き裂かれたままの家族のもとに一刻も早く帰らねばならない。

また戦争がおわると、工事や工場の操業もとまり、解放の喜びの反面、ほとんどの同胞家庭が生活に窮した。

この時期の在日朝鮮人は、戦時態勢下での労働力の強制徴発の結果として、約二四〇万人に上ったらしい。そして、そのほとんど全員が一日も早い故国への帰国を熱望した。それはまるで民族移動のようだった。

その帰国を望む人々の熱い流れは、いっせいに西に向かい、数十万の在日同胞がたちまち下関、仙崎、博多の渡航可能な港町に集結した。しかし、じっさいは現地についてみると、いつ乗船できるかのめどは立たず、宿は人であふれ、おおくの野宿者を出しながら、やがて病人や死者もでる有様だったのだ。

もちろん日本人や日本政府は、日本のために非人道的強制連行によって日本に連れてきた同胞達の故国帰還について、何の処置も責任もとろうとしなかった。自分の被害のみをいい立て、他人への加害をほっかむりするのは日本政府の習性であり、また日本人の国民性なのだが、やがてGHQの十一月の命令によって、しぶしぶ強制連行の拉致労働者の帰還事業を細々とはじめるまで、彼らは例によってほっかむりをつづけた。

本国も、まだ有効な政府が樹立されていない混乱期である。そのために個人の資金で何とかして帰るしかない。いくら熱烈な帰国願望をもっていても、大多数がその日の生活にもこまる同胞家庭の大半は、どうにもならないのが実情であった。

それでも自力帰国組が、十一月のGHQ命令の帰還者計画輸送開始以前でも約五十五万人にもおよんでいる。彼らは、いつ出るかわからない乗船許可証を渇望しながら飢えに耐え、あるいは漁船をチャーターして海を渡り、おおくの人々がやっとのおもいで地獄の生活の日本から脱出して、はるかな故郷に帰っていったのだ。

このように帰るといっても、まず高い運賃がいった。また、帰国後の生活のめどを立てる必要もある。それを誰の力も頼れず、またどの政府や公的機関の力も頼れず、何とか自分でやらねばならない。

故国へ帰りたい、故郷で人間らしく暮らしたい……これは、すべての同胞達の祈りのような感情であったが、船舶が不足していたことも皆よく知っていたし、乗船許可証の入手が非常に困難なことも、舟賃が高額なこともじゅうぶんに知っていた。

また、おおまかに在日朝鮮人といっても、事実上半世紀の日本侵出の結果、各家庭の生活基盤が、すでに日本にあるか、また故国にあるのかも、めいめいがちがう。

ともかくそのような状況のため、その後の同胞達のうごきも、二つに分かれはじめていた。一つは帰国組である。いま一つは一時残留組である。一九四五年の八月の解放の喜びの裏には、そのような今後どう生きるかという現実問題への、深刻な苦悩があったのである。

そして解放の喜びの歓喜の渦も、しだいに潮がひくように冷酷な現実のなかに引き戻され、誰もが、各自の身の振り方に追われはじめたのである。

日本にとどまる

その年の九月の中旬、疎開先の島根県の例の田舎から、わたしの父母や弟妹達が尼崎に帰って来た。前にのべたように、わたしの父は一族分派の宗孫、家長である。さっそくに父を中心として近隣の親族の者達があつまり、一族の今後のあり方について、何日かの真剣な話し合いがもたれた。

当時、尼崎にはわが家の親戚が十軒ばかりあったのだが、その父の従兄弟達の家族でも旅費のつくれた家は半分だけだった。そこで結果的には二つの方針に分かれた。それは故国に帰る組と、一時のこる組とである。

もちろん理由は簡単である。帰国を熱望する気持ちは、皆がおなじであったが、おなじ気持ちの、おなじ親族でも、生活は別である。帰国できる家は、現実に旅費と当面の生活費が工面できる者達で、また故郷に田や頼りにできる近い縁戚もいるほうの組だった。

のこるほうは旅費の金がつくれず、また今帰っても、今後の生活のめどが急にはつかない組であった。女子供をかかえた各家庭としては、感情に走るわけにもいかないのだ。

ともかく、のこりの半数ほどは今しばらく日本にとどまり、旅費の工面や、先発する帰国組の連絡をまってから、第二陣として帰国することに親族会議は決定した。

つまり金のあるものはよいが、ところがわが家には旅費となるだけの金がなかったのである。

やがて先発組の彼らは帰国していった。懐かしい父の従兄弟の家族達が、涙を流し、手を振りながら、汽車で去っていった。そして我々は、そのまま取りのこされるしかなかった。のこされた組としては、「はやく帰ってこいよ、待ってるぞ」と叫ぶ先発組の慰めを聞きながら、手を振るしかなかった。母も泣いていた。


わたしは心底から失望した。その時、どうしても皆と一緒に帰国したくてたまらなかったのだ。そして父を必死で説得しようとした。たとえ今は金がないとしても、人間生きてさえいれば何とか生活はできるはずだ、と父に強硬に主張したが、しかし父はきびしく反対した。

「お前達の気持ちはわかるし、それは、わしもおなじだ。だが、今この大家族を連れて、いったい田舎のどこに帰るのだ。むこうの親戚を頼るといっても、そんな甘いものではないぞ」

父もやはり帰る親戚達と、一緒に故郷に帰りたかったのであろう。だが、長い苦労の人生で、冷静な現実感覚をもっていたのだ。

「わしも皆と一緒に帰りたい気持ちはいっぱいだ。だが今いった通りだ。このまま帰っても、何一つないのだ。今帰るには相当の旅費が要るが、そんな金がないことは皆も知っとるだろう。淋しいが、今しばらくはここにいて、先に帰る親戚達の連絡を待って、めどを立ててから帰ることにしよう。それまでは、何とかして帰る費用を稼ぐことだ」

父は、一家の長としての威厳で、そのように決定づけるように語った。わたしは何かやるせないような、情けないような複雑な心境であったが、落ち着いて考えてみれば、実際にその通りであった。

わたしの理想論は、父の現実感覚に根ざした家族愛に屈服するしかなかった。その時のわが家は、九人家族で、文字通りのドン底生活であった。その日、その日の食すらもおぼつかなかったのだ。

どうしようもなかった。あれほど夢見た故郷への帰還は、まだわたし達一家の手のとどくところにはなかったのだ。

それまでのわたしの記憶のなかの、懐かしい故郷の山河の姿は、あの慶尚南道の洛東江ぞいの農村のわずかな憶い出としてしかのこっていなかったのだが、やがて尹鳳官先生らから学んだ祖国の歴史のイメージがそこにかさなり、また、新しい建国の道を歩んでいるだろう祖国の姿を、一日も早く自分の目でみたかったのだ。

が、どうしようもなかった。どうすることもできなかった。わたし達家族は取りのこされた者の情けなさをしみじみと味わされた。

わたし達一家はそんな有様だったが、尼崎市の同胞達の帰還の流れは、熱病のように燃えあがり、九月の末頃には、つぎつぎと故郷を目指しての帰国がはじまった。

また、各地の同胞からのいろいろな情報も飛びかった。何々地区の誰それは、神戸で船をチャーターしたとか、また下関まで行けばアメリカ軍のリバティー船に乗れるとか、そのようなさまざまな噂が、帰ることのできないわたし達の耳にも、やはり入ってくるのであった。

そして、あの家、この家と日ごとに一軒一軒と櫛の歯を抜くように帰っていき、やがては地区の半数以上が、あっという間に去っていった。

新しい枠組

やがてアメリカ軍が関西にも進駐して来た。九月のおわり頃の午後だったが、日本の警察のオートバイを先頭にして、ジープやトラックの長い列が阪神国道を東から来て、エンジン音をひびかせながら、西の神戸市のほうに進んでいった。

長身の屈強の男達が、ヘルメットに奇麗な野戦服に磨かれた軍靴、そして手には自動小銃を持って、陽気に騒々しく乗り込んでいるのが見えた。戦時中に何度か見た、深夜か早朝にひっそりと憲兵に見張られながら出征していく日本の陰気な行進とは、まるで大ちがいだった。

そして、あっという間に、町中に英語の交通標識が立ちならんだ。さらに焼け跡をアメリカ軍のブルドーザーが簡単に整地して数日で多くの兵舎や建物をつくってしまった。わたしも土木工事の経験があるが、人力による日本式とはちがうアメリカの能率的な機械文明に、すっかり驚いた。

そして戦前、戦時中はあれほど皇国がどうしたとかいいつづけて、いいかげんな報道ばかりしていた新聞やラジオが、一転して自由だとか、民主解放だとか、マッカーサー元帥閣下のお陰とかいい出した。

もう時代が変わったことが誰にもよくわかった。敗戦直後の日本も、ＧＨＱの指令のもとに、急速な改革がすすめられているようだった。

この年の十月には、ＧＨＱによって特高警察全職員の罷免指令がだされている。この戦犯関係者と政治的犯罪者の公職追放、つまりパージ処分によって、一応は、特高警察制度は解体されて、日本の警察組織はＧＨＱの指導のもとに民主警察のかたちに再編するということで、国警と地方の自治体警察の二本だてのかたちが一時期はつづいた。そして尼崎警察署でも特高警官の休職処分や免職処分があり、わたしとはながい馴染みの西川刑事なども、かわいそうに失業したという話も聞いた。

その前の九月にアメリカ政府は、『降伏後における初期の対日方針』を決定しているが、それにはつぎのような内容も含まれていたのである。

人種、国籍、信仰又ハ政治的見解ヲ理由ニ差別待遇ヲ規定スル法律、命令及規則ハ廃止セラルベシ又本文書に述べラレタル諸目的及諸政策ト矛盾スルモノハ廃止、停止又ハ必要ニ応ジ修正セラルベシ此等諸法規ノ実施ヲ特ニ其ノ任務トスル諸機関ハ廃止又ハ適宜改組セラルベシ政治的理由ニ因リ日本国当局ニ依リ不法ニ監禁セラレ居ル者ハ釈放セラルベシ……。

この方針によってＧＨＱは、天皇制の維持という「國體の護持」のために、治安維持法と特高警察の存続を主張していた東久邇内閣にたいして、「政治警察廃止に関する覚書等」をわたし、治安維持法の廃止と特高警察官の罷免、獄中の政治犯の釈放を命令したのである。
わが西川刑事は、それにかかってパージされてしまったのだ。が、「國體」ということに関しては、たとえば九月八日のストックホルム特電が、つぎのようにのべているように、第二次大戦後の米ソ対立の表面化とともに、アメリカの対日管理方式は、ドイツ占領方式のような直接軍政ではなく、イタリア占領のような間接統治方式を、既成の旧政体を利用してすすめることに決定していたようである。

欧州戦終了後の経験に徴するにドイツを政治的ならびに軍事的に無力化したことは、結局はソ連の利益に資するのみであり、今やその勢力は全欧州を風靡するに至った。かかる強大なソ連勢力に対してアメリカは反発を試みつつある。東アジアの緩衝地帯および外郭基地たる日本を無力化することはアジア大陸にソ連勢力の浸透を許すものとしてアメリカは望んでいない。ジョセフ・グルーの影響を受けているアメリカ当局は天皇の存在を許容し、その行政機関は存置された……。

その結果、戦争犯罪人として東条元首相等はスケープ・ゴートとして絞首刑となったが、アメリカの極東政策は、米ソ対立を基軸として運営されることになり、日本も朝鮮もその枠組のなかに、旧体制を温存したまま、組み込まれることになったらしい。ある意味では、かつての日本の「國體」は治安維持法と特高警察をうしなっても、東西対立という新しい状況の必要によって存続されることになったわけだ。
そして、この新しい時代状況が、戦後に生きなければならないわたし達の生存への枠組となっていったのだとおもう。

朝鮮の混乱と南北分断

もっとも、この頃のわたしの日々の第一の目的は、あくまで帰国である。つまり帰国費用をつくることである。そこで、帰国費用をつくるために大阪の梅田という土地で、家族で食堂をはじめた。焼け跡での急造の仮家屋でのカレー屋だった。大変な食料難と物資不足の時代であり、食べ物商いがもっとも堅いのである。わたしは焼け跡の食堂のおやじになったわけだ。

仮にもし、これですこしの資金でもできたら、当然に、父との約束通りに、そして一日も早くに祖国に帰ろうという心境だったのである。

したがって、梅田の店から尼崎の家に帰った時など、地区の同世代の友人達と色々と日本国内の状況について話し合ってはいた。また、そこでは、おおくの友人が帰国支援運動や残留者の生活擁護や児童教育運動に邁進していたのだが、帰国費用のためにと梅田の食堂商売に熱を入れていたわたしとしては、そのような日本国内でのあれこれの状況より、むしろ三八度線情勢や、米ソの動きを中心とした本国のニュースのほうに、ずっと強い関心をもっていた。

ところが日がたつにつれ、本国からのニュースは、おもわぬ方向に動いているようであった。時がたつにつれて意外感や、失望感が湧き出してきたのだが、とくに衝撃的であったのは、米・英・中・ソの四大国で、当分の間は朝鮮を信託統治下に置くというニュースであった。

また、それによって朝鮮国内に深刻な政治的対立が生まれ、社会的混乱が生じているというニュースだった。各地でデモや、深刻な政治的抗争があるという。

当時は、なにぶんにも充分な情報もなく、はっきりとはわからなかったのだが、後に知ったところでは、つぎのようであった。

一九四五年八月十五日、日本の降伏によって太平洋戦争は終結した。ところが日本の桎梏からは解放されたが、依然として少数民族の悲哀はつきまとった。朝鮮半島は三八度線を境として南北に分断され、南にはアメリカ軍、北にはソビエト軍が進駐して、それぞれに軍政を布いたのである。

まず、第二次大戦後の戦後処理問題が、連合国指導部によってはじめて討議されたのは、一九四三年十二月一日にカイロでルーズベルト、チャーチル、蔣介石の三首脳の会談であり、この時に発表されたのがカイロ宣言である。

このなかで朝鮮の将来に関しては、「三大国は朝鮮人民の奴隷状態に留意し、しかるべき順序をへて朝鮮が解放され、独立するよう決議する」とのべられている。

さらに、その後一九四五年二月に、ヤルタでルーズベルト、チャーチル、スターリンのソ連の対日参戦や戦後処理問題を協議する会談があったが、朝鮮問題については、不完全ながら米、英、ソ、中の四大国で当座の間は信託統治下におくとの合意ができた。しかしその期間については、アメリカはフィリピンのように四、五十年の期間が必要だとし、ソ連は短いほど良いとして調整がつかなかったそうである。

やがて八月となる。敗戦直前に日本の降伏が目前にせまって、朝鮮総督の阿部氏は、日本の敗北を知って、アメリカ軍が進駐するまでの在留日本人の保護と治安維持のため、かつての独立運動家の呂運亨氏を招き、朝鮮半島の統治を委任するとともに、その代償として協力を依頼した。

ところが、八月十日に日本が無条件降伏の意思表示をおこなうと、アメリカ政府の国務省と国防総省の調整委員会は、三八度線を境として北はソ連軍、南はアメリカ軍が管轄して日本軍の降伏をうけるという草案を作成して、トールマン大統領の許可を得た。

しかしその八月十日には、ソ連軍は圧倒的な機械化兵力を動員して満州に総力進撃。日本の関東軍を一気に撃破して満州全域を制圧。さらにソ連軍で訓練をうけた朝鮮人部隊と満州で活動していた抗日朝鮮人ゲリラ部隊を帯同して、朝鮮半島にも進出してきた。それは日本降伏の五日後の二十日には、平壌を解放。さらに二十六日には三八度線以北を完全に押さえて、日本軍の武装解除を完了するという猛スピードの電撃作戦であった。それとは逆に、沖縄のホッジ中将麾下の一個連隊が仁川に上陸したのは、さらに一カ月後の九月八日であった。

そして九月十一日に、軍政庁の設置を発表し、十二日には初代軍政長官としてアーノルド少将を任命した。

それ以前の八月十七日に、呂運亨氏等は、彼自身が委員長として国内に朝鮮建国準備委員会（建準）を結成して、九月九日には、海外亡命中の李承晩を主席とする朝鮮人民共和国の樹立を発表していた。この建国準備委員会は名士中心に中央的組織として出発したが、それと同時に朝鮮の全ての刑務所から解放された多くの独立運動の志士達によって、共産党中心の人民委員会も結集されていた。

九月十一日には、共産主義系独立運動の大物である朴憲永氏の指導のもとに、朝鮮共産党が再建されている。

もともと呂運亨氏等としては、南北での日本軍の武装解除などは米・ソ両軍にまかせるとしても、内政面ではこの人民共和国の建国構想を、将来の中央政府の母体となるようにと考え、左右両派の連合的な新政府を目指していたようだった。

だが、ソウルの軍政庁は十月十日に人民共和国を否認する声明を発表して、ホッジは、軍政庁が南朝鮮における唯一の政府であり、朝鮮人民は軍政庁の命令に服従せねばならぬ、命令に服さぬ者は処罰されると言明した。また、同月の十六日に亡命先のアメリカから帰国した李承晩氏も、独自に十月二十五日に大韓独立促成中央協議会を結成。十一月七日には人民共和国への主席就任を拒否した。

これによって、呂運亨氏の構想した左右連合政権のプランは青写真の段階で、あっさりと消滅した。その結果、新政権樹立の指導権争いで左派と右派の対立が表面化することになった。

そんなとき、十一月の二十三日に上海から亡命政府の代表である金九氏が、亡命政府である大韓民国臨時政府の幹部十五人を引き連れて帰国してきた。だがアメリカ軍政庁は、この臨時政府の存在も承認せず、単なる民間団体としてあつかった。が、こうして一九四五年の末には、海外から帰国したり獄中から解放された独立運動の指導者達のほとんどが出揃った。

ところが、同年の十月二十日にニューヨーク・タイムスは、アメリカ国務省の意見として朝鮮を信託統治する案の存在を報道した。そして同年の暮れの十二月二十八日に、モスクワでの、米・英・ソの三国外相会議で朝鮮を五年間信託統治する案が論じられた。朝鮮問題にかんする米ソ対立の前哨戦である。

これは、民族感情を大きく刺激するものであって、その受託か拒否（反託）かをめぐって左右両派の対立は一層深刻になっていった。ここでなぜか、親ソ派が受託、親米派が反託という構図になる。

翌一九四六年の一月十六日には、ソウルで中央政府樹立のための米ソ共同委員会のための予備会談が開かれた。

その米ソ共同委員会は、三月二十日に第一次会談が開かれたが、激しい対立をみせて五月六日に無期休会となる。ところがアメリカの支持をうけていた李承晩氏は、南朝鮮だけの単独政権の樹立方向にすすみだす。

この単独政権案に金九派はつよく反対する。当時、北朝鮮においてはソ連帰りの金日成氏を中心として、農地解放や旧親日分子の排除、行政、経済態勢の整備がかなり急ピッチですすめられており、南朝鮮に単独政権を樹立すれば、かならず北朝鮮もそれにならうはずであり、それは民族と祖国を分断する結果をまねくからである。

金九派のいわゆる南北協商派は、どんな困難を乗り越えても、絶対に統一政府を樹立すべきだとして、七月には左派のなかでも穏健な呂運亨氏等らとともに二度の左右合作の会談を開いた。

しかし南北では、ともに米ソの軍政当局の主導によって、着々と分断国家となる単独政府樹立の準備がすすめられていた。このようにして東西両陣営の代理戦争のような対立と民族分断の状況が、益々はっきりと浮きあがって来ていたのである。

エクソダスへの期待

が、本国がそのような状況の時期に、わたしとしては当時それだけの情報もなく、しかし最終的にはかならず新しい祖国朝鮮が誕生するものと楽観しながら、わたし達一家は梅田の食堂で、せっせとカレーをつくっていたのであった。

当時の市民感覚としては、一つの朝鮮とか二つの朝鮮とかいうような、東西対立の代理戦争の舞台が母国にも持ち込まれるなどという思考は、想像もつかないことだった。まるで意識の外のことだったのだ。

が、食料難の時代でもあり、食堂は、おもしろいように軌道にのった。早朝から深夜まで、家族総出で飯を炊きカレーを煮こんだ。率直にいえば、料理がうまいとか、まずいとかいう時代ではなかった。白い銀飯をだすだけで客が列をつくった頃だったのだ。つまり焼け跡のカレー屋だったのだ。お陰で、なんとか帰国資金もつくれそうだった。このままいけば故国にもなんとか帰れ、そしてそこでの生活も、なんとかやっていけそうな、きわめて前向きな気分だったのである。

つまり、親族全員そろっての故郷への帰還というわたし達一家の夢に、もうほとんど手がとどきかかっていたのだ。ディアスポラの民であるユダヤ民族の、エルサレムへの帰還と虜囚の地からの脱出……エクソダスの時が、わたし達にも、すでに眼前にあって、ちょっと手を伸ばせばとどきそうだったのである。

第17章　残された者達と、時代の分断

叔父からの便り、帰還朝鮮人の惨状

その年の秋、つまり昭和二十一年の九月の頃である。日本に取りのこされていたわたし達一家が、つねに気にし、心配していた帰国した叔父からの手紙が、久しぶりに届いた。待ちかねていた待望の故国からの便りである。父やわたし達は、それこそ心を躍らせながら、その手紙を開封した。皆がニコニコほほ笑んでいた。

ところがである。その内容は、まったく予想もしなかった悲惨なものであった。読み終わったあとは、しばらく皆で呆然としていたものだった。

叔父が帰国する時は、子供三人も一緒だった。ところが帰国後も間もなく、日本と同様に発疹チフスが流行して、そのため三人の子供全員を死なせたと書いてあるのである。それればかりではない。もち帰った金銭の日本円はもはや通用せず、ただの紙クズになってしまったそうだ。

さらに南朝鮮の社会は混乱が激しく、生活物資もまったく不充分で、今は荒廃しきった田舎で、夫婦二人が命を繋ぐのが精一杯だと書いてあった。朝鮮国内は大変な状態で、今のままでは何の希望も

もてないのが現在の朝鮮の国情であり、故郷の有様だとも書いてあった。

そして「できることならば、ふたたび日本の皆のもとに帰って、もう一度、皆の顔を見てみたい」と、そう手紙は結んでいるのである。

この手紙を読んでわたし達は呆然とした。世界がひっくり返るような、目の前が真っ暗になるような、ともかく呆然とした。

それまでも故国のニュースは注意していただけに、東西両陣営の対立のとばっちりで朝鮮国内が深刻な政治状況にあることは、わたしも知っていた。また食料不足などや失業問題などの社会不安があることも、ある程度は知っていた。

だが、まさかここまでとはおもわなかった。その頃に、よく阪神間の同胞の間に、かつて帰還した帰国同胞の一部が、ふたたび密航して日本に渡ってきたとの噂がながれたことがあったが、まさかとおもっていた。だが、この手紙を読んでみると、どうやら単なる噂だけではなかったようである。

そんな馬鹿なことがあっていいものかと、わたしは無性に腹が立ってきた。腹立ちと失望感で、自分でも自分をどうしてよいかわからなくなった。

あんなに喜び、希望に満ちて帰国して行った叔父達一家だったのに、子供達は皆死に、あれほど懐かしがっていたはずの故郷で、そのような悲惨な、ただ命を繋ぐだけの有様とは。また再度、日本に戻りたいとは、そんな馬鹿な話が現実に起こっているとは。わたしは、いやわたし達一家には、まったくおもいもよらない信じられない、その当時の故郷からの便りであった。

叔父達家族は、私費による自力帰国組であったが、四十五年の十一月から、海外からの日本人引き揚げ者と交替するように、ＧＨＱによって帰還朝鮮人の計画輸送がおこなわれていた。その計画輸送だけでも、以後の一年で百万にちかい人達が故国をめざしたのだが、個人の力でもさらにきわめて多数の帰国者のながれが、玄界灘を渡っていったのであった。

ところが当時の朝鮮各地は、南北対立による政治的な大混乱と、アメリカ軍政庁の無策と各種の団体抑圧策のために、経済も麻痺状態にあった。百数十万にちかい帰国者達は、ほとんど無一文のような状態のままで、この混乱の祖国に帰還したわけなのである。これについて、朴慶植氏著の三一書房刊『解放後、在日朝鮮人運動史』は、つぎのように解説している。

十一月から帰国者の計画輸送が開始されたが、帰国者一人の所持金一千円、荷物二五〇ポンドというきびしい制限は、故郷に何らの経済的基盤のないものにとっては帰国しても前途に生活への不安が横たわっていた。一九四六年二月ごろから急激に帰国者が減少して一時休止の状態にあったが、それはアメリカ軍占領下の南朝鮮の政情不安と「終戦」のどさくさに朝鮮総督府当局の紙幣乱発に加えてアメリカ占領軍当局の占領政策の無能によるインフレ昂進が主な理由であった。……

連合軍司令部は一九四六年二月十七日「朝鮮人、中国人、琉球人および台湾人の登録に関する覚書」を発表し、帰国希望者の登録実施と、登録を怠る者や登録を希望しても日本政府の指示する期間（この年末）までに出発しない者は、日本政府の費用による帰還の特権を失うとし……。その結果六四万七千人（七九％）が登録し、そのうち帰国希望者は五一万四、〇六〇人となっている。

……

こうして同年五月に至って計画輸送が再開されたが、帰国者は減るばかりか、逆に朝鮮からの密航で再入国するものが増加した。五月以降日本政府は再入国朝鮮人を逮捕し、……密航者収容所に強制的に収容したのち再び朝鮮へ送還した。密航者収容所の生活は、劣悪な施設と食料不足、非人道的な虐待で死亡者が続出した。……現金一千円と二五〇ポンドの荷物を持って帰国した同胞は一カ月足らずの故国での生活で無一文となり、祖国解放、独立朝鮮への夢も消え、失望と生活の脅威にさらされ、再び玄界灘を渡ってこざるをえなかったのである。

ともかく大変な成行きになってきた。まるで予想もしなかった状況で、何が何なのか、先の見通しがたたず、ともかくは、今しばらくは時代の流れの様子を見るほかは、わたし達にできることはなかった。

宙ぶらりんになった帰国

この、先発して故郷に帰国した叔父からの便りで、情勢も落ち着かず、日本でいくら稼いでも通貨の交換ができる時代でもなく、むこうでは日本円は紙クズであるから、当分の間は帰国が無理であることは、よくわかった。

したがって、いつ故郷に帰るかの具体的な見通しはつかなかったが、ともかく、それを目的として準備しておこう。いつかは情勢も変わるだろうから、資金などの用意だけはしておこうという気持ちなのだった。

そのような時期に、わが家には大変なことが起こった。父が亡くなったのだ。脳卒中であった。それはまったく突然のことだった。

その時わたしは、数え年の三十歳であり、つまり「立年」なのだが、一家の家長としての精神的にも大黒柱であった父を突然にうしない、つよいショックだった。何か父の急死により、世の中が一変してしまったような、先の希望が遠のいて消えていくような不安で、心細いおもいだった。

そして今度は、宗孫一家の長男として、一族の面倒や一家の今後の在り方や生活をになうすべての義務が、突然にわたしの肩にのしかかってきたのである。事実、父の死後、母や弟妹達は、なにかあるたびに、まずわたしの言葉をまって、それに従おうという態度になっていった。わたしは一家の家長になってしまったのだ。

この一九四六年、昭和二十一年は、誰にとっても大変な年であったとおもう。海のむこうの南北分断化が進行している政治状況も大変であったが、日本で「宙ぶらりん」になったままの、わたし達家族を取り巻く状況も、これも大変であった。

そして本国では、すでに述べたように、一九四五年八月十五日の日本の降伏以後、朝鮮半島は三八度線を境として南北に分断され、南にはアメリカ軍、北にはソビエト軍が進駐して来て、それぞれに軍政を布いたのであった。

その結果として朝鮮にもち込まれた米ソ対立という代理戦争の構図や、モスクワでの米・英・ソの「三国外相会議」で朝鮮を五年間信託統治する案がでたという時代状況の展開は、これは本国においてだけではなく、まだ日本に残留していた者達にとっても、まったくの予想外のことだったのだ。

その信託統治案にたいする「受託」か「反託」かをめぐって左右両派の対立が生ずることになり、それは遂には親米派と親ソ派の衝突という明確な代理戦争のかたちをとりはじめて、相当に深刻な社会不安を生み出していった。この前年のモスクワでの「三国外相会議」での信託統治案は、当初は皆が反対していたのだが、この年は、北の共産主義側が賛成する、つまり「受託」にまわる。南朝鮮の民族主義者達は反対、つまり「反託」にまわって、ここで東西陣営の代理戦争のようなことになってしまう。状況は、まったく大変なことになってしまっていた。


日本にいるわたし達の耳にも、本国の政治的大混乱の情報が、嫌でも入ってきた。繰り返しのべたように、わたし達一家は、帰国して生活できる準備ができたら、あの懐かしい故郷に帰るつもりだったのだ。

ところが、この年のＧＨＱの朝鮮人帰還方針は、財産や荷物のもちだし制限や、出発期日の十一月までの限定。再入国の禁止。そして六月の、朝鮮でコレラが流行との噂による渡航禁止等など一方的で、とてもその通りにしたら、一家全員がその日から路頭に迷うような厳しいものだった。事実、引き揚げ港である山口県の仙崎港では、行死者や餓死者を出すような有様だったのだ。

また、通貨の交換は不可能だし、もちだし制限もあり、むこうでは日本円は紙クズでしかない。さらに故郷は、深刻な政治不安と経済混乱のまっただなかである。帰国後の生活のめどが、まったくつかない有様だった。

おまけに、わたしは七歳の時に日本に連れられてきたのだが、もう、まるで母国語が話せなくなっていたのだ。情けないことに、言葉がまるで駄目だったのである。父がいればともかく、物がしゃべれないわたしが、一家をひきいて、政治的経済的に大混乱のなかにある南朝鮮に帰って、どうして家族を食べさせていけるのかとおもうと、どうにも自分ながら納得がいかず、腹だたしい失望感のようなものが湧くのだった。

そのような状況のなかで、いつしかわたしの帰国への熱い情熱も宙ぶらりんとなり、ため息でもつくしかない有様だった。そうなってくると、何故か、今まではかかわることを意図的に避けていた在日同胞間の社会運動に眼がいくようになった。

戦後の在日朝鮮人組織

さて、その頃の在日同胞の状況は、終戦直後は約二四〇万人ともいわれた渡日、連行同胞達の故国帰還熱がつづいた結果、さまざまな理由などによって、取りのこされたのが約六〇万人位であった。帰った者のかなりが、無理を重ねての自力帰国であったが、もともと渡日者には朝鮮南部出身者がおおい。

ところが当時の故郷は、アメリカ軍政庁の統治下にあり、ここも同時期の日本と同様に社会的、経済的混乱のさなかであった。また朝鮮南部出身者がおおいといっても、南朝鮮はアメリカ軍政庁と李承晩極右臨時政府による、共産主義同調者へのきびしい弾圧と取り締まりの最中である。在日同胞の左派の者は帰国は逮捕につながり、彼らは、故郷に帰ろうにも、すでに帰れなくなってしまっていた。

そのような状況のなかで、この約六〇万人は宙ぶらりんの立場になりつつあったが、そのうち、この日本一時残留組の間で、いくつかの組織体が生まれだした。

それは初めのうちは、明確な指導性や理念をもったものではなく、新時代に応じて自然に生まれてきたようだったが、そのうちから、強力な全国的組織体として現れてきたのが、前年つまり戦争終結の年の十月頃に東京で結成された、いわゆる朝連、在日本朝鮮人連盟であったとおもう。

これは、当初は左派と右派の呉越同舟的な組織であった。が、まもなく戦前からの日本共産党系の社会運動の闘士である金天海氏が徳田球一氏等とともに獄中から出て、やがて再建された日本共産党と連携するにおよんで、帰国同胞の援助、生活権の確保、祖国の中央政府の樹立などを方針としながらも、左派陣営としての立場を鮮明に打ちだしていく。この組織には、戦前、戦中の弾圧に耐えてきた歴戦の活動家がおおい。たちまちに全国の主要都市に県本部や支部を多数設立した。そして、当初はこの団体に名を連ねていた反共主義者や、もと親日分子は民族反逆者として排除されて、この頃はほとんど全国唯一の民族団体というような強力な組織力をもつものとなっていた。

この強力な全国的組織は、かなり本格的な生活擁護事業や、帰国者支援事業、教育事業をしていたのだが、この団体は日本共産党と連携しながら、日に日に左傾化していくようになった。

その社会主義的な路線に反発した民族主義者と、朝連（在日本朝鮮人連盟）から追放された旧親日分子などが連合するようなかたちで、各種の少数派の団体が、朝連の方針と対立する勢力として、勢力や盟員数では、比較にもならない有様ではあったが、あちこちから産声をあげていくようになった。

つまり、この時点で日本残留同胞の間でも、すでに本国がアメリカ軍とソ連軍によって三八度線で分割されていたという東西陣営対立の巻き添えのような民族分裂の兆しが現れていたのである。

そして、朝連を仮に親ソ連系とすると、逆に、親アメリカ系のような団体として、右派民族主義的青年達が、やはり前年の十一月に東京で建青、つまり朝鮮建国促進青年同盟を結成していた。

更に、その翌年のこの年、昭和二十一年四月に、いわゆる「大逆事件」つまり天皇暗殺未遂事件の嫌疑で二十二年の獄中生活をおくり前年十月に秋田刑務所から出獄したアナキスト朴烈氏を指導者として担ぎ挙げて、朝連から除名された旧親日分子や保守派の者達が、建同、つまり新朝鮮建設同盟を結成した。

そこで、結果的には朝連（在日本朝鮮人連盟、のちに現在の朝鮮総連）に対抗するという大義名分のもとに、朴烈氏を中心に保守陣営の結束のため、建青、建同、その他の弱小団体が合併されて、この年の十月に民団、すなわち在日本朝鮮居留民団が結成された。これは二年後に、在日本大韓民国居留民団（民団）と改称されて、それが現在にいたることになる。

再び民族運動へ

尼崎にも、すでに朝連系組織がもうけられ、かなり熱心な活動をしていた。当時は朝連が、事実上は、唯一の全国的同胞組織のようなものだった。この当時の、左派の朝連と比較して、右派の建青や民団の規模も内容は、象と蟻のようなものだった。

が、朝連路線は、あきらかに占領軍政策と対立し、社会主義の方向を目指すものだった。そのために、当然に賛成者と反対者ができる。そして、その頃のわたしの家の隣近所にも、この朝連路線に同調できない相当数の青年達がいた。わたしの友人にも神戸市に兵庫県本部がおかれた建青（朝鮮建国促進青年同盟）に出入りしている者達もいた。といっても、これは朝連系活動家の圧倒的な多数派の圧力の前には、ほんの少数派で微々たる力でしかなかった。

この両方の団体から、わたしはつねに加盟するように勧誘されていたのだが、父の死までは、ひたすら帰国第一主義から、また同胞同士で喧嘩をすることもないではないかという素朴な感情から、それまではかかわることを避けていたのだった。

だが、四六年十一月十五日の帰国者計画輸送の期限がきれ、また本国情勢の混迷をみて、帰国を当座は保留にすると、昔の運動の情熱というか、血のようなものが燃え出してきた。

この場合、左派は朝連であり、右派は建青である。民団（のちに建青と合体）は、この頃はある意味では、朴烈氏を中心に祭り上げた政治指向主義者の不透明なあつまりであり、建青のような行動力も組織の実行力もない、またかつての協和会関係者もまぎれこんでいた大衆運動とは少々無縁な政治屋の団体だったのだ。

そして、わたしは、この右か左かの決定的な岐れ道で、右にむかい建青に入ることにしたのだ。

普通に考えれば、わたしは戦前は全協、つまり非合法時代の共産党系の地下組織的労働組合である日本労働組合全国協議会系の堺市の朝鮮人組合である泉州一般労働者組合に関係していたわけである。わたし自身は、メーデーや労働者大会などでは、当時の先輩達が、運動の実態のすべてを明かしてくれなかったので、総同盟系のような気分だったのだが、後でわかってみると、わたしはもっとも弾圧の厳しい時期に、共産党系地下労働組合とかかわっていたわけなのである。

したがって、このような右か左かの岐れ道では、左に進むのが自然のはずだった。だがわたしは、右に行った。その理由は、当時は、不安感とでもいうか、漠然としてはっきりと自分でも整理はできなかったのだが、第一は、信託統治案への自然な反対感情である。朝連の「受託」よりも、建青の「反託」のほうが、ずっと納得し易かったのだ。わたしの戦前の泉州一般労働者組合の細胞夜学会の、尹鳳官先生等から教えられた内容は、まず第一が民族独立という民族精神の確立ということであり、階級闘争とか、労働運動のイデオロギーなどは、第二以下のことなのだった。

ところが、この時期の朝連は、立派で献身的な活動家がおおくいたのも事実だし、同胞の人々の日常生活までこまやかに世話をする民族的努力や熱心な民生事業や教育活動には、敬服するところもあったのだが、しかし、決定的なところで問題があった。

つまり朝連は、金天海指導部が確立されて以来、日本共産党指導下の、その民族対策部支配下のような団体だったのである。そんな馬鹿な話があるか、というのがわたしの漠然とした不安と疑念であった。当時の日本も、またわたしの故郷も、アメリカの軍政下にあった。東西対立が誰にもわかってきた状況で、反米親ソ一辺倒の路線を、コミンフォルムや他民族の共産党の指導下でやる危険性をつよく感じていた。

また、戦前の日本の労働運動でも、たとえばデモでも朝鮮人労働者が先頭になって頑張り、大変な犠牲をはらわされていた。そして朝鮮人労働者を「弾よけ」にして、日本人共産党員達はうまく逃げ、警察に捕まったら、簡単に「転向」してしまっていた。じっさい戦後の運動でも、朝連は日本共産党に散々に使われる羽目になる。戦争直後の混乱期の日本共産党再建の頃に、資金的にも人員的にも、全面的に朝連が彼ら日本共産党をささえたはずなのに、最終的には裏切られ、ほっかむりをされてしまうことになる。

この時期、まるで情報のようなものはないと同然だった。が、わたしも、わたしなりに必死で考えて、朝連路線は、つまり現状無視の反米一辺倒路線は、何かあまりにも危ういものがあると漠然と実感していた。

赤旗を振るのも、まったく悪いとはおもわない。わたし自身が、戦前の徹底的な労働運動家や民主主義者弾圧の時代に、メーデーにも参加したし、非合法活動で警察の目を逃れていたのだ。また、この終戦直後の頃は日本中に赤旗がひるがえっていた時代だった。だが本国が、三八度線で事実上南北に分裂されつつある時に、一方の陣営のソ連一辺倒追随のような路線では、どう考えてみても何かおかしいのだ。これはちがうぞ、何かちがうぞとおもいつづけていた。

もちろん朝連のすべてが誤りだったとは今でもおもわない。また、建青や民団がすべて正しかったとは、その内情を知る者としては、実際のところはとてもいえない。

だが、この時点では、赤旗を振り回して民族主義は反動思想だといいたてる日本共産党同調の朝連より、規模はちいさく、組織自体も頭でっかちで必ずしも内容がともなっていなかったとしても、アメリカ軍政下の現実のなかで民族主義の立場をすすもうとする建青のほうに、よりおおく共鳴するものを感じたのだ。

そして、いったん団体活動に眼をむけたわたしの内部では、かつての戦前の夜学会時代の情熱と、戦中の特高警察に締めあげられて身を縮めていた頃の反動のような情熱が燃えあがり、梅田の食堂には、もう全然身が入らなくなった。そしてわたしも時代の興奮のようなものに、その潮流のようなものにながされるままに、在日社会での民族運動に深入りしていったのである。

「日本人」から「外国人」へ

この前後の時期は、日本も朝鮮もはげしい変化があった。また、在日社会では、つぎの昭和二十二年の五月、GHQの指示というかたちで、日本政府は外国人登録令を公布、施行した。

これは、朝鮮情勢と中国の国共内戦の変動に対応して、反共主義等の立場から、朝鮮人取り締まりを目的としたものであり、この登録令は在日朝鮮人を「当分の間、……外国人と見なす」として、蹴り出そうとするものであった。

今日でも樺太残留朝鮮人の取りのこされ問題が、戦後四十数年もたっても放置され、日本政府は例によってほっかむりをつづけているが、この時も、それまで利用し尽くし、さんざん酷使し、また内鮮一体を唱えて日本語を強制し、姓名を日本式に変えさせるようなことをしていたのに、ほっかむりして、ころっと排除にかかったのである。

また、それまでは聖戦貫徹などを声高に叫んでいた新聞等は、一転してアメリカ万歳、民主主義万歳と無節操な転換をしていたのだが、この頃からは、やはり権力に迎合して朝鮮人排撃の論調を出しはじめていた。

わたしは、これはGHQと日本政府の統制経済の失敗や労働ストなどの混乱の責任への目を反らすための、スケープ・ゴートの役割を、在日朝鮮人に押しつけたのだとおもっているのだが、また、アメリカの大陸政策と日本の保守勢力の野合とも、何か関係しているのかも知れないとおもう。

ともあれアジア情勢が、大陸において中共軍が国民党軍を圧倒し出すような成行きになって、アメリカの対日、対朝鮮政策は大きく変わったようである。どうやら、そのためにアメリカは、日本を反共の基地化しようと方針変更したらしく、お陰で、日本の天皇も戦争犯罪人としての裁判を助かったようだ。

そして、かつて日本人であることを強制されながら、実情は外国人あつかいで、協和会手帳という警察の取り締まりのための身分証明書の携帯を強制されていたが、今度は外国人登録証という新しい協和会手帳を強制されるようになってしまった。

戦前は、日本国籍を強制されて、差別と悪条件と暴力取り締まりと拷問に苦しめられたが、戦後は、突然に外国人だとして、新しい形の迫害を延々とうけつづける破目になったのである。

その間の、倫理的、道徳的問題や、国際法的問題や補償問題等について、日本人や日本政府がほっかむりをつづけるのは、もはや毎度のことである。これは文化の質と水準の問題であるから、ドイツにおけるヨーロッパ精神のありかた、アメリカにおける明確な交戦国人であった日系人への、戦時中の収容キャンプへの収容への補償のケースをもちだしても無意味であろう。

そのような変動期に、いわば第二次大戦後の東西の冷戦が、やがて代理戦争として、朝鮮半島で熱い火を噴く時期に、わたしは、どちらかといえば右派の民族主義系の在日同胞団体である建青の、兵庫県本部の専従活動家のようなことになったのだ。

第18章　マッカーサーの時代

思わぬ再会

この頃に、まったく変わった人物と再会した。四六年の帰還者計画輸送の終了以後のわたしは、すでにのべたように在日同胞団体の右派の民族主義系である建青（建国促進青年同盟）という団体の兵庫県本部の専従活動家のようなかたちになっていた。

わたしが属していたこの団体でも、帰還者計画輸送の終了以後は、同胞の民生、教育問題、日本官庁やアメリカ占領軍の兵庫軍政部との折衝、そして本国情勢の検討や、対朝連対策や組織拡張などのおおくの問題をかかえており、なかなか忙しかったのだ。

その頃のわたしは県本部の渉外部長として兵庫軍政部や県庁、あるいは県警本部に出入りすることがおおかった。

そんなある日のことであった。何の用事だったのか、団体の他の三人の職員とともに、神戸市にある兵庫県の県警本部に出むいた時のことであった。

わたし達は本部長室で、ある用件について県警の本部長と話し合っていたが、その部屋には階級はよくわからないが、幹部級の警官が、私服や制服で約十人あまり机に座っていた。おそらく全員とも上級幹部なのだろう。

その時、ふと一人の男がわたしの目に映った。わたしは、どうもどこかで見た顔だなあとおもいながら彼を見ていると、その男の目がわたしをむき、目と目があった。すると彼は、ふっと目をそらし自分の席から離れて部屋の外に出て行った。

その後ろ姿を見て、わたしはハッとした。思い出したのである。どうりでどこかで見た顔だとおもったはずだ。あの尼崎署の特高係長だった、かつての橘警部補だったのだ。どうりでわたしを見て逃げるわけだ。

というのは、昭和二十年十月のＧＨＱ命令で、特高警察官は公職追放処分にされており官公庁、まして警察内部にはいない、あるいはいてはならないはずだった。事実、わが専任特高刑事である西川巡査部長のような下っぱは、あっさり首になり、あげくには、かつての協和会の朝鮮人指導員だった者に雇われて、そのお情けで生きていくような有様だったのだ。

ところが日本の官庁組織というものは、なかなかずるいところがある。西川刑事のような下っぱは容赦なく切り捨てられたが、幹部の者は経歴を隠したりして、地方の役場に潜り込んだり、あるいは依然として警察内部で台風一過を待っていたのである。そして橘警部補も、あるいは昇進して警部くらいになっていたのかも知れないが、このパージのがれの隠れ特高なのであった。

したがって橘元特高主任が、今も占領軍の指導で創られた自治体警察の職につくことは、本来ならできないはずである。彼を暗黙の承知のうえで任用している県警察本部も、あきらかにＧＨＱの軍政部命令への違反ということになる。

やがて自分の机にもどった橘警部補は、顔を机にむけ、仕事をするそぶりをしていたが、時々チラッチラッと横目でわたしを見ているのが、わたしにもよくわかった。

当然、彼もわたしに気づいたのである。わたしは内心では、正直なところ「この野郎！」と考えていたのだ。さんざんいじめられ、いたぶられた相手でもある。相も変わらぬ特高根性で、部下は放り出した癖に、自分はのうのうと出世しているようなのである。キタナイ野郎だ、とおもった。西川刑事に同情する気はないが、この男はひどい奴だとおもったのだ。

やがて県警本部長との会談も終わり、わたし達は帰りはじめた。あの当時の県警本部の庁舎の構造はなかなか複雑であって、本部長室から庁外に出るまで、曲がりくねった長い廊下を通り抜けねばならなかった。

ちょうど出口まで差しかかった時に、背後から誰かの呼びかける声がした。「朴さん、すみませんが朴さん」

わたし達は一斉に振りむいたのだが、それは案の定、あの橘警部補であった。立ち止まったわたしの横に来て、声をひそめるように橘警部補は、

「すみませんが、ちょっと朴さんにお話がありますので」

と、いうのである。わたしは、できるだけ自然に、しかし素っ気なく答えた。

「何か用ですか」

「わたしに、ちょっとだけですから、ちょっとお話ししたいことがありますので、すみませんが、ちょっとだけ時間を」

腰を半分折るようにして、声をひそめながら橘警部補は、さかんにわたしをどこかへ連れて行こうとした。わたしは、この野郎は一体何を話すつもりだろうとおもいながら、しようがなく、まあ彼の話を聞くことにした。そこで連れの者達にいった。

「この人は、実はちょっと知り合いだから、先に行ってもらえませんか」

そして、廊下で二人だけになったわたしは、橘警部補にいった。

「橘さん、久しぶりですねえ」

彼はペコリと頭を下げ、「朴さん、ちょっとこっちへ」といって、わたしを近くの部屋に連れ込んだ。その部屋には誰もいなかった。

彼は、部屋の中で意外にも、両手でわたしの手を取った。そして腰を折るようにしながらわたしに語りかけてきた。

「朴さん、あの時は色々とあなたには不愉快なおもいを度々させましたが、あれは職務上の立場でしたことで、しかたなかったことなんです。警察官としての仕事の上のことですから、それは朴さんもわかってくれることでしょうが、まあ色々ありましたが、ここは一つ水に流してください」

やはり、予想通りのことをいうのであった。だが、ジーッとわたしを見つめる彼の目は、まるで哀願するようでもあった。橘警部補は、昔から坊主刈りの頭をしていたが、その下げた頭を見ていると、彼の頭髪には白いものが多少まじっていた。この白髪は、彼が現役の特高主任で、朝鮮人だけでなく、当時の尼崎の日本人達からも恐れられていた頃には、おそらくなかったような気がする。

わたしは、もう五十歳を越しているのかなあとおもいながら、割合にしずかに彼にいった。

「橘さんは、パージじゃなかったの」

そういうとギクッとしたように黙り、すこし下をむいていた彼は、突然に床の上にしゃがみこみ、正座をし、ガバッと頭を下げるのである。わたしは驚いた。

「本当は、その通りです。朴さんのいう通り、今の席には着けないはずなんですが、しかし朴さん。これが知れたら、わたしは勿論、上役の方にも大変な迷惑がかかるんです。どうかわかって下さい」

そういって、彼は床に頭を下げつづけるのである。わたしは、この元特高主任の作戦に意表をつかれた。

だがわたしはおもった。かつてはわたしに対して、まるで虫ケラか何かのように嘲笑し罵倒して、とくにわたし達同胞に対しても、常に高圧的で威張り散らしていた彼ではあったが、あの大威張り男の橘警部補が、そのごま塩頭を床につけて、わたしの前で土下座しているのである。これが、あの特高主任とおなじ人物とは、何という変わりようかと、わたしは何か、とても奇妙な、まことに変な混乱した感情になった。

彼はいった。「朴さん、今わたしが首になれば、明日からはわたしも家族も生活ができなくなってしまいます。ほかに生きる道もなく、毎日ビクビクしながら勤めているのが精一杯の状態です。これが本当です。朴さんお願いです。どうか今までのことは忘れて下さい。虫の良い話ですが、ひとつ、今日わたしと会ったことは、是非、見逃して下さい。朴さん、お願いだ」

その様子を見ていると、つい何やらわたしも気の毒なような気分になってきた。古狸の特高親父に乗せられている気がせぬでもなかったが、何やら哀れになってきたし、また、もしわたしが兵庫軍政部に通報すれば、彼が路頭に迷い、彼の家族がその日から困るのも、それはよくわかっていた。

ともかく、目の前で土下座をされて、そのごま塩頭を見下す破目になると、わたしのかつての怒りも挫けてしまった。自分でも不思議なほど恨みのような感情が消えていって、それどころか逆に同情してしまった。

「まあ、橘さん。立って下さい。もう、いいですよ。わかりましたよ。あの部屋で最初に橘さんを見た時には、実際のところ、この野郎とおもいましたよ。しかし、今のあなたの姿を見ていると、ぼくの気持ちも納まりましたよ。昔の恨みは、もう消えました。過ぎたことは、もうしようがありません。これからは、ひとつ仲良くやりましょう。ＣＩＣには言いつけたりはしません。ぼくも橘さんとは会わなかったことにしますよ。橘さんも、安心して下さい」

事実、何故かわたしは、奇妙にセンチメンタルな気持ちになり、逆に気の毒なような気分になっていた。今、考えれば、やはり橘警部補の土下座は、半分以上はベテラン特高主任の演技のようなものだったのだろうが、そこまで頭を下げられた以上は、それ以上追及するわけにも人情としてできなかった次第だった。

このような警察内部の事情については、『兵庫県警察史、昭和編』に、罷免された下級特高警官のいきどおりをのせた「残留幹部に告ぐ」と題した神戸新聞の投書記事が引用されている。特高警官は一斉罷免されたはずなのだが、しかし幹部級は、巧妙にパージのがれをしていたのだ。

今回再び特高思想関係に従事して、重要刑事事件を処理し、または昭和十六年三月以降特高警察官の地位にあった者は、個人審査のうえ警部以上の特高警察官が追放されることになった。当然のことである。むしろ遅きに失するくらいだ。なぜもっと以前から自発的に身を挺することをしなかったかと一種の腹立たしさを感じる。

昨年十月四日の指令で追放されたものの中には、ただ書類だけを扱っていた特務巡査まで加えられている。にもかかわらず、それを命令した警部が今だに警察に君臨している。こんな馬鹿げた話はない。私は休職以来この矛盾に苦しんでいる。本当に追放さるべき者は大勢いる。徹底的に根こそぎ追放せよ、さもなくば警察界の根本的民主化の実現は不可能である。私は残留幹部の自発的に速やかなる退陣を望んでやまぬ。真に警察界更正のために。（元一外事課員）

だが、やがて米ソ対立の緊張激化や、朝鮮戦争の勃発などによるアメリカの日本再軍備化の進展とともに、パージをうけた特高警官も、思想犯弾圧の専門家でもある。やがて追放解除されて旧職に復帰していった。が、わが西川刑事は下っぱであり、これも駄目だったようだ。こうなるとすこし同情したくなる。

その頃のヨーロッパでは、ドイツをめぐるアメリカとソ連の対立が深刻化し、中国大陸では、共産党軍と国府軍の戦闘が激化し、ついには毛沢東の共産軍が大陸で勝利する。そのため、日本でもＧＨ

Qの日本占領方針が、日本の民主化よりも、日本を反共の砦にするとの方針に変更され、それに応じて占領政策の変更や、警察力の強化、社会主義者や労働運動や朝連などへの弾圧強化に拍車がかけられていたようである。そのながれが、特高警官の追放解除にむすびついたらしい。

どの時代でも、超法規的な特権をもった思想警察、政治警察というものは、なかなかなくなるものではないようだ。橘元特高主任も、めでたく陽の下を歩けるようになったわけなのだろうが、西川元刑事は、かわいそうに復職できなかった。

神戸教育事件

そして、問題の一九四八年、昭和二十三年に入っていった。この年は、本国にとっても、わたしにとっても、いや在日同胞社会の誰にとっても大変な年になったのである。あらゆる意味で運命的な曲がり角になったのだ。

もともと日本における左派の社会主義系である朝連（在日本朝鮮人連盟）と、右派の民族主義系である民団（居留民団）建青（建国促進青年同盟）という同胞間の対立も、誰も好き好んではじめたものでもない。つまりは本国がアメリカとソ連という二大強国によって、理不尽にも分割され、軍政下におかれたことに、そのすべての原因がある。その結果、本国でも深刻な対立が生じてしまったが、その外からの荒波に押し流されて、日本残留同胞の間にも、その影響のために亀裂が生じたのだ。

その両派の溝は日とともに深まっていったが、とくに日本残留同胞の大半を組織下においていた朝連は、その北朝鮮支持の親ソ的な立場から、否応なくGHQの占領政策と対決せざるをえない立場においこまれていた。結果として、当時の在日同胞社会全体が、ほぼ朝連の指導下にあったため、どうにも微妙な立場となった。

そしてこの年、本国情勢の緊張も深刻だったが、足元の兵庫県の神戸市でも、大変な事件が進行しつつあったのだ。つまり、この年の四月の「第一次神戸事件」いわゆる「神戸教育事件」、朝連側でいう「阪神教育闘争」が、それである。

いわゆる終戦により帰国をひかえた各地の朝鮮人指導者達は、母国語を話せない子供達のために、民族教育をおこなうおおくの初等民族学校をつくった。

つまり、もともと、この当時の初等民族学校は、解放直後の本国帰還にさいして同胞子弟の多数に朝鮮国語のできない日本語だけの児童がいたため、その帰国準備の語学教育を当初の目的としていた。やがて在留状況に対応して、固有の教育体系を児童にほどこすべき必要が生まれ、わが民族の教育熱心な伝統から各地で、とくに朝連組織が主となって民族学校が多数設立されていた。

左派の朝連（在日本朝鮮人連盟）系の者達は、そのほとんどが南朝鮮出身者なのだが、すでに故郷はアメリカ軍政下にあって、アメリカ軍政庁と、極右派である李承晩臨時政府が実権をもち、反共主義からきびしく左派を弾圧していた状況である。帰国は逮捕につながるおそれがあり、彼らはすでに、故郷への帰還の途を絶たれていたのだ。

そのため彼らは逆に、闘争意識を尖鋭化させるとともに、本格的な子弟教育事業に乗り出していたのである。

記録によると、この時点での兵庫県下における同胞民族学校は、全部で四三校。うちわけは朝連系が四一、そして建青系が二校であったそうだ。当時の生徒数は、朝連系が七四六二人、建青の国民学校が合計で三〇一人となっている。

ただ、朝連系学校も建青系学校も、まだ自前の校舎を持っていたのではなく、どちらも日本の小学校の一部に間借りして授業をしていた段階だった。ところが、すでに米ソの対立が明らかになっていた時代状況であり、朝連系学校の共産主義的教育、反米親ソ的教育をGHQが認めるはずがない。

そして四月になって、その十日に兵庫県知事は文部省通達にしたがって、県下の朝鮮人学校に閉鎖と、日本の小学校施設の明け渡しを命令した。

が、この学校閉鎖命令にたいして兵庫県の朝連組織は猛反発した。神戸と姫路の朝連系学校の合計四校が、この閉鎖命令を拒否し、四月十五日には大陳情団を組織して兵庫県庁にむかったのである。

ここで、抗議団は警官隊によってかなりの逮捕者を出したが、四月二十三日、兵庫県は朝連系父兄の反発を排除しながら、仮執行によって残った民族学校を強制閉鎖した。翌二十四日、県庁の知事室では県、検察、警察の幹部が集まって朝鮮人学校閉鎖の協議をしていたが、神戸市議を窓口として交渉団を組んでいた朝連側のうち百人くらいの青年行動隊が、しびれを切らして知事室に雪崩込み、県の学校閉鎖命令を撤回させてしまった。文部省や県のやり方も、まことに問題なやり方なのだが、知事室に乱入した連中の軽率さも問題であった。

そして、その夜に事件は意外な方向に展開することになった。軍政部命令に対する反逆行為として、神戸ベース司令官のメノア代将から、神戸市一帯に前例のない非常事態宣言が発令されたのである。

兵庫県下の警察は、シュミット憲兵隊長の指揮下に入り、翌日から一斉にMPと警官隊が総動員されて、大規模な朝連系同胞の一斉検挙が開始された。その日、授業中であった朝鮮人学校の児童達は、その場から追い出され、また警察は全力をあげて、朝鮮人狩りをしていた。それは、横浜から駆け付けた米第八軍司令官のアイケルバーガー中将の直接指揮によるもので、二十八日までに逮捕者一七三二人を出したという徹底的なものであった。また警察署内においては、当時は警察の朝鮮人問題への対応は微妙なところがあったので、この時は、ここぞとばかり猛烈な警官の暴力がくわえられたようだ。

神戸での朝連の教育闘争に呼応したのだろう。大阪でも朝連系の四万人が府庁に抗議にむかい、日本の警官隊の発砲によって少年一人が射殺されている。

この兵庫県における朝連幹部の逮捕者は、やがて軍事裁判にかけられ、重労働十年とか二十年というような驚くほど苛酷な判決をうけたようだ。そして兵庫朝連の委員長クラスの幹部であり、戦前からの民族活動家であった人が、気の毒にも獄死したと聞いている。朝連系活動家は、当時は日本共産党の党員でもあったのだが、李承晩臨政権下の故郷帰還をあきらめざるをえず、そこで日本共産党と連携しながら、あたらしいかたちの在日運動にむかっていたのである。

そして、ついには翌年の九月にGHQから強制解散を執行され、その幹部達は逮捕と追放処分……パージをうけることになる。

この事件前後が、アメリカの極東政策が、反共主義一本にかわり、また追放特高警官が再雇用されはじめた時期にも重なるとおもう。この時のわたしは、留置場にあふれるほど無差別に検挙されていた同胞達を受け出すのに、何日も走りまわったものだった。本国の情勢もそうだったが、日本の情勢も、まことに目まぐるしかったのだ。

第19章　一九四八年／ふたつの国家

米ソ対立の渦

ここで、ふたたび本国の情勢について見なければならない。つまり結局のところ、この頃の在日社会は、右傾化するマッカーサーの時代のなかで、本国情勢の流動のままにながされ、その結果として砕けていくしかなかったからである。そして、やがておおくの者達が、母国という観念的な根（ルーツ）すらうしなうようになったからである。

わたしもこの頃は、それこそ家庭すら捨てて、活動に奔走していたのだが、この時期のことについて、今では詳しい話をすることができるとおもう。現在では、公表された文書や資料などによって、当時は、まるで知らなかったことも、ある程度はわかった。つまり人間だれしも時代の子だということなのである。

まず、すでにのべたように、一九四七年にアメリカは、前年の一月からつづけられていた米ソ共同委員会の不調を理由として、この年の九月十六日から開かれた国連総会に朝鮮問題を持ち込み、二十三日の本会議で朝鮮問題を国連の議題とすることを可決させた。

当時の国連加盟各国の勢力は、圧倒的にアメリカ優位の状況であって、これによって朝鮮問題は、国連の名前と舞台でアメリカの考えの通りにすすめられようとした。このやり方に、ソ連は当然に猛反対した。ソ連側は、無期休会に入っている米ソ共同委員会の再開を要求し、九月二十六日の共同委員会において、ソ連の首席代表は、米ソ両軍の三カ月以内、つまり一九四八年初頭までの同時撤退を提議した。この両軍の同時撤退案は、朝鮮本国でも大きなセンセーションを起こし、当時の南朝鮮のほとんど大半の政党や団体がソ連提案にたいする支持声明を発表した。

ところが十月には、李承晩氏は総選挙の実施を主張したが、これは結局は南だけの選挙となってしまう内容のものであり、南北分断を固定する南だけの単独政府の樹立につながるものであった。

結局は李承晩氏はアメリカの利益の代理人のような役割をしていたことになるが、十一月十四日、アメリカはソ連側の同時両軍撤退案を完全に無視し、国連において「国連監視下の南北朝鮮総選挙の実施」とのアメリカ提案を可決させた。しかし、この当時の「国連監視下の総選挙」とは、事実上は国連自体がアメリカの勢力下にあった状態であったので、アメリカ監視下の総選挙という意味とおなじであった。

その結果、国連においては、オーストラリア、カナダ、中華民国、エルサルバドル、フランス、フィリピン、シリア、不参加だったがウクライナの九カ国をメンバーとして、国連臨時朝鮮委員会が組織され、朝鮮に派遣されることになった。この委員会は、翌年、一九四八年一月八日にソウルに到着した。

しかし、当時の南朝鮮がアメリカによってアメリカの利益にそう政府作りがすすめられていたように、北朝鮮においても、ソ連の利益にそう政府が金日成系によってすすめられていた。

北朝鮮人民委員会（金日成委員長）とソ連軍は、一月二十二日、国連臨時朝鮮委員会の北朝鮮立ち入りを拒絶した。さらに二月八日には、人民委員会委員長である金日成氏は、人民軍の創設を宣言した。つまり南北ともに政府、議会、警察、軍隊をもつというような分断国家的な形がはっきりとしてきたのである。

したがって、一月八日にソウルに到着した国連臨時朝鮮委員会や国連決議を、つまりアメリカ主導の委員会や決議を、アメリカと利害対立するソ連が受け入れるはずがなく、事態は南北それぞれの単独政府樹立の方向にすすんでいたのである。つまり、朝鮮半島の運命は、わが民族の手を離れて、両大国の厳しい対立のエゴイズムの渦に巻き込まれていたのだ。

この外部勢力による民族分断寸前の事態にたいして、南朝鮮では金九氏等の、単独政府を反対し統一中央政府の樹立を願う、いわゆる南北協商派の民族主義者達が強硬に国連決議への反対を声明する。

彼らは、国連委員団が到着すると、米ソ両軍の同時撤退後に、南北両地域同時での自由選挙を実施すべしとの構想を発表した。一月二十五日に、李承晩氏が国連朝鮮委員会にたいして南朝鮮単独選挙を強調したのに反して、二十七日に金九氏は、外国軍隊の撤退後での南北自由選挙の実施を主張している。そして二月六日、同委員会にたいして南北協商案を提示している。

しかし国連臨時朝鮮委員会は、北が国連監視下の総選挙という国連決議案を拒んだことを理由に、南朝鮮だけの選挙実施案を採択した。もはや事態は、決定的な方向にすすもうとしていたのだ。

分断国家の誕生

ともかく、この年は、南朝鮮における一九四八年の五月十日の単独選挙を節目として、右も左も大騒動の時だった。つまりは、わが民族が二つの国家として分断される決定的瞬間であり、その在日同胞への波及も深刻であったとおもう。ヨーロッパでは五月にはいってソ連軍によって、歴史的なベルリン封鎖が強行されている。それは、すでに両軍事力の睨み合いであり、当時の世界情勢は、冷戦などというよりも、まるで一触即発のような感じだった。

また、同様な半島国家でもあるギリシャでも、すでに極右勢力と、極左勢力が内戦状態にはいっており、すでに中国では毛沢東の共産軍が国府軍を圧倒していた。

そのトールマン・ドクトリンに象徴される東西両陣営の対立の影響に翻弄されて、在日同胞における左右の対立も、ますます激しくなっていた。といっても、このような深刻な全般的な情勢の悪化について、当時のわたしとしては、なにぶん充分な情報があったわけではない。ただ焦躁し、胸をさわがせているだけだった。

が、このような当時の悪化する極東情勢について、アメリカの新聞『シカゴ・サン』の日本特派記者として当時の日本、中国、朝鮮を直接取材したマーク・ゲイン氏が、一九四八年の七月に著した『ニッポン日記』（日本版は筑摩書房）のなかに、つぎのような朝鮮関係の分析と予言がある。

もっとも悲惨なのは朝鮮の形相だ……。ここは一つの戦場だ。ここでは、われわれとソ連との軋轢のために、民衆の人権も生活要求も願望も、すべて犠牲にされている。昨年以来、朝鮮ではいろいろな事件が起こった。しかし、悲劇的にも事態はいささかも改まっていない。われわれの地帯における唯一の自由主義者の呂運亨は暗殺されてしまった。レルヒ将軍は死去し、他の将官が後任に選ばれた。北朝鮮の土地改革に対抗するため、われわれは遅ればせながら、われわれ自身の案……「バンスの愚劇」……を実施したが、誰もそれを刺激剤以上のものとは期待しなかった。なぜなら、それは日本人の所有土地……全体の土地の五分の一……だけに適用され、それに隣接する朝鮮人大地主の土地には手をつけずに放置されたからであった。大地主の土地で働く小作人は、依然　空腹でまたしても騒擾を企てるであろう。

暴動の数は以前より増えている。昨年の夏と今年の早春には、暴動の波が各地を襲った。今年の暴動は、さなきだに満員の牢獄に新たな八千名の投獄者を送った。ところが、国連派遣団から特赦を示唆してきたとき、ホッジ中将は南朝鮮における政治囚の存在をきっぱり否定した。これは明白に定義の問題だった。

危機にある他の地域におけると同様、国際連合は朝鮮においてもわれわれの同盟者となった。ソ連側のボイコットを無視して、国連は南鮮に総選挙を行なわしめるため使節団をソウルに派遣した。ソ連側は朝鮮問題解決の唯一の鍵は、米ソ両軍の撤退にあると固執した。このエピソードは、ソ連側もわれわれもあまり自慢できるものではなかった。モスクワによって提案されたこの外国軍隊の撤退は、まず間違いなく内戦へのシグナルとなるだろう……。

反対にわれわれは民主主義への献身を標榜した。ところが、われわれの地帯の全権力を、現代の最反動的な黒幕の手に握らせてしまうような選挙の強行を主張した。「李承晩を支持するほかに途はないのは、中国で蔣介石を支持するほか途はないのとまったく同様だ」とマックアーサー元帥はあるフランス人に語った……。いかにわれわれに好意をいだく外国の観察者でも、われわれの地帯における三大悪を見逃すことはできなかった……。

一日ごとに、そして一行動ごとに、米ソ両国は、あの政治的な怪物三十八度線を不滅ならしめていく。南北の両地帯にひとたび相拮抗する政権が樹立されれば、もはや内戦は避けがたい……。二年前なら米ソの不和の一般的解決が、朝鮮問題をも解決せしめえたかもしれない。が、今ではそうはいかなくなった。朝鮮をふきまくった歴史の嵐は政治的成極作用をともなった。ここには中間地帯はのこされていない、……李承晩の率いる極端な右翼、そして共産党の率いる極左。

中国におけると同様に、この政治的闘争は地主と小作人の紛争の上に二重焼きされている。李承晩に味方することによって、われわれは地主側に味方した。中国の場合と同じくわれわれはこの過失のために高価な価格を払わねばならぬだろう……。

私はアジアの三主要国でわが外交政策が実地に展開されるのを注視する機会をもった。日本、中国、そして朝鮮、この三国におけるわが政策のパターンは何ら異なるところがなかった……。進歩的政策を促進するよりは、むしろわれわれはソ連の影響を「牽制する」ことに日増しに多大の関心を払うようになっていった。「牽制」という名の下に、われわれはこの三国で極右派と手を握った……。われわれは、日本では吉田というような男、朝鮮では李承晩というような男、そして中国では国民党の極右翼と同盟した……。それは封建的な観念と体制を通じて共産主義と戦おうと企てたのだから、二重にも無益な政策だった。中国、朝鮮における社会的不満は、封建的土地所有制度によってはぐくまれる。中共軍の兵や南鮮の無数の暴徒は、生きるに万策つきた小作人の群れなのだ。日本ではわれわれは農民を解放しようとこころみた。しかし実際は、天皇を頂点とする封建的上部構造はまったく手を触れられずに残された。

いずれの三国においても、共産主義者達は反抗運動と連盟した。しかし、もし共産主義者がいなかったなら、朝鮮や中国に農民の暴力蜂起が起こらなかったと考えるのは無邪気すぎる……。力と鎮圧は、不安状態への解答たりえない。その解答は進歩せる社会革新である。もしわれわれがこれを提供したのだったら、われわれはなにも共産主義もソ連もおそれる必要はなかったであろう……。今日盲人だけが、中国や朝鮮における共産主義勝利の可能性を否定しうる。

おそらく、このマーク・ゲイン記者の分析のとおりなのだったのだろう。そして、その予言のとおり、一九四八年五月十日に南朝鮮で単独選挙が実施され、八月十五日に、李承晩初代大統領によって分裂国家、大韓民国が樹立される。これに応じて翌九月九日、北朝鮮でも分裂国家である人民共和国政府が金日成主席を首班として樹立されたのである。こうして、東西両陣営のはざまで、朝鮮の南北分断は決定化されたのであった。

この第二次大戦後の深刻なイデオロギーの宗教戦争である冷戦での、二つの分断国家樹立の直前の一九四八年の五月に、UPI通信の朝鮮特派記者であるジェームス・ローパー氏は、つぎのような朝鮮情勢報告をして、もはや内戦が避けられないと分析している。

朝鮮はまるでギリシャそっくりで、両国における共産党の進出も全く変わるところがない。朝鮮で欠けているのはギリシャのような激しいゲリラ戦だけである。それはやがて起こる可能性がある。ギリシャと朝鮮は地理的にもよく似ており、いずれも山の多い半島で、ギリシャの場合はその背後に共産党の支配するバルカンが控えているように、朝鮮半島の背後には、これも共産党の支配する中国がある……。

そして一九四九年の末までに、南朝鮮……新・大韓民国よりアメリカ軍の占領部隊は撤収し、翌年の一月十二日にワシントンのナショナル・プレス・クラブで国務長官のアチスンは、アジアにおけるアメリカの新防衛線は、アラスカをへて日本からフィリピンをむすぶものであると言明した。

これでマーク・ゲイン記者の予言である「朝鮮の形相は……、われわれとのソ連と軋轢のために、民衆の人権も生活要求も願望も、すべて犠牲にされている……。米ソ両軍の撤退は……、まず間違いなく内戦へのシグナルとなるだろう。」という状況ができあがったわけだ。すでに四九年十月には、大陸においては中共軍が国民党軍をやぶって社会主義国家である中華人民共和国政府を樹立させており、二つのイデオロギーと二つの所有制度、経済体制が衝突する世界史の渦は、朝鮮半島をも、すでにおおっていたのである。

朝鮮戦争

この二つの分断国家ができた二年後の一九五〇年は、新しい年とともに、朝鮮からは不穏な情報が相ついだ。わたしは手に入るかぎりの新聞をあつめ、その破局化にむかっていく本国情勢を丹念に読みつづけていた。すでに前年に日本では、左派の在日同胞団体である朝連（在日本朝鮮人連盟）が取りつぶされており、これはふたたび大変な時代になったものだとおもった。

そして……六月二十五日の午後二時のＮＨＫのラジオの臨時ニュースほど、聞いて驚いたラジオ放送は、かつてなかった。

この早朝の午前四時、朝鮮半島を南北に分断する二四〇キロの三八度線の全線にわたって、突如、北朝鮮軍砲兵隊による一斉砲撃がはじまったのだ。同時に、ソ連製のＴ３４戦車を基幹とした機甲部隊を先頭に、北鮮軍は、五つの正面から電撃的な奇襲作戦を開始した。この一撃で、韓国軍前線部隊は壊滅し、さらに圧倒的な北鮮軍の攻勢の前に、韓国軍は全戦線で総くずれとなり、北鮮軍機甲部隊の先遣隊は韓国の首都ソウルに迫りつつあるというのである。

まるで脳天を一撃されたようなものだった。この内戦の勃発は、おそらく、あらゆる可能性とすべてのものを打ち砕いた。そしてその大きな災厄は、日本に一時残留していたわたし達、居留同胞の生涯と故郷につながる根（ルーツ）をも切断した。やがて、わたしが生まれた余航山の麓の村や、祖母の家のあった洛東江ちかくの村も、戦争初期の北朝鮮軍の大攻勢の時期に、南下して最後の総攻撃をかけようとする共産軍と、逆襲して釜山防衛線を死守しようとする韓国軍とアメリカ軍との一大決戦場となり、戦史でも洛東江戦線と呼ばれるほどの、激烈な戦闘が繰りひろげられ、砲爆撃のために山河が変容するほどの惨状となる。

だが、アメリカ主導下の国連安保理事会は、二十七日に召集される。この日に、ソウルは陥落し、韓国軍は敗走しつつあったが、日本駐留のマッカーサー指揮下のアメリカ軍は、出動態勢をつくりつつあった。そして月末から、アメリカ地上軍の韓国投入が始まり、それは国連軍の名で、マッカーサーが国連軍最高司令官に任命されるという本格戦争の形をとるようになったのである。

日本で、ラジオと新聞のニュースを必死で聞いているわたし達にも、戦況の悪化が、それこそ手にとるようにわかった。ソウルを落とした北朝鮮軍は、スピードを緩めずに南下して、やがて翌月の頃には、私の生まれ故郷である慶尚南道の村を過ぎ、急遽、派遣されたアメリカ軍師団を一気に撃破しながら、敗走した韓国軍と韓国政府の者達が逃げ込んだ釜山を、完全に包囲してしまったのである。

わたしも、ただ呆然とした。国連とアメリカの本格介入が始まっていたので、そう簡単には共産軍の勝ちにはならないだろうとはおもったが、現実に、釜山周辺のわずかな土地しか、韓国政府の支配地域はなく、もう海に追い落とされるか、降伏するかの寸前のような状況だった。当初に投入されたアメリカ軍も、その空軍は大変なものだったが、陸軍は案外に弱くて、北朝鮮軍に簡単に撃破、壊滅させられて、師団長本人まで捕虜になるような有様だったのである。

やがて九月十五日となり、ここでマッカーサーによる仁川湾の逆上陸作戦が始まる。このアメリカ軍の大作戦によって、後方を遮断された北朝鮮軍は、あわてて後退。それはやがて本格的な敗走に変わって、ここで戦況は一変して、今度はアメリカ軍と韓国軍が、ついに三八度線を逆に越え、やがて秋も過ぎる頃には、更に北上をつづけて平壌を落とし、冬の初めには鴨緑江にまで到達していた。

ところが戦争は、更に逆転した。その冬に、中共軍の大部隊が、北朝鮮軍の支援のために本格介入してきたのである。その人海戦術と、大奇襲攻撃を受けて、こんどは再び国連軍の側が、つまりアメリカ軍や韓国軍の側が、一気に敗走することになる。

ニュースを聞いたわたしは、この目まぐるしい戦況の激変に、ただ驚くだけだった。祖国の山野では、近代でも例のない大戦闘が、すさまじい砲爆撃をともなって、それこそ兵士と住民の血の海をつくりながら、つづけられているのである。狭い半島に、東西両陣営の大軍が、それこそ砲弾と爆弾の雨を降らしているのだ。

やがて再反撃した北朝鮮軍と中共軍は、国連軍を追い、ふたたび三八度線を南に突破して侵攻してきた。それに反撃して、三月には国連軍が三八度線を北に再突破し、また四月には、逆に北朝鮮軍と中共軍が再び三八度線を突破南下、また五月には、三たび国連軍が三八度線を突破して北進するという、まるで国土の上を砲弾のローラーで交互に押し潰すような苛烈な戦闘が、激しく続行された。

この地上戦闘の悲惨さは、太平洋戦争時の日本での空襲どころではない。ジェット機とナパーム弾の戦争の時代に、全国が砲爆撃のローラーで何度も引かれたのだ。街も、村も、それこそ破壊され、焼き払われて全滅だった。全国が、まるで沖縄のようになったのだ。この戦争で使ったアメリカ軍の砲弾と爆弾の使用量が、日本に対して使った爆弾の三倍をこすというから、無残なものである。

そして五十一年の夏頃には、本国の戦況は、膠着状態となり、休戦会談が、七月頃から始まった。といっても、片方で猛烈な戦闘をつづけながらの、もう片方での休戦会談であり、「新しい戦争」と呼ばれる、奇妙な、しかし残忍な地上戦が依然として繰り広げられつづけた。つまり前線では、戦闘は一向に下火にならず、逆に、交渉を有利にするために、たがいに陣取り合戦のような戦闘が、一層激しくつづいたのである。さらに米ソ両国は、核戦争を含む全面戦争への拡大をおそれて、戦争を朝鮮半島内に限定化しようとしたようだ。おかげで、わが国土は代理戦争の舞台として、壊滅的な破壊を受けたのだ。

このような異状事態への対応が、日本残留の、わたしたちにできる筈がない。ともかく、時代状況に振り回されるしか、ほかになかったのである。

この東西対立の代理戦争のような苛酷な内戦も、休戦会談が一九五三年の五月にやっと協定署名されて、さしもの戦火も、やっと納まった。といっても、平和が蘇ったのではなく、南北二つの分断が、これで完全に決定化されたのであり、三百万人にも及ぶ死者とともに、残ったのは荒廃した国土と、骨肉相食む近親憎悪の敵対感情だけだった。そして故国の山河は、両軍の徹底的な砲爆撃とローラーを何度もかけるような残忍な地上戦の結果、無残にも荒廃に帰していた。

どうやら在日同胞社会は、帰還の途をうしない、故郷の地をすっかりうしなうという危地におちいったようである。朝鮮戦争のまっただなかの頃に、かつてＧＨＱによって解散させられていた旧朝連の活動家達は、そのながれを民戦（在日本朝鮮統一民主戦線、一九五一年一月結成）という新団体にかえて、日本共産党とも連携しながら、反米闘争になだれこんでいったが、その構成員のほとんどが南朝鮮出身者である旧朝連のメンバー達にとっては、故郷への帰還は、李承晩極右・反共政権のもとに帰ることにもなり、まず逮捕につながるわけである。つまり彼らは、もはや帰還の途をうしなって、故郷から断ち切られたわけだ。かんぜんに政治難民になった。

つまり当時の在日同胞の大半を左派の朝鮮総連が組織していたので、約六十万のほとんどが、ここで「宙ぶらりん」となり、行く土地も、帰る土地も、すべてうしなって、根無し草のような状況におちこんだのである。この根（ルーツ）を断ち切られ、異郷に孤立したという感情は、彼らをさらに尖鋭的な反米運動に追いこんでいったのだろう。この朝連から民戦のながれは、やがて一九五五年五月に再編されて、現在の総連（朝鮮総連）につながることになる。

が、「宙ぶらりん」は、右派に属していたわたし達も同様であった。同胞達のほとんどは、いつかは時代が安定したら、きっと故郷に帰るのだという夢をもちつづけていたのだが、この内戦によって、故郷の村や町は戦場となり、徹底的な破壊のはてに荒廃し果てたのだ。そして、やっと激しい内戦が休戦となっても、しかし南北にのこったのは南の極右政権と北の極左政権であり、えんえんとつづく近親憎悪の二つの分断国家だったのである。このような時代状況では、また戦争で徹底的に破壊され、社会も経済も崩壊している故郷への帰還は、これは気持ちはつよくあっても、実際は無理である。こうして、わたしも「宙ぶらりん」となり、帰るべき土地をうしなったのだ。

が、この朝鮮での東西両陣営の代理戦争は、日本にとっては戦争特需という時ならぬ経済復活の恩寵となったようだ。あと数十年は立直れないといわれた日本の産業は、アメリカ占領軍の大幅な方針変換によって、対共産主義での前線基地として、復活させられることになって、再度日本は、アメリカのアジアにおける武器庫と軍事産業基地として息を吹き返したのである。つまり、いわゆる戦争特需と呼ばれる軍需物資の調達を、アメリカ軍は、距離的に便利な日本に発注し、お陰で、日本の産業は一気に復興した。

が、それも、めぐりあわせであろうし、大陸、半島、島国という地政学的条件の、運、不運でもあろう。

その反面では、日本政府の在日韓国・朝鮮人方針は、抑圧政策が一層にかためられていったとおもう。わが在日同胞は、歴史的にも、法的、精神的にも「宙ぶらりん」のまま、天井から逆さに吊られつづけることになったのだ。

とくに左派の総連系同胞は、さらにそうであろう。日本政府の厄介払い政策と、戦争直後の北朝鮮政府のプロパガンダと労働力不足対策として、在日同胞の帰国運動なるものが一九五〇年代から八〇年代にかけて行なわれ、約九万人が、ほとんどが南出身者であるにもかかわらず、寒い北の国に帰国した。夢見た祖国のはずである。そして今でも総連系の家族は、北に帰国した家族・親族をもつものがおおく、結果として北の政権に人質をとられた形になる。そして利用されつづけながら、本心ではおもってもいない金日成万歳をとなえるしかない。日本に住みながら、あの国の「国體」に合わせるしかない。わたしが、極右政権から軍事政権とかわる韓国の「國體」に、あるていどは合わせるしかないようにである。「国體」という一部の者の利益をまもるための非民主的装置に合わせるしかない。

その意味では、総連系同胞は、今でも「逆さ宙づり」にされているといえようか。とすれば、かつての日本の「国體」を一方的に非難するのも、これはなかなかむつかしくなる。もともと太古の自然な人間世界において、そのような人工的な装置はなかったはずだが。

根の器

そして、わたしも「宙ぶらりん」のままで、すでに七十歳（注：一九八九年時点）をとっくに過ぎたわけである。わたしは、すでにわたしがどこで生まれ、どのような時代を生きて、またどうして今この場所にいるかを語った。わたし自身が、どういう人間であるかを注釈すれば、大体つぎのようになる。

わたしは一九一八年に、慶尚南道の山村で生まれた在日韓国人である。七歳の時に渡日して以来、ずっと日本に住んでいる。わたしは二十歳前後の頃に、朝鮮独立運動に血を燃やし、治安維持法違反者として二年半の獄中生活を強いられた。戦後、右派の同胞団体の建青や民団とかかわり、現在も民団の古参幹部ということになっている。つまり、今はやりのことばでいえば、わたしは在日一世なのだ。

娘が二人いる。息子が一人いる。息子は、経済学の博士号をもつ大学教師である。わたしの時代と、息子の時代は状況もちがい、当然に生き方もちがってくるだろう。が、わたしは状況を憂えている。憂えただけで何も生まれるものでもないが、本国の状況にも、在日の状況にも、また二世や三世の精神の状況にも、かならずしも光明は感じられない。そのため、この年齢になってもまだ寝られぬ夜をすごすこともある。
この「宙ぶらりん」は、あるいはわたし達の宿命なのかも知れない。わたしのまわりのすべての人々が、その根源のところにおいて不幸なのだ。人が生きるためには、その内奥で、ひそかな精神を安住させることのできる「根の器」のようなものが要るのだとおもう。離散させられ、ディアスポラの状況のなかで生きざるを得ないのだから、よほど外部に対するつよい抵抗の意思がないかぎり、その精神は、土着社会の専制のしたに順応していくしかないのだろう。
一世のわたしには、それでも故郷の記憶と憧憬のような感情がのこっているのだが、故郷体験のない二世や三世には、それすらも持ち得ないのだろう。そのような、ひそかな精神を安住させることのできる「根の器」のようなものが、若い人には持てないのだろう。悲しいことだ。

しかし、わたしもこの歳でもあるから、もう自分の人生のほとんどが過ぎたわけだ。それが良かったか悪かったか、わたしにもだれにもわからんだろう。さて、こうして君の質問に答えて、いろいろと語ったわけだが、わたしの一生が失敗であったか成功であったかという君の質問には、どうにも答えようがない。でも孫君、君が「けっこう面白かったでしょう?」と聞くから、あえて答えるのだが、なるほど、そう言われれば、ある意味では、わたし個人に限れば、いろいろあって面白かったかも知れないとはおもう……が。今となればだが。

ぼくは、一九八九年、平成元年の春から秋にかけて、こまかくこまかく聞いた。しらべつづけた。

国会図書館にも通いつづけた。さまざまにおもうところがあった。そしてぼくの言葉になおして、ぼくの体験として書き終わったのは、その年末だった。

[著者紹介]
孫栄健（そん・えいけん）
著者に『日本渤海交渉史』（彩流社）『「魏志」東夷伝への一構想』（大和書房）『邪馬台国の全解決』（六興出版）『朝鮮戦争』（総和社）『胡媚児』（ベネッセ）『塩の柱』（批評社）『言語のくびき』（影書房）『領域を超えて』（新幹社）『古代中国数学「九章算術」を楽しむ本』（言視舎）『Windowsの基本の基本』『はじめてのVisual Basic』『一夜づけのOutlook』（以上明日香出版社）『消費者金融業界』（日本実業出版社）などがある。

装丁………山田英春
DTP制作………REN
編集協力………田中はるか

特高と國體の下で

離散、特高警察、そして内戦

発行日❖2017年4月30日　初版第1刷
　　　　2017年8月31日　　第2刷

著者
孫栄健

発行者
杉山尚次

発行所
株式会社**言視舎**
東京都千代田区富士見2-2-2 〒102-0071
電話03-3234-5997 FAX03-3234-5957
http://www.s-pn.jp/

印刷・製本
モリモト印刷（株）

ISBN978-4-86565-090-7 C0021